新编大学生
心理健康教程

主　编　胡　兰　李　杨　姚智军
副主编　余　莎　秦　倩　钱海英　刘佳乐

微信扫码
查看更多资源

南京大学出版社

图书在版编目(CIP)数据

新编大学生心理健康教程 / 胡兰，李杨，姚智军主编. -- 南京：南京大学出版社，2025.1. -- ISBN 978-7-305-29110-4

Ⅰ.G444

中国国家版本馆 CIP 数据核字第 2025DV5678 号

出版发行	南京大学出版社
社　　址	南京市汉口路 22 号　　邮　编　210093
书　　名	新编大学生心理健康教程 XINBIAN DAXUESHENG XINLI JIANKANG JIAOCHENG
主　　编	胡　兰　李　杨　姚智军
责任编辑	陈　嘉　　　　　　　　编辑热线　025-83592315
照　　排	南京开卷文化传媒有限公司
印　　刷	扬州皓宇图文印刷有限公司
开　　本	787 mm×1092 mm　1/16 开　印张 14.25　字数 347 千
版　　次	2025 年 1 月第 1 版
印　　次	2025 年 1 月第 1 次印刷
ISBN 978-7-305-29110-4	
定　　价	42.00 元
网　　址	http://www.njupco.com
官方微博	http://weibo.com/njupco
微信服务号	njuyuexue
销售咨询热线	(025)83594756

＊版权所有，侵权必究
＊凡购买南大版图书，如有印装质量问题，请与所购图书销售部门联系调换

前　言

习近平总书记在党的二十大报告中寄语青年"立志做有理想、敢担当、能吃苦、肯奋斗的新时代好青年"。将青年大学生培养成才是高校的首要任务，加强大学生心理健康教育是培养造就高级专门人才的重要途径，是全面贯彻党的教育方针、落实教育规划纲要、建设人力资源强国的重要举措，也是全面提高高等教育质量、促进学生健康成长、加强和改进大学生思想政治教育的重要任务。

2017年，中共教育部党组发布《高校思想政治工作质量提升工程实施纲要》，将"心理育人"纳入高校"十大育人体系"；2018年，中共教育部党组印发了《高等学校学生心理健康教育指导纲要》，明确提出健全心理健康教育课程体系，实现大学生心理健康教育全覆盖；2022年，习近平总书记在党的二十大报告中提出"重视心理健康和精神卫生"；2023年，教育部等十七部门印发《全面加强和改进新时代学生心理健康工作专项行动计划（2023—2025年）》，要求"培育学生热爱生活、珍视生命、自尊自信、理性平和、乐观向上的心理品质和不懈奋斗、荣辱不惊、百折不挠的意志品质，促进学生思想道德素质、科学文化素质和身心健康素质协调发展，培养担当民族复兴大任的时代新人"。这对新时代做好心理健康工作提出了明确要求。高校学生心理健康教育课程是集知识传授、心理体验与行为训练为一体的公共必修课程，应通过大学生心理健康教育课程教学，增强大学生自我心理保健意识和心理危机预防意识，切实提高大学生心理素质，促进大学生全面发展。

本教材以2011年教育部办公厅印发的《普通高等学校学生心理健康教育课程教学基本要求》为指导进行编写，具有如下特点：

第一，政治方向明确。在内容上，全面贯彻习近平新时代中国特色社会主义思想和党的二十大精神，深入贯彻落实全国教育大会精神，切实体现社会主义核心价值观。

第二，内容系统全面。本教材共十一章，主要内容涵盖大学生心理健康概述、大学生生命观、大学生自我认知、大学生情绪心理、大学生恋爱心理、大学生人格心理、大学生人际心理、大学生学习心理、大学生积极心理等。

第三，理论和实际相统一。本教材在阐述大学生心理健康基本理论的基础上，加入了"心理电影""知识拓展""训练营""小测试"等板块，不仅切合大学生的实际，而且大大增强了教材的可读性。

本教材第一章、第三章、第四章由胡兰、秦倩编写，第二章由胡兰、李杨编写，第四章至第七章由姚智军、胡兰编写，第九章至第十一章由余莎、李杨编写，李杨、钱海英、刘佳乐对全书内容进行了校对。

在本教材编写过程中，我们参阅并引用了众多专家、学者的研究成果以及部分同类教材的内容。由于篇幅限制，未能逐一标注注释，对此我们深表歉意，并在此向所有原作者致以最诚挚的感谢！

鉴于编者水平及时间等因素的限制，本教材可能存在一些不足和疏漏之处，我们衷心希望广大师生能够提出宝贵的意见和建议，同时也诚挚邀请同行专家、学者不吝赐教，批评指正。

本教材的出版得到南京大学出版社的大力支持，在此谨表谢忱！

编 者

2024 年 11 月

目 录

第一章　认识心理 ·· 001
　　第一节　心理与心理健康 ·· 002
　　第二节　大学生心理问题 ·· 006
　　第三节　心理咨询 ·· 013

第二章　珍爱生命 ·· 025
　　第一节　大学生生命教育 ·· 026
　　第二节　大学生心理危机及应对 ··· 030

第三章　认识自我 ·· 042
　　第一节　自我意识概述 ··· 043
　　第二节　大学生自我意识发展的特点 ··· 047
　　第三节　大学生自我意识的培养 ··· 053

第四章　人格塑造 ·· 062
　　第一节　认识人格 ·· 063
　　第二节　大学生常见的人格障碍 ··· 075
　　第三节　大学生健康人格的塑造 ··· 078

第五章　学会学习 ·· 086
　　第一节　认识学习 ·· 087
　　第二节　大学生学习心理问题与调适 ··· 096

第六章 情绪调节 ………………………………………………………… 105
第一节 认识情绪 ……………………………………………………… 105
第二节 大学生情绪与健康 …………………………………………… 111
第三节 大学生情绪管理 ……………………………………………… 120

第七章 恋爱心理 ………………………………………………………… 131
第一节 认识爱情 ……………………………………………………… 132
第二节 大学生健康恋爱心理培养 …………………………………… 138

第八章 学会交往 ………………………………………………………… 150
第一节 大学生人际关系 ……………………………………………… 151
第二节 大学生常见人际交往困惑 …………………………………… 158
第三节 大学生人际交往能力的培养 ………………………………… 161

第九章 积极心理 ………………………………………………………… 169
第一节 积极心理学概述 ……………………………………………… 170
第二节 积极心理学的主要内容 ……………………………………… 173
第三节 大学生积极心理品质的培育 ………………………………… 181

第十章 大学生心理素质拓展训练 ……………………………………… 189
第一节 心理素质拓展训练概述 ……………………………………… 189
第二节 心理素质拓展训练实施过程 ………………………………… 193

第十一章 素质拓展训练项目 …………………………………………… 198
第一节 热身游戏汇编 ………………………………………………… 198
第二节 破冰项目汇编 ………………………………………………… 201
第三节 素质拓展项目汇编 …………………………………………… 204

参考文献 …………………………………………………………………… 221

第一章

认识心理

> 精神健康的人,总是努力地工作及爱人。只要能做到这两件事,其他的事就没有什么困难。
> ——弗洛伊德

**本章学习内容**

1. 掌握心理、心理健康、心理咨询的概念。
2. 理解大学生心理健康的标准和大学生常见的心理问题。
3. 了解心理咨询的原则和基本理论。

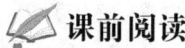**课前阅读**

"5·25"全国大中学生心理健康日

每年的5月25日是全国大中学生心理健康日。2000年,由北京师范大学倡议,确定5月25日为北京大学生心理健康日。2004年,团中央、全国学联把5月25日确定为全国大中学生心理健康日。"5·25"的谐音为"我爱我",提醒大、中学生"珍惜生命,关爱自己"。

大学阶段是个体身心成长、知识储备、健康素养发展的关键时期。随着我国高等教育的普及,大学生群体人数日益庞大。心理健康是大学生发挥潜能、培养专业技能的保障,但是受到生活的不确定性、升学就业和人际关系等因素的影响,大学生容易遭受心理问题的困扰。如:

和舍友相处不好怎么办?
如何面对同学之间的竞争压力?
如何准备考研?
如何处理人际关系?
如何面对学业、生活的压力?
如何选择合适的工作?

促进大学生心理健康,关乎学生全面发展和成长成才,关乎国家和民族的未来,是高校落实立德树人根本任务,是培养全面发展时代新人的基础工程。

第一节 心理与心理健康

一、心理

人的心理是人脑对客观现实的主观的、能动的反映,是客观现实在人脑中的主观映像。心理现象由心理过程和个性心理两部分组成。心理过程和个性心理是人的心理活动的基本形式,也是人的心理活动表现的重要方面。只要人处于清醒状态,这一心理现象就会在外界现实的影响下,通过感觉器官和大脑不断产生和发展。

(一)心理过程

心理过程是指心理活动的动态过程,即人脑对客观事物的反映过程。人的心理过程就其性质和功能的不同,可分为认识过程、情感过程和意志过程。认识过程是在大脑作用下人们输入、储存、加工和编码各种信息的过程,即人脑对客观事物的现象和本质的反映过程,包括感觉、知觉、记忆、想象、思维等过程。人们在认识客观事物的过程中,总是持有一定的态度和倾向,产生着某种主观的体验。例如,我们对祖国名山大川的赞美;对外国侵略者的刻骨仇恨;对取得成绩的喜悦等。这些在认识基础上产生的喜、怒、哀、乐等态度体验,心理学上称为情感过程。人们不仅能对客观事物进行感知和认识,并产生相应的情绪和情感体验,还能在此基础上进行有意识地改变客观环境的活动。人类不仅能认识客观世界,还能改造客观世界,在改造世界的过程中,人总会遇到各种各样的困难。为达到预定的目标,人们必须有实现目标的坚定信念和决心,有战胜困难与挫折的顽强毅力和胆识。意志过程就是人们制定计划、采取行动,克服一定困难以达到目的的心理过程。

(二)个性心理

个性心理是指表现在个体身上比较稳定的心理特征的总和。不同个体均表现出鲜明的个性特点,正所谓"人心不同,各如其面"。由于每个人所处的社会环境、生活条件以及所受的教育程度不同,人与人在心理风格和面貌上存在着差别,形成了个性心理的差异。人的个性心理的差异主要表现在个性倾向性和个性心理特征两方面。

个性倾向性是指一个人具有的意识倾向和对客观事物的稳定态度。个性倾向性是个体从事各项活动的基本动力,决定着人的行为方向,主要包括需要、动机、兴趣、理想、信念和世界观等。在个性倾向性的成分中,需要是基础,对其他成分起调节支配作用;信念、世界观居于最高层次,决定着一个人总的思想倾向。心理倾向在个性倾向中,会随着一个人的成熟与发展产生变化。在儿童期,兴趣是支配个体心理活动与行为的主要心理倾向;在青少年期,理想逐渐成为主导;到中年期,人生观和世界观成为主导,支配着个体的整体心理和行为。

个性心理特征是一个人身上经常表现出来的本质的、稳定的心理特征,这种稳定的心理特征是个性倾向性稳定化和概括化的结果。个性心理特征包括能力、气质和性格。

心理学是以人的心理活动规律为研究对象,揭示人的心理活动发生、发展及其变化规律的科学。因此,学习心理学,有助于教师在教育活动中掌握不同学生的心理特征,有的放矢地进行教育、转化和培养工作,可以不断提高学生的思想觉悟和道德水平,帮助学生更好地掌握科学文化知识和技能。

二、心理健康

广义的心理健康是指心理的各个方面及活动过程处于一种积极、良好、持续的状态和表现。从狭义上讲,心理健康是指人的基本心理活动的过程内容完整、协调一致,即认识、情感、意志、行为、人格完整和协调,以及良好的适应力,更是一种积极的、能够使人们不断进步的心理状态。有学者把心理健康定义为一种积极的、持续的心理状态,主要体现为个人具有对生活的动力,较好的内心感觉,在社会中能够良好地适应,能够发挥自身优势为社会作出贡献。

心理健康一般包括两层含义:一是无心理疾病,这是心理健康的最基本条件。心理疾病包括各种心理与行为异常的情形。二是具有一种积极发展的心理状态,即能够维持自己的心理健康,主动减少问题行为和解决心理困扰。

个体能够适应发展着的环境,具有完善的个性特征,且认知、情绪反应、意志行为处于积极状态,并能保持正常的调控能力;在生活实践中,能够正确认识自我,自觉控制自我,正确对待外界影响,从而使心理保持平衡协调。这些是个体心理健康的基本特征。

知识拓展

心理健康的几种认知误区

由于缺乏科学的心理常识,大众对心理健康容易出现以下几种误区:

误区一:只有在有心理健康问题时,才需要关注心理健康

如同人不能渴了才喝水,人也不能有心理健康问题才引起重视,每个人都应采取积极的措施来促进和维持自身的健康心理。不能忽视心理健康问题,日常学一点心理学知识,掌握一些调节的方法,及时关注自己心理状态的变化。

误区二:只要身体健康就是健康

这是一种对健康的典型误解。身体健康是指一个人无躯体疾病,但这并不等于健康。世界卫生组织(WHO)指出,健康包括身体健康、心理健康和良好的社会适应能力。

误区三:只要不是心理变态就意味着心理健康

心理变态是心理不健康的一种极端形式。人的心理可以分为三个区:白色区、灰色区、黑色区。白色区是健康的心理,黑色区是不健康的心理,而介于两者之间的就是灰色心理。如果灰色心理调节得好就能变回白色心理,但是如果不能排除烦恼,灰色则会越来越灰,甚至变成不健康的黑色心理。

误区四:有心理问题是不正常的

有的同学对"心理问题"一词十分敏感,认为有心理问题是不正常的。人们经常会有心理困惑,如果困惑不排除则可能会演变为心理问题,心理问题得不到较好的解决则很容易产生心理疾病。大学生正处于一个渴望独立但尚未完全独立的心理发展阶段,学习的压力、人际交往的烦恼、生活上的琐事都会给自己造成一定的压力,所以有这样那样的烦心事是正常的,有一些心理困惑也是在所难免的。

三、大学生心理健康的标准

美国人本主义心理学家马斯洛和米特尔曼在20世纪50年代初提出了心理健康者的10条标准:① 有充分的安全感;② 充分了解自己;③ 生活的目标切合实际;④ 与现实环境保持接触;⑤ 能保持人格的完整与和谐;⑥ 具有从经验中学习的能力;⑦ 能保持良好的人际关系;⑧ 适度的情绪表达与控制;⑨ 在不违背社会规范的条件下,恰当地满足个人的基本需求;⑩ 在不违背团体的要求下,能有限度地发挥个性。

我国学者王登峰、张伯源在《大学生心理卫生与咨询》一书中提出了大学生心理健康的8条标准:① 了解自我,悦纳自我;② 接受他人,善于与人相处;③ 正视现实,接受现实;④ 热爱生活,乐于工作;⑤ 能协调和控制情绪,心境良好;⑥ 人格完整和谐;⑦ 智力正常,智商在80分以上;⑧ 心理行为符合年龄特征。2018年杜学敏等在《积极心理学视野下大学生心理健康标准的研究》中提出积极心理学视野下的大学生心理健康的7条标准:① 自我接纳且保持开放的心态;② 生活的基本态度是乐观的;③ 情绪的主体是积极情绪;④ 对生活充满希望感和意义感;⑤ 内心充满爱,有良好的同理心及共情力;⑥ 有良好的安全感以及和谐的人际关系;⑦ 生命的潜能和创造力在一定程度上得到彰显。

综合国内外专家学者的观点,根据我国大学生的年龄特征和角色特征等实际情况,心理健康的大学生应符合以下标准。

(一)正确的道德观念

正确的道德观念应符合社会主流道德观念,在我国社会主流道德观念是以社会主义核心价值观为主的道德和价值观念体系。心理健康的大学生应当内化并践行社会主义核心价值观,爱国爱党,懂得尊重他人,具备同理心与同情心,具备美德与操守。大学生应遵守新时代大学生行为规范,遵守法律法规、校纪校规,遵守社会公序良俗,展现新时代大学生良好精神风貌。

(二)完整统一的人格

人格是指人的整体精神面貌,即个人所具有的意识倾向性以及较稳定的各种心理特征的总和。人格完整是指构成人格的要素,如气质、能力、性格、需要、动机、理想、信念、世界观和人生观等各个方面平衡发展。心理健康的大学生的所思、所做、所言协调一致,具有积极进取的人生观,并以此为中心能把自己的需要、愿望、目标和行为统一起来。

（三）正常的智力

智力正常是大学生心理健康的标志，是大学生正常学习和生活的基本心理条件，也是适应周围环境变化所必需的心理基础。心理健康的大学生在学习中保持强烈的求知欲，设定明确的学习目标，乐于接受新事物并勇于迎接挑战。衡量大学生智力是否正常的关键在于其是否能正常、充分地发挥自我效能，即是否有强烈的求知欲，积极参与学习活动，并乐于学习。

（四）明确的自我意识

明确的自我意识是大学生心理健康的重要条件。心理健康的大学生了解自己，对自己的认识比较接近于现实，有自知之明，能摆正自己的位置，善于自我接纳，能接受自己的优点和接纳自己的缺点，坦然面对现实。自我接纳包括悦纳自己，即能接受自己身体、性格或能力等方面的正向价值，也包括接纳自己身体、能力等方面的缺陷。在学习和生活中，既不妄自尊大去做力所不及的事情，也不妄自菲薄而放弃可能发展的机会；自信乐观，生活目标与理想切合实际，不苛求自己，能扬长避短。

（五）积极稳定的情绪

情绪影响人的健康，影响人的工作效率，影响人的人际关系。以积极的情绪为主导，具有自制力与意志力，心境应是平和、乐观、愉悦的，能控制自己的消极情绪，为实现目标而做出积极的行动，停止或减少消极行为，不做出伤害他人和自己的行为。心理健康的大学生应情绪较稳定，尽管有时也会有悲、忧、哀、愁等消极体验，但能主动调节情绪，既能克制又能合理宣泄，使情绪的表达既符合社会的要求又符合自身的需要；情绪反应与环境相适应，在不同的时间和场合能恰如其分地表达情绪。

（六）良好的意志品质

心理健康的大学生有独立的生活能力，具有坚强的意志力和承受挫折的能力，能够有意识地磨炼和培养自己良好的意志品质，并具有克服困难、锲而不舍、勇往直前的精神。无论在情感上，还是在实际生活中都较少有依赖心理，自主性强；不管处于何种社会生活环境下都能主动同社会保持接触，让自己融入社会，自觉用社会规范来约束自己，使自己的行为符合社会的要求。

（七）和谐的人际关系

心理健康的大学生的人际关系是协调的、和谐的，因为人是社会属性的人，需要生活在各种人际关系中。心理健康的大学生在人际交往中，不仅能接纳自我，而且能接纳他人，能用尊重、信任、友爱、宽容、理解的态度与人相处；能分享、接受和给予别人爱和友谊，与集体保持协调关系，能与他人同心协力、合作共事，乐于助人；具备良好的沟通能力和技巧，能构建和谐的人际关系。

（八）良好的社会适应能力

社会适应能力包括认识社会环境及处理个人与环境的能力。良好的社会适应能力是指个体能够面对现实、接受现实，并能主动适应社会。心理健康的大学生在环境改变时能面对现实，对环境做出客观分析，以有效的方法应对环境中的各种困难，使个人行为符合新环境的要求；能和社会保持良好的接触；对生活现状有清晰的认识，能及时修正自己的计划和行动，使自己的思想、行为与社会协调一致。

（九）符合年龄特征的心理行为

心理健康的大学生其行为表现符合大学生的特点和性格特征，或充满朝气和活力，精力充沛；或勤学好问，反应敏捷。相反，一个大学生总是显得老气横秋，心事重重，喜怒无常，这就是心理不健康的表现。

> **知识拓展**

心理健康素养十条（2018年版）

针对社会对心理健康的主要关切，并经过多方专家论证，国家卫健委编制了《心理健康素养十条（2018年版）》。

第一条　心理健康是健康的重要组成部分，身心健康密切关联、相互影响

第二条　适量运动有益于情绪健康，可预防、缓解焦虑抑郁

第三条　出现心理问题积极求助，是负责任、有智慧的表现

第四条　睡不好，别忽视，可能是心身健康问题

第五条　抑郁焦虑可有效防治，需及早评估，积极治疗

第六条　服用精神类药物需遵医嘱，不滥用，不自行减停

第七条　儿童心理发展有规律，要多了解，多尊重，科学引导

第八条　预防老年痴呆，要多运动，多用脑，多接触社会

第九条　要理解和关怀精神心理疾病患者，不歧视，不排斥

第十条　用科学的方法缓解压力，不逃避，不消极

第二节　大学生心理问题

生活中每个人实际上都有各种各样的心理问题，每个个体都会遇到挫折，会产生烦恼，积压久了，就可能产生心理问题。但是，心理问题并不等于心理障碍或者心理疾病。大学生心理是否正常，主要看他是否能够正常学习、工作、生活、社会交往等。

一、什么是心理问题

在大学生中，一般的心理问题很常见。比如，刚进入大学，生活和学习都不适应，心里

不开心;好朋友无缘无故冲自己发了一通火,心里很委屈;自己一向学习不错,但是高考发挥失常,没能考入理想的学校,因此感到失落等,这些都属于心理问题,只不过问题的大小不同、持续时间的长短不同、给人带来的影响不同,然而有心理问题和心理不健康是不同范畴的概念。

心理健康与不健康之间并没有一条绝对的分界线,而是一种连续过渡、不断变化的状态。长期以来,人们习惯于把人的精神正常与否看作是黑白分明的事情:要么精神正常,要么就是精神病患者,这是一种误解。对此,岳晓东博士提出"灰色区"理论,该理论认为:人的心理正常与异常没有一个明确的界限,而是一个连续变化的过程。如果把心理正常比作白色,把精神病比作黑色,那么,在白色与黑色之间有一个巨大的"灰色区"。灰色区又可进一步划分为浅灰色区和深灰色区:浅灰色区主要表现为心理冲突但没有人格变态,常见情况包括失恋、人际关系失调、学业或工作不顺利等导致的心理失衡与精神压力,处在此区域的人是心理咨询的对象;深灰色区是各种变态人格和神经症,如强迫症、恐惧症、癔症、性别倒错等症状,处在此区域的人是心理治疗的对象。

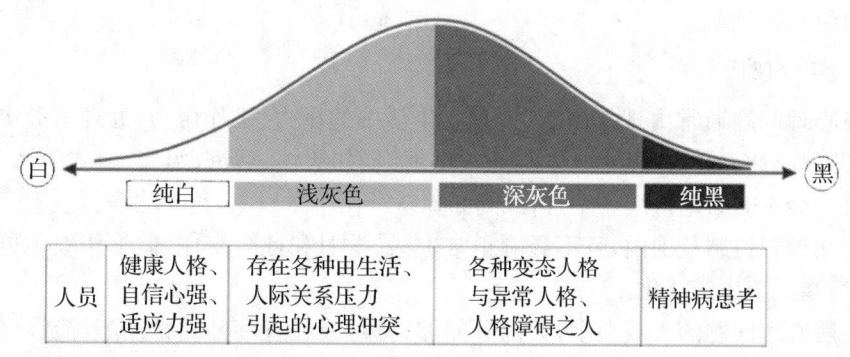

图 1-1　灰色区理论

人们可以从图 1-1 中找到自己的心理健康状况的位置。完全健康,即处于白色区的人非常少,大部分的人处于灰色区。

这四个区域没有明显的界限,是渐进的,如果浅灰色区域的人群不能及时得到帮助,也有可能向深灰色、纯黑色区域滑动。人生是一个连续变化的过程,从个体的角度来看,一个人的心理健康状态并非恒定不变。从群体来说,人类的心理健康不是黑白分明,而是两极小、中间大。因此,个体不要忽视灰色区域的存在,应该及时对心理问题进行矫正。这些无不提醒我们要正确认识心理问题,关注心理健康。

二、心理问题的分类

根据灰色区理论,按照心理问题严重程度可将人的心理状态分为浅灰、深灰、纯黑三个区域,各区域包括的主要心理障碍如下。

(一) 浅灰区

浅灰色区域的人群是指那些因遭遇各种生活压力而产生心理冲突的正常人,需要从心理辅导师或社会工作者那里获得帮助,属于亚健康人群。每个人在成长过程中都可能遇到一些心理冲突,如失恋、夫妻纠纷、人际冲突、工作压力、学业问题等生活矛盾,这些都会带来心理失衡和情绪困扰。暂时的、程度较轻的心理问题,不伴有明显的人格变态,也没有严重的临床症状,通常可以通过自身的调节加以解决,也可以通过心理咨询解决。

1. 严重心理问题

在生活中有部分人长期处于内心困惑与冲突之中,或者遭到比较严重的心理创伤而失去心理平衡,心理健康遭到不同程度的破坏,尽管他们的精神仍然是正常的,但心理健康水平下降许多,出现了不同程度的心理问题,甚至达到"可疑神经症"的状态,痛苦情绪持续时间较长(两个月以上,半年以下)。内容已经充分泛化,即与最初刺激相类似相关联的刺激,也会引起他们的痛苦。在咨询师的帮助下,他们能够走出困境,恢复社会功能和对生活的信心。

2. 一般心理问题

一般心理问题通常由现实因素(如现实生活中的压力、工作压力、处理事务中的失误等)引发的内心冲突导致,患者会体验到不良情绪(如厌烦、后悔、沮丧、自责等)。这些不良情绪可能会不间断地持续一个月,或间断地持续两个月以上,仍无法自行缓解。尽管情绪反应仍在理智控制范围内,且不影响正常生活、学习和社会交往,但工作效率可能会有所下降,情绪反应尚未泛化。

有一般心理问题的人数众多,大部分能够自愈,或在咨询师的帮助下,能够迅速恢复心理健康。但是如果未经心理疏导,有些个案可能会逐渐演变为更严重的情况,进入"深灰区"。

表1-1 一般心理问题和严重心理问题的对比

	一般心理问题	严重心理问题
情绪反应强度	由现实生活、工作压力等因素引起的不良情绪反应,有现实意义,有的带有明显的道德色彩	由较为强烈且对个体构成较大威胁的现实刺激所引发的心理障碍,个体会体验到痛苦情绪
情绪体验持续时间	情绪体验时间不间断地持续1个月或者间断地持续2个月	情绪体验时间超过2个月但未超过半年,且无法自行缓解
行为受理智控制程度	不良情绪反应在理智控制下,不失常态,基本维持正常生活、社会交往,但效率下降,没有对社会功能造成影响	遭受的刺激越大,反应越强烈。多数情况下,会短暂失去理智控制,难以解脱,对生活、工作和社会交往有一定程度的影响
泛化程度	情绪反应的内容对象没有泛化	情绪反应的内容对象被泛化

(二) 深灰区

深灰色人群是各种变态人格与人格异常以及有障碍的人,需要心理医生通过临床心理学模式进行治疗。症状主要包括各种类型的神经症、人格障碍、心身疾病、行为障碍等。神经症是一组没有查出任何器质性原因的大脑神经机能失调类的心理障碍。患者有强烈的心理冲突,并感到精神痛苦,力图摆脱却又无能为力。神经症是心理障碍,与精神病不是一回事。常见的神经症有以下几种。

1. 强迫症

强迫型神经症是一种以强迫症状为主要临床表现的神经症。其特点是有意识的自我强迫和自我反强迫同时存在,二者的冲突使病人焦虑和痛苦。常见的有强迫观念、强迫意向和强迫行为。例如,有的人反复思考动物为什么有雌雄;有的人见到汽车就联想到车祸时恐怖的情景,感到非常焦虑;有的人反复检查门窗是否关好,煤气是否关紧;有的人害怕不洁而不厌其烦地洗手或洗衣服。患有强迫症的人通常无安全感,无完善感,无确定感。他们的行为与生活习惯刻板,墨守成规,享乐能力低下,活动能力差,工作与学习效率低,性格往往有缺陷,如缺乏自信、过于谨慎、保守、主动性差等。

强迫症的发病一方面是由于患者的性格缺陷,可能和遗传因素有关。有研究显示,强迫症在同卵双生子中的同病率高于异卵双生子。另一方面也与以往的生活经历、精神打击和童年时期的遭遇有关。强迫症的根治需要药物治疗、心理治疗和行为治疗相互配合,其中行为治疗对强迫症有一定效果,心理治疗对增强患者自信心、缓解症状也有重要作用。

2. 焦虑症

焦虑症是一种以焦虑反应为主要症状的神经症,是个体在面临不良刺激或预感到会出现挫折情境时所产生的一种复杂的消极或不愉快的情绪状态。该症以焦虑情绪为主要症状。这种焦虑并非由实际威胁所引起,不针对具体的人或事,紧张焦虑程度与现实情况不符,表现为难以言说的紧张感,混合着担心着急、坐立不安、害怕惶恐,好像灾难即将降临。同时伴有躯体症状:头晕、胸闷、心悸心慌、呼吸困难、口干、尿频尿急、内分泌失调、运动性不安、睡眠障碍等。焦虑症在临床上可分为急性焦虑(惊恐发作)和慢性焦虑(广泛性焦虑)。

急性焦虑:患者常出现无明显原因的、突然发作的强烈紧张、极度恐惧、濒临死亡感,同时伴有剧烈的心慌、心悸、气急、呼吸困难、胸闷胸痛,失控地发抖,出大汗等,发作时间通常可持续数分钟。当一个人反复出现无预期的惊恐发作,并且开始持续地担心再次发作的可能性时,可以考虑诊断为急性焦虑。

慢性焦虑:患者主要表现为长时间无明显原因、无固定内容的恐惧和提心吊胆或精神紧张,总是预感会发生不幸而处于警觉状态,同时伴有坐卧不宁、心惊肉跳、心慌、头痛、背痛、全身颤抖等躯体症状。患者常因不明原因的惊恐感而意志消沉、忧虑不安,夜间入睡困难。

3. 抑郁症

抑郁症又称抑郁障碍,以显著而持久的心境低落为主要临床特征,是心境障碍的主要类型。临床症状表现为认知效能下降,注意力不集中,记忆力下降,思维变得迟缓;动力缺失,对事物的兴趣下降,感到萎靡不振,常感精力不足,对任何事情都提不起兴趣,缺乏热情;情感活动消极,自觉心情压抑,容易哭泣、消沉、悲观沮丧;自我评价下降,常感自卑,对前途感到悲观失望,有的产生自罪自责倾向,甚至自杀意图。

> **知识拓展**

关于抑郁

情绪低落、兴趣减退、思维迟缓、自责、饮食睡眠差等都是抑郁的表现,抑郁症一直受到众多的关注,一部分原因是抑郁症的治疗过程缓慢,容易反复,并且中度以上的抑郁症患者可能产生自杀倾向。引起抑郁症的原因多种多样,学生更容易因为学习压力而抑郁,青年人可能因为失恋而抑郁,中年人可能因为家庭生活问题而抑郁,初入职场者可能因为工作压力而抑郁。短暂的情绪低落是正常的表现,但是如果悲观失望的情绪持续两周以上,并且影响了正常的工作和生活时,就需要小心了。抑郁情绪如果长期得不到改善,有可能发展为抑郁症,所以应及早识别轻度抑郁的表现,尽早恢复身心健康。

根据《2022年国民抑郁症蓝皮书》报告,全国抑郁症患者超过9 500万人。18~24岁青年人的发病率为35.23%,在所有年龄段中占比最高。我国每年大约有28万人自杀,其中40%患有抑郁症。此外,根据国内多项研究估计,在任何时间点,每1 000名中国人中有16人患有重性抑郁障碍;而在一年内,每1 000名中国人中有23人会患上抑郁症。在我们周围大约每15个人中,就有1位抑郁症患者。抑郁症已然成为心理健康问题"重灾区"之一。

4. 人格障碍

人格障碍是指人格的发展显著偏离了社会和文化规范,形成了特有的、明显偏离所处社会文化背景及多数人认可的认知和行为模式。人格障碍患者具有明显偏离正常且根深蒂固的行为方式,其人格在内容、性质方面异常或整个人格异常。因此,不仅病人遭受痛苦,也可能使他人遭受痛苦。他们给人一种特异感觉,在待人接物方面表现尤为突出。

人格障碍通常开始于童年、青少年或成年早期,并持续到成年乃至终生。人格障碍一旦形成即具有恒定和不易改变性,患有人格障碍的人智力并不低下,但人格的某些方面非常突出和过分地发展,而且本人对自己人格缺陷缺乏正确的判断。如具备以上特征,又能排除器质性疾病和精神病所致的人格改变,则基本确定人格障碍。人格障碍的类型有偏执型人格障碍、依赖型人格障碍、情感型人格障碍、强迫型人格障碍、爆发型人格障碍、自恋型人格障碍等。

(三)纯黑区

处于纯黑区域的人主要是精神病患者,即"精神功能受损程度已达到自知力严重缺乏,不能应付日常生活要求或保持对现实的恰当接触"[①]。临床常见的精神病有精神分裂症、情感性精神病、反应性精神病等。

精神疾病主要有三个方面的异常表现：首先,病人的反应机能受到严重损害,对客观现实的反映是扭曲的,可能出现精神失常现象,如幻觉、妄想、思维混乱、行为怪异、情感失常等,因而丧失正常的言行；其次,社会功能严重受损,如不能正常处理与他人的关系,不能正常参与社会活动,甚至对公众生活产生危害；第三,不能正确理解自身的现状,不承认自己有病,对自己的处境完全丧失自知力,不主动寻求医生的帮助。致病因素有多方面：先天遗传、个性特征及体质因素、器质因素、社会环境因素等。大学生中常见的有精神分裂症、双相情感障碍等。该类型的疾病已经超过单纯的心理咨询范围,患者需要到专门的心理科或精神科进行治疗。

另外,即使是精神正常心理健康的人群,在现实生活中同样会面临许多问题,如恋爱、婚姻、家庭问题,择业求学问题,社会适应问题等。在面对这些自我发展问题时,人们需要做出理智的选择,以顺利度过人生各个阶段。此时,心理咨询师可以从专业的角度,向他们提供帮助,这类咨询是发展性咨询。

大学生正处于青春迷茫期,在人生发展过程中,遇到心理问题是正常的。在面对情感、人际交往和择业就业等问题时,不必过于担忧,应该积极寻求解决方案,或者求助于心理咨询师,在心理咨询师的帮助下,做出理智的选择和行为。

三、大学生常见的心理问题

我国大学生心理状况总体是积极向上的,但也有一些大学生心理健康状况令人担忧。除少数因患有严重的心理疾病无法坚持学习,不得不退学、休学外,多数大学生仍在继续学习。然而,不同程度的心理问题(如抑郁、焦虑、紧张、无聊、空虚、偏执等)在不同程度上影响着他们的学习和生活。大学生的厌学、怯学、考试恐惧等状态,与他们不良的心理健康状况有直接关系。大学生常见的心理困扰表现在以下几个方面。

(一) 个性和自我意识方面的问题

1. 个性方面的问题

个性发展不良导致的心理问题,是大学生常见的心理问题。遗传素质、教育、早期成长环境和成长经历等因素均会影响大学生的个性发展。相当一部分大学生在性格方面存在不同程度的问题,主要表现为自卑、怯懦、猜疑、偏激、孤僻、抑郁、自私和任性等,严重时甚至可能发展为人格障碍。

2. 自我意识方面的问题

自我意识是大学生认识自我、发展自我、完善自我的重要条件,但由于自我意识认知与建构过程相对漫长,大学生在发展中遇到各种冲突和矛盾时,往往会出现意识偏差,甚

---

① 《国际疾病分类》,由世界卫生组织发布。

至陷入认知矛盾的状态,如理想自我和现实自我的矛盾、满足感和空虚感的矛盾、独立性和依赖性的矛盾、理智和情感的矛盾等。这些矛盾解决不好,会造成大学生不良的心理反应。

(二) 人际交往方面的问题

1. 缺乏社交技能

现代大学生由于缺乏与人交往的技巧与经验,在交往中往往会遇到各种困难与挫折,从而产生人际交往焦虑、恐惧等心理问题,进而影响他们的身心健康。

2. 人际交往不适应

大学生离开中学时期熟悉的学习和生活环境,面对新的师生关系、同学关系和舍友关系,或多或少存在人际适应问题,部分大学生缺乏独立处理人际矛盾的能力,导致人际关系紧张。

(三) 情感方面的问题

1. 不良的情绪情感

良好的情绪情感状态是大学生心理健康的重要标志。良好的情绪情感状态应以稳定、乐观的心态为主,对于不良情绪应具有调节和控制能力。但由于大学生的情绪情感具有两极性和矛盾性的特点,情绪易波动、易冲动、自制力不强,一旦遇到挫折,往往容易产生抑郁、焦虑、恐惧、紧张、妒忌等不良情绪。

2. 恋爱与性方面的心理困扰

由于性生理逐渐发育成熟,性意识的觉醒与性心理的发展,大学生渴望了解异性,向往爱情。但由于缺乏经验与指导,有些大学生在恋爱中出现了单相思、三角恋爱、失恋等问题。也有一些大学生因对性知识和性行为的不恰当理解与认识,造成诸多心理压力,如因对性压抑、性自慰的错误认知而产生羞耻感、自责感和恐惧感等。

(四) 学业方面的问题

1. 学习动力不足

刚进入大学的大学生解除了高考的压力,部分大学生缺乏学习目标,没有学习计划,没有家长和老师的天天监督,存在学习动机不强、学习动力不足的问题,进而荒废了学业。

2. 学习方法不当

大学的学习与高中有明显的差异,大学生必须改变高中的学习模式,调整学习目标、掌握学习策略、学会科学用脑、掌握自学方法,以便更好地适应大学学习生活。部分大学生学习方法不当,或对专业缺乏兴趣等,导致成绩不佳,同时引发考试焦虑、厌学、弃学等问题。

(五)求职择业方面的心理困扰

大学生毕业前夕,最大的心理压力来自求职择业。大学生在求职择业过程中,缺乏经验与准备,导致职业渠道不畅,有的脱离社会发展需要盲目择业,导致难以找到合适的工作;有的自我评价过高,造成就业困难等。这些问题往往会引发毕业生的心理问题。

四、大学生常见心理问题的原因

(一)生物遗传性因素

生物遗传性因素包括遗传因素、躯体素质因素、生物生化性因素和机体功能状态因素等。遗传是指亲代的性状通过遗传物质传给子代的现象。研究表明,患有精神疾病的人,其亲属中发生同类精神疾病的概率明显高于正常人群中的发病率,而且血缘越近,发病率越高。

(二)早期经验和家庭环境

大学生的早期经验对其心理发展有着十分重要的作用。有研究表明,儿童早期与父母的关系以及父母对儿童的态度是影响个体心理健康的重要因素。患有焦虑症、抑郁症、强迫症、恐怖症的大学生其父母较少表现出情感温暖,可能存在较多的拒绝态度、过分的保护或者过度的惩罚。在个体的早期发展中,父母的支持和鼓励更容易使个体建立对最初接触者的信任感和安全感,这种信任感和安全感保证了子女成年后与他人顺利交往。

(三)生活事件

生活事件是人们在日常生活中遇到的各种社会生活的变动,如搬家、升学、父母离异、分离、亲人亡故等。研究表明,即使是中等强度的应激事件,如果连续发生,对大学生的心理抵抗力的影响也会累加,最终可能导致心理障碍。慢性压力累积导致应激障碍在大学生中较为常见。

(四)个性特征

每个人都有自己独特的人格特点,并形成不同的应激方式和归因特点。因此,特殊的人格往往成为导致某种心理问题或心理障碍的内在因素之一。例如,强迫症患者可能具有强迫型人格特征,表现为谨小慎微、追求完美、责任心过重、自我克制、优柔寡断、敏感多疑等。因此,培育健全的人格特征是预防心理障碍的重要任务。

第三节 心理咨询

开展心理咨询是高校的一项重要工作,高校教育工作者需要全面了解大学生的心理健康状况,切实做好大学生心理健康教育、咨询和辅导工作。

一、心理咨询的定义

人本主义心理学家罗杰斯认为,心理咨询是通过与个体持续的、直接的接触,向其提供心理帮助并力图促使其行为态度发生变化的过程。《美国精神病学语汇表》将心理咨询定义为"一种谈话和讨论的治疗方法,其中咨询师向来访者就一般或特定的个人问题提供建议或辅导"。朱智贤将心理咨询定义为"对心理失常的人,通过商谈的程序和方法,使其对自己与环境有一个正确的认识,以改变其态度与行为,并对社会生活有良好的适应。"马建青在其《辅导人生——心理咨询学》一书中认为,心理咨询是运用有关心理科学的理论和方法,通过解决咨询对象的心理问题(包括发展性心理问题和障碍性心理问题),来维护和增进身心健康,促进个性发展和潜能开发的过程。

虽然学者们对心理咨询下过多种定义,但结合心理咨询的发展历史和我国的实际情况,可以将其定义为:心理咨询是指由受过心理学专门训练并拥有相关资质的专业人员,运用心理学的理论和技术,针对来访者的各种适应与发展问题,通过与来访者协商、交谈、启发和引导,帮助来访者消除或缓解心理困扰,促进其心理健康与自我发展的过程。大学生心理咨询更侧重学生的发展性咨询。

二、心理咨询的基本原则

心理咨询的原则是指心理咨询师在工作中必须遵守的基本要求。为了有效地帮助来访者,心理咨询师必须遵循一定的原则。

(一)保密性原则

心理咨询师保守来访者的内心秘密,妥善保管咨询记录、测试资料等材料。如果因工作需要必须引用咨询事例时,应对材料进行适当处理,不得公开来访者的真实姓名、单位或住址。

心理咨询中的保密分为以下几个层次:

(1)完全保密例外,需要全盘托出。当心理咨询内容涉及法律范畴,司法机关介入时,不能保密。当心理咨询中发现来访者有威胁自身生命安全或者别人的生命安全时,不能保密。

(2)只交接可识别的信息。在咨询师之间进行转介时,会交接来访者的个人信息,但对来访者的咨询内容会严格保密,以避免干扰新咨询师的判断。

(3)隐藏身份信息,只阐述咨询中的问题。在咨询师接受督导时,向督导师求助咨询中遇到的难以解决的问题,应隐去来访者的基本个人信息,只阐述咨询中的问题。

(4)改变关键信息,只阐述不可识别的案例。例如,教师在讲课或交流时,要用到一些咨询案例,应将年龄、专业等关键信息隐去或者改变,使来访者的信息不可识别,保护来访者隐私。

(二)自愿性原则

原则上讲,来访者必须出于完全自愿,咨询师不能进行主观强制,这是确立咨访关系的先决条件。没有咨询愿望和需求的人,咨询师不能主动找他(她)并为其咨询。只有来访者愿意找咨询师诉说烦恼以寻求心理援助,才能够解决问题。但对于一些特殊来访者如迫于父母或亲戚等的要求而来访的也要接待。

(三)尊重理解原则

在咨询过程中咨询师要尊重来访者,不把个人的认识、判断强加给来访者,也不为来访者做决定。是否接受或继续心理咨询也完全尊重来访者个人的选择。咨询师应对来访者的语言、行动和情绪等充分理解,不应以道德的眼光进行评判,而应帮助来访者分析原因并寻找解决方案。

(四)守时性原则

由于心理咨询工作是咨访双方商定的具有契约性质的双边活动,心理咨询必须遵守一定的时间限制,守时对于心理咨询师来说是必须遵守的原则,咨询时间一般规定为每次50分钟左右(初次受理时咨询可以适当延长),原则上心理咨询一定要按计划进行,不能随意更改,该开始就开始,当结束就结束。

(五)中立性原则

咨询者应对来访者谈话中涉及的道德问题保持中立,不作评判。对来访者的生活言行也不宜批评和指责。寻求或终止心理咨询由来访者决定,咨询师只能提建议不能强硬要求。相应地,随意终止心理咨询带来的不良影响也由来访者承担。咨询师保持中立,但不代表没有自己的态度,当求助者存在违反社会伦理道德、违反法律的行为时,咨询师需要表明自己的态度。

(六)感情限定原则

咨访关系是咨询师和来访者心理的沟通和接近,咨访关系的确立是咨询工作顺利开展的关键,但这种咨访关系应是有限度的。面对来访者的劝诱和要求,即便是好意,咨询师在终止咨询之前应该予以拒绝。咨询师与来访者之间接触过密,来访者过度了解咨询师内心世界和私生活,会影响他们的自我表现,从而影响咨询师判断的客观性。

(七)重大决定延期原则

心理咨询期间,如果来访者情绪过于不稳和动摇,原则上咨询师应劝导其不要轻易做出诸如退休、调换工作、退学、转学、离婚等重大决定。咨询结束后,来访者在情绪稳定后做出的决定,往往不容易后悔,反悔的概率也较低。此项事宜应在咨询开始时予以告知。

心理电影

《心灵捕手》

电影《心灵捕手》讲述的是数学天才威尔接受心理咨询从而解开心灵的枷锁,开始新生活的故事。威尔是一个极聪明的人,但因为从小受到家庭暴力,形成了严重的心理创伤。威尔因童年创伤而产生了严重的自卑心理和暴力倾向,不愿让别人看到真实的自己,在与人发生冲突时常常不知分寸。他对未来缺乏追求,不愿意努力奋斗,尽管拥有数学天赋和聪慧的头脑,却在一所大学里担任清洁工的工作,生活中也没有什么朋友,生活状态很不好。一次偶然的机会,他解开了黑板上一道无人能解的数学题,让一个数学教授看到了他的惊人才能,但是威尔的心理状态,让教授不敢重用他,于是教授建议他去接受心理治疗。电影围绕威尔心理咨询的过程展开。由于威尔的阻抗和不配合,前五位心理咨询师都未能继续为他提供帮助,但在第六个咨询师的努力下,威尔终于敞开心扉,说出了自己的故事,并在咨询师的帮助下过上了正常人的生活,也得到了教授的重用。

影片中威尔因为童年的创伤经历,产生了自己难以调适的心理问题,因为他的心理问题,尽管拥有才华,但他无法充分发挥自己的潜力。一开始,威尔极力掩饰隐藏自己的问题,不愿意改变也不愿意接受心理咨询师的帮助。在咨询师的努力下,威尔最终一步步放下防备,倾吐了自己的悲惨经历,咨询师也运用专业技术帮助威尔摆脱了心灵的枷锁,开始了新的生活。

所以,当我们遇到自己难以调适的心理困惑时,如果一味隐藏、掩饰,只会让我们的生活变得更加糟糕,我们要勇于直面自己的问题,向专业人士求助,努力放下心灵的包袱,享受健康的心理状态。

三、心理咨询的基本理论基础

(一)精神分析理论

弗洛伊德是奥地利精神病学家、精神分析学派的创始人,他出生于摩拉维亚,1860年随着家庭迁居于奥地利的维也纳,曾经获得医学博士学位。

弗洛伊德起初采用催眠术治疗精神疾病,后来发现有其局限性,受名医师布洛伊尔的启发改用宣泄法,即通过催眠让患者将内心积郁倾诉出来,从而改善病情,后来弗洛伊德又和布洛伊尔联合研究癔症治疗,之后弗洛伊德正式提出精神分析的概念。他的《梦的解析》一书通常被视为精神分析学的正式形成标志。主要心理咨询方法有催眠、自由联想、释梦等。

弗洛伊德的理论可分为两个时期,早期理论一般指他在1920年以前的精神分析理论。主要包括:① 意识和无意识。弗洛伊德认为,人的心理可分为3部分:意识、前意识和无意识。② 压抑和抵抗。人的某些本能欲望常常是不被社会风俗、习惯、道德、法律等所容的。因此,欲望与规范之间会产生激烈的冲突,往往是欲望因受到规范的约束而被压抑。1920年以后,弗洛伊德对他的理论进行了一些重大的修正,形成了他的后期理论。

埃里克森(1902—1994年),美国精神分析医生、精神分析理论家之一、当代自我心理学杰出的代表人物之一。埃里克森师承弗洛伊德的女儿安娜·弗洛伊德。1933年移居美国后,他从事儿童精神分析工作,并曾在哈佛大学、耶鲁大学等医学院和人类关系学院任职,研究自我的发展和游戏。1950年出版《童年与社会》,这是他的代表作,把心理发展和社会结合起来,并特别用两章来讲人类文化学。二十世纪六十年代到七十年代,埃里克森开始研究美国当代资本主义社会的棘手问题,将精神分析与生态学、文化人类学、历史、哲学、政治科学和神学结合起来。精神分析学说成为弗洛伊德所梦想的样子,是一种对一切有关人性的东西的关注。

(二) 行为主义理论

行为主义是美国现代心理学的主要流派之一,也是对西方心理学影响最大的流派之一,行为主义产生于20世纪初的美国,其创始人是美国心理学家华生。该理论在心理学界盛行了约50年,它的一个突出特点是强调现实和客观研究,行为主义的基本假设是有关人类发展的结论应该以可观察的外显行为为基础。其观点是心理学不应该研究意识,而应该研究行为,把行为与意识完全对立起来。行为主义的心理咨询是以学习理论和行为疗法理论为依据,认为人的问题行为、症状是由错误认知与学习所导致的,主张将心理治疗或心理咨询的着眼点放在来访者当前的行为问题上,注重当前某一特殊行为问题的学习和解决,以促使问题行为的变化、消失或新的行为的获得。主要心理咨询方法有系统脱敏法、强化法、厌恶疗法等。

(三) 认知主义理论

认知疗法是二十世纪六十年代到七十年代在美国心理治疗领域中发展起来的理论和技术。认知主义主要研究人的智能活动(包括知觉、学习、记忆、语言、思维)的性质及其活动方式。简单地说,我们并不是机械地接受刺激,而是主动地对相关刺激进行解释。这一学派的代表人物有皮亚杰、布鲁纳、奥苏贝尔、托尔曼等。认知理论认为人的情绪来自人对所遭遇的事情的信念、评价、解释或哲学观点,而非来自事情本身,情绪和行为受制于认知,认知是人心理活动的决定因素。认知疗法就是通过改变人的认知过程和由这一过程中所产生的观念来纠正本人适应不良的情绪或行为。认知疗法的策略在于帮助来访者重新构建认知结构,重新评价自己,重建对自己的信心,改变认为自己"不好"的认知。治疗的目标不仅是针对行为和情绪这些外在表现,还在于分析来访者的思维活动及应对现实的策略,找出并纠正错误的认知,从而消除不良情绪和行为。其中有代表性的是埃利斯的合理情绪疗法、贝克和雷米的认知疗法以及梅肯鲍姆的认知行为疗法。

(四) 人本主义理论

人本主义理论于二十世纪五六十年代在美国兴起,七八十年代迅速发展,代表人物有马斯洛和罗杰斯。人本主义理论探讨人的价值、经验、需要、潜能和生命意义等,目的是促进人的健康发展,提升人的尊严和价值,并倡导自我潜能的实现。人本主义心理学家认为人们应该对自己的行为负责任,人们有时会对环境中的刺激自动地做出反应,有时会受制于本能,但人有自由意志,有能力决定自己的目的和行动方向。在各派人本主义疗法中,以罗杰斯开创的来访者中心疗法影响最大,是人本主义疗法中的一个主要代表。来访者中心疗法认为,个体在正常情况下都有着积极的、奋发向上的、自我肯定的无限成长潜力。如果人的自身体验受到闭塞,或者自身体验的一致性丧失、被压抑或发生冲突,从而使人的成长潜力受到削弱或阻碍,就会表现为心理病态和适应困难。如果创造一个良好的环境,使个体能够与他人正常交往和沟通,便可以发挥其潜力,改变不良行为。

随着科技的发展,心理学家不断探索心理咨询的不同方法和途径,并取得了一系列的进展,如目前在个体心理咨询中经常使用的认知行为疗法、沙盘疗法、森田疗法等。同时我们应注意到很多心理问题的病因、起源和治疗方法依然有待进一步探索。

四、个体心理咨询流程

心理咨询可分为团体咨询和个体咨询。个体心理咨询的步骤一般包括开始阶段、指导与帮助阶段、巩固与结束阶段。

(一) 开始阶段

开始阶段是心理咨询的第一步,是整个心理咨询的基础。良好的开始是成功的一半,美国咨询心理学家沃尔普指出,心理咨询不好的开头会阻碍有效的相互影响。开始阶段需要完成的任务有三项,即建立咨询关系、掌握来访者的资料及分析和评估。

1. 建立咨询关系

咨询师与来访者必须建立起信任、真诚、接纳的咨询关系,这是心理咨询的起点和基础。这种关系有助于咨询师了解来访者真实的情况,确定咨询目标并有效达到目标。对来访者而言,基于这种积极的关系,才会与咨询师积极合作,对心理咨询抱有热情和信心,从而有助于提高咨询效果。此外,这种积极的关系也给来访者提供了一种良好的人际关系的范例,使其能在咨询环境之外加以运用,提高人际交往的能力。

2. 掌握来访者的资料

收集与来访者有关的各种资料,通过会谈、观察、倾听、心理测验等方式,了解对方的基本情况及可能存在的心理问题。来访者的基本情况包括姓名、年龄、班级、家庭及社会生活背景、自身的生活经历、兴趣爱好、学习生活近况及有无心理咨询经验等。通过对基本情况的了解,掌握其过去、现在等各方面的情况。对来访者基本情况的掌握,有助于咨询师把握来访者主要心理问题。

3. 分析和评估

在收集资料的同时,分析、评估就已相伴出现。分析、评估是在收集资料的基础上,进一步明确心理问题的实质、程度及原因,并对其做出正确的评估。其包括确定心理问题的类型及性质,决定咨询的适宜性;分析心理问题的程度,以便区别对待;寻找心理问题产生的原因。

(二) 指导与帮助阶段

这一阶段主要完成的任务有三项:制订咨询目标,选择咨询方案,实施指导与帮助。

1. 制订咨询目标

心理咨询的目标是心理咨询所追求的结果和要达到的目的。咨询目标的确立,在咨询过程中有重要的价值。它使咨询双方都清楚地意识到努力的方向,有助于咨询双方的积极合作。

2. 选择咨询方案

选择咨询方案,包括咨询方法的选定和具体计划的制定。解决来访者的心理问题有许多咨询方法可供利用,如"支持与安慰""内省与领悟""训练与学习""疏导与宣泄""暗示"等。每种咨询方法对解决心理问题均有一定的针对性,并有相应的实施过程。

3. 实施指导与帮助

实施指导与帮助,不同的咨询方法有不同的要求与做法,可灵活运用。对来访者的积极方面给予真诚的表扬、鼓励和支持,增强来访者的自信,促进其积极行为的增长;可以直接指导来访者做某件事、说某些话,或以某种方式行动;可以通过解释,使来访者从一个全新、全面的角度面对自己的问题,重新认识自己及周围的环境,从而提高认识能力,促进问题的解决和来访者人格的完善。

(三) 巩固与结束阶段

经过前两个阶段咨询双方的共同努力,基本达到既定的咨询目标后,即进入心理咨询的巩固与结束阶段。这一阶段心理咨询的工作主要是巩固效果和追踪调查。

1. 巩固效果

咨询师向来访者说明来访者已经取得的成绩与进步、已达到的咨询目标;与来访者一同回顾总结其心理问题和咨询过程;重新审视来访者心理问题的前因后果,以及据此确定咨询过程中出现的问题和进展等,对前两个阶段进行总结;最后指导来访者巩固已有的进步,帮助来访者将获得的经验运用到日常生活中去,并逐步稳定、内化为来访者的观念、行为方式和能力,使来访者能独立地适应环境。

2. 追踪调查

为了评估来访者是否能有效运用获得的经验适应环境,进而最终确定整个咨询过程是否成功,咨询师应对来访者进行追踪调查。追踪调查应在咨询基本结束后的数月至一年间进行。

小 测 试

(注:测试结果仅供参考,如有疑问请咨询专业人士)

SCL-90 症状自评量表

90项症状清单(symptom checklist 90, SCL-90),又名"症状自评量表",是由90个项

目所组成的精神症状自评量表,包含比较广泛的精神疾病的症状,从感觉、情感、思维、意识、行为至生活习惯、人际关系、饮食睡眠等均有涉及,并采用10个因子分别反映10个方面的心理症状情况,用于评定一个人是否有某种心理症状及其严重程度如何。

指导语:以下表格中列出了有些人可能有的病痛或问题,请仔细阅读每一条,然后根据最近一星期以内下列情况影响你或使你感到苦恼的程度,在方格内选择最合适的一格,画一个"√"。请不要漏掉问题。

	从无	轻度	中度	偏重	严重
	1	2	3	4	5
题目	□	□	□	□	□
1. 头痛	□	□	□	□	□
2. 神经过敏,心中不踏实	□	□	□	□	□
3. 头脑中有不必要的想法或字句盘旋	□	□	□	□	□
4. 头昏或昏倒	□	□	□	□	□
5. 对异性的兴趣减退	□	□	□	□	□
6. 对旁人责备求全	□	□	□	□	□
7. 感到别人能控制你的思想	□	□	□	□	□
8. 责怪别人制造麻烦	□	□	□	□	□
9. 忘记性大	□	□	□	□	□
10. 担心自己的衣饰整齐及仪态的端正	□	□	□	□	□
11. 容易烦恼和激动	□	□	□	□	□
12. 胸痛	□	□	□	□	□
13. 害怕空旷的场所或街道	□	□	□	□	□
14. 感到自己的精力下降,活动减慢	□	□	□	□	□
15. 想结束自己的生命	□	□	□	□	□
16. 听到旁人听不到的声音	□	□	□	□	□
17. 发抖	□	□	□	□	□
18. 感到大多数人都不可信任	□	□	□	□	□
19. 胃口不好	□	□	□	□	□
20. 容易哭泣	□	□	□	□	□
21. 与异性相处时感到害羞不自在	□	□	□	□	□
22. 感到受骗,中了圈套或有人想抓住你	□	□	□	□	□
23. 无缘无故地突然感到害怕	□	□	□	□	□
24. 自己不能控制地大发脾气	□	□	□	□	□
25. 怕单独出门	□	□	□	□	□
26. 经常责怪自己	□	□	□	□	□
27. 腰痛	□	□	□	□	□
28. 感到难以完成任务	□	□	□	□	□
29. 感到孤独	□	□	□	□	□

30. 感到苦闷		☐	☐	☐	☐
31. 过分担忧		☐	☐	☐	☐
32. 对事物不感兴趣		☐	☐	☐	☐
33. 感到害怕		☐	☐	☐	☐
34. 你的感情容易受到伤害		☐	☐	☐	☐
35. 旁人能知道你的私下想法		☐	☐	☐	☐
36. 感到别人不理解你,不同情你		☐	☐	☐	☐
37. 感到人们对你不友好,不喜欢你		☐	☐	☐	☐
38. 做事必须做得很慢以保证做得正确		☐	☐	☐	☐
39. 心跳得很厉害		☐	☐	☐	☐
40. 恶心或胃部不舒服		☐	☐	☐	☐
41. 感到比不上他人		☐	☐	☐	☐
42. 肌肉酸痛		☐	☐	☐	☐
43. 感到有人在监视你,谈论你		☐	☐	☐	☐
44. 难以入睡		☐	☐	☐	☐
45. 做事必须反复检查		☐	☐	☐	☐
46. 难以作出决定		☐	☐	☐	☐
47. 怕乘电车、公共汽车、地铁或火车		☐	☐	☐	☐
48. 呼吸有困难		☐	☐	☐	☐
49. 一阵阵发冷或发热		☐	☐	☐	☐
50. 因为感到害怕而避开某些东西、场合或活动		☐	☐	☐	☐
51. 脑子变空了		☐	☐	☐	☐
52. 身体发麻或刺痛		☐	☐	☐	☐
53. 喉咙有梗塞感		☐	☐	☐	☐
54. 感到前途没有希望		☐	☐	☐	☐
55. 不能集中注意		☐	☐	☐	☐
56. 感到身体的某一部分软弱无力		☐	☐	☐	☐
57. 感到紧张或容易紧张		☐	☐	☐	☐
58. 感到手或脚发重		☐	☐	☐	☐
59. 想到死亡的事		☐	☐	☐	☐
60. 吃得太多		☐	☐	☐	☐
61. 当别人看着你或谈论你时感到不自在		☐	☐	☐	☐
62. 有一些不属于你自己的想法		☐	☐	☐	☐
63. 有想打人或伤害他人的冲动		☐	☐	☐	☐
64. 醒得太早		☐	☐	☐	☐
65. 必须反复洗手、点数目或触摸某些东西		☐	☐	☐	☐
66. 睡得不稳不深		☐	☐	☐	☐
67. 有想摔坏或破坏东西的冲动	☐	☐	☐	☐	☐

68. 有一些别人没有的想法或念头	☐	☐	☐	☐	☐
69. 感到对别人神经过敏	☐	☐	☐	☐	☐
70. 在商店或电影院等人多的地方感到不自在	☐	☐	☐	☐	☐
71. 感到任何事情都很困难	☐	☐	☐	☐	☐
72. 感到一阵阵恐惧或惊恐	☐	☐	☐	☐	☐
73. 在公共场合吃东西感到很不舒服	☐	☐	☐	☐	☐
74. 经常与人争论	☐	☐	☐	☐	☐
75. 单独一人时神经很紧张	☐	☐	☐	☐	☐
76. 别人对你的成绩没有作出恰当的评价	☐	☐	☐	☐	☐
77. 即使和别人在一起也感到孤单	☐	☐	☐	☐	☐
78. 感到坐立不安心神不定	☐	☐	☐	☐	☐
79. 感到自己没有什么价值	☐	☐	☐	☐	☐
80. 感到熟悉的东西变成陌生或不像是真的	☐	☐	☐	☐	☐
81. 大叫或摔东西	☐	☐	☐	☐	☐
82. 害怕会在公共场合昏倒	☐	☐	☐	☐	☐
83. 感到别人想占你的便宜	☐	☐	☐	☐	☐
84. 为一些有关性的想法而很苦恼	☐	☐	☐	☐	☐
85. 你认为应该因为自己的过错而受到惩罚	☐	☐	☐	☐	☐
86. 感到要很快把事情做完	☐	☐	☐	☐	☐
87. 感到自己的身体有严重问题	☐	☐	☐	☐	☐
88. 从未感到和其他人很亲近	☐	☐	☐	☐	☐
89. 感到自己有罪	☐	☐	☐	☐	☐
90. 感到自己的脑子有毛病	☐	☐	☐	☐	☐

将上述90个问题的得分填入下表对应题号,然后对结果进行处理。

躯体化		强迫症状		人际关系敏感		抑郁		焦虑	
项目	评分	项目	评分	项目	评分	项目	评分	项目	评分
1		3		6		5		2	
4		9		21		14		17	
12		10		34		15		23	
27		28		36		20		33	
40		38		37		22		39	
42		45		41		26		57	
48		46		61		29		72	
49		51		69		30		78	
52		55		73		31		80	

续 表

躯体化		强迫症状		人际关系敏感		抑郁		焦虑	
项目	评分	项目	评分	项目	评分	项目	评分	项目	评分
53		65				32		86	
56						54			
58						71			
						79			
总分		总分		总分		总分		总分	

敌对		恐怖		偏执		精神病性		其他	
项目	评分	项目	评分	项目	评分	项目	评分	项目	评分
11		13		8		7		19	
24		25		18		16		44	
63		47		43		35		59	
67		50		68		62		60	
74		70		76		77		64	
81		75		83		84		66	
		82				85		89	
						87			
						88			
						90			
总分		总分		总分		总分		总分	

测试结果解读：

SCL-90的分析统计指标有：

1. 总分

总分是90个项目所得分之和。

2. 阳性项目数

阳性项目数是指评分≥2的项目数。

3. 因子分

按全国常模结果，总分超过160分，或阳性项目数超过43项，或任一因子分超过2分，可考虑筛选阳性，需进一步检查。

SCL-90包括10个因子，每一个因子反映出病人的某方面症状痛苦情况，通过因子分可了解症状分布特点。各因子名称、所包含项目及简要解释如下：

（1）躯体化包括项目1、4、12、27、40、42、48、49、52、53、56和58，共12项。该因子主要反映主观的躯体不适感，包括心血管、胃肠道、呼吸等系统的不适以及头痛、背痛、肌肉酸痛和焦虑的其他躯体表现。

（2）强迫症状包括项目 3、9、10、28、38、45、46、51、55 和 65，共 10 项。它与临床强迫症表现的症状，定义基本相同。它主要指那种明知没有必要但又无法摆脱的无意义的思想、冲动、行为等表现；还有一些比较一般的感知障碍，如脑子"变空"、记忆力不好等，也在这一因子中反映出来。

（3）人际关系敏感包括项目 6、21、34、36、37、41、61、69 和 73，共 9 项。它主要指某些个人不自在感和自卑感，尤其是在与他人相比较时更突出。自卑、懊丧以及在人际关系中明显不好相处的人，往往是这一因子获高分的对象。

（4）抑郁包括项目 5、14、15、20、22、26、29、30、31、32、54、71 和 79，共 13 项。它反映的是与临床上抑郁症状群相联系的广泛的概念。抑郁苦闷的感情和心境是代表性症状，还以对生活的兴趣减退、缺乏活动愿望、丧失活动力等为特征，并包括失望、悲观、与抑郁相联系的其他感知及躯体方面的问题。该因子中有几个项目包括了死亡、自杀等概念。

（5）焦虑包括项目 2、17、23、33、39、57、72、78、80 和 86，共 10 项。它包括一些通常在临床上明显与焦虑症状相联系的精神症状及体验，一般指那些无法静息、神经过敏、紧张以及由此而产生的躯体征象。那种游离不定的焦虑及惊恐发作是本因子的主要内容，还包括一个反映"解体"的项目。

（6）敌对包括项目 11、24、63、67、74 和 81，共 6 项。主要从思维、情感及行为三方面来反映受测者的敌对表现。其包括从厌烦、争论、摔物，直至争斗和不可抑制的冲动爆发等各个方面。

（7）恐怖包括项目 13、25、47、50、70、75 和 82，共 7 项。它与传统的恐怖状态或广场恐怖所反映的内容基本一致。引起恐怖的因素包括出门旅行、空旷场地、人群、公共场合及交通工具等。此外，还有反映社交恐怖的项目。

（8）偏执包括项目 8、18、43、68、76 和 83，共 6 项。偏执是一个十分复杂的概念。本因子只是包括了一些基本内容，主要指思维方面，如投射性思维、敌对、猜疑、关系妄想、被动体验与夸大等。

（9）精神病性包括项目 7、16、35、62、77、84、85、87、88 和 90，共 10 项。其中有幻听、思维扩散、被控制感、思维被插入等反映精神分裂样症状的项目。

（10）其他，包括项目 19、44、59、60、64、66 和 89，共 7 项，主要反映睡眠及饮食情况。

注意事项：

第一，量表项目全面性不够，缺乏"情绪高涨""思维飘忽"等项目，使其在精神分裂症患者组中的应用受到了一定限制。

第二，阳性不一定代表患有心理疾病，要做出心理疾病的诊断，必须到医院进行面谈并参照相应疾病的诊断标准！

第二章

珍爱生命

> 人生是一段必然充满不易,也处处暗藏希望的旅程。我们无法预测前路还有多少荆棘曲折,就像我们不知道自己身上还藏着多么巨大的潜力。
>
> ——张桂梅

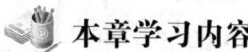 **本章学习内容**

1. 理解生命的意义,懂得生命的宝贵,形成珍爱生命的观念。
2. 了解大学生心理危机的类型,能识别心理危机的风险。
3. 掌握大学生心理危机的预防办法。

 **课前阅读**

一生不虚度

黄旭华被誉为"中国核潜艇之父"。1958年中国导弹核潜艇研制工作启动,由于他是中国涉密级别最高的人员之一,为了确保国家机密不被泄露,从1958年到1987年,黄旭华隐姓埋名生活了30年,以我国第一代核潜艇总设计师的身份解密。期间他没回过老家,连父母都不知道他在做什么。黄旭华说:"调到北京之前,领导只告诉我到北京出差,我行李都没带,家里问在北京什么单位,我一直没答复。我父亲去世时,他只晓得他儿子在北京,只知道他儿子的信箱号码。"黄旭华把三分之二的人生都献给了他一辈子的作品——深海中的核潜艇。"我们开始29个人,平均年龄不到30岁,没有接受过军艇军舰相关的技术。我开始就下定决心,要鞠躬尽瘁,和大家一道把核潜艇搞出来,搞不出来死不瞑目。"当记者问到,如果人生可以重启,他的选择会是什么? 黄旭华先生的回答是:"科学技术的发展需要无私奉献的人才。如果再让我选择,我选择更艰苦更困难的工作,选择探索未知。我希望永远隐姓埋名,在我离开这个世界之后再去评论我,我不要求更多的,只希望党和组织能肯定我的工作成绩,这样我才会觉得这一生没有虚度。"

第一节 大学生生命教育

人最宝贵的是生命,生命对每个人只有一次,生命是短暂的,每个人只有一次机会,所以生命尤为宝贵,生命教育尤为重要。

一、认识生命

人类从未停止过对生命的探索,生命充满奥秘,生命是复杂的、顽强的、神奇的,有时候也是简单的、脆弱的。

(一)什么是生命

"什么是生命?"的问题,是人类对自身的认知与理解。人类对自身的探究从未停止,对生命的探索也一直在进行,这个问题一直没有固定答案,对"生命"也一直没有公认的标准定义。

《现代汉语词典》对生命的解释是,生命体所具有的活动能力,生命是存在的一种形式。《不列颠百科全书》对生命的定义是,生命是由许多相互关联的有机反应的开放系统所组成。生物学认为,生命是作为生物的本质属性而抽象出来的一个概念,人们对生命的认识随着科学的发展而不断深入,先后形成了蛋白质为中心的生命观、蛋白质合成中有遗传控制中心的生命观等。现代生物学认为,生命是蛋白质和核酸的复合体存在方式,它具有不断自我更新,繁殖后代以及对外界产生反应的能力。哲学意义上的生命,则是指自然界的一种客观存在,是自然界矛盾运动的产物;同时,生命也是一种主观存在,是认知现实世界的主体。心理学认为,生命即意识到的自我,从婴儿期开始缓慢发展。

(二)生命的属性

人的生命具有多重属性,其中最主要的是自然属性和社会属性。

人的自然属性是人类存在的物质前提,是社会属性的基础。人的生命的自然活动主要包括新陈代谢、生长、发育、遗传、变异、感应、运动等。

社会属性是人最主要、最根本的属性,决定人之所以是人的根本。生命的社会属性超越自然属性,是人与动物的本质区别,它体现人对价值生命的诉求,即人为什么活着,生命的价值体现在哪里。

人的社会属性使人的生命具有了与其他生物不同的生命特性。生命的社会属性也制约着自然属性的丰富。生命的自然属性会被时空所局限,这时生命的社会属性的广度,影响着人们对自然生命的认知和把握,对人的生命特性的认识有利于促进我们对生命教育的本质的认识,从而提高对生命教育的重视程度。

(三)生命的特征

生命的特征包括生命的有限性和不可逆性、生命的价值性和创造性、生命的完整性和独特性。

1. 生命的有限性和不可逆性

生命的有限性、不可逆性是生命宝贵的重要体现。人的生命有一定的长度，在时间上是有限的，没有谁能长生不老；人的生命只有一次，不会重生、不会重复，失去了就永远不会回来。罗曼·罗兰说："生命是这世界上最崇高的礼赞。"生命，是最宝贵的，值得我们一生珍惜和呵护。

2. 生命的价值性和创造性

人的生命虽然是有限的、不可逆的，但有限的生命是有价值的、有创造力的，这使得生命既神奇又充满魅力。生命的存在不仅是对人的各个方面的满足而且也是社会各个领域的发展与进步的渊源，这就是生命价值的体现。人的生命本身就是一个不断成长、发展、生生不息的过程，生命是创造性的、超越性的。人的生命的本质是超越性，人的生命过程就是超越自己、追求意义的过程。

3. 生命的完整性和独特性

当代教育家叶澜指出："人的生命是生理、心理、社会、物质、精神、行为、认知、价值等多层次的、多方面的整合体。人参与任何一种活动，都是以一个完整的生命体的方式，而不是局部的、孤立的、某一方面的参与和投入。"个体的生命是完整的，这是人存在的基本特征。人是生理、心理和社会性的统一体，是自然生命和价值生命的统一体，人的生命是一个不可分裂的整体。这个整体又是独特的，正如德国哲学家莱布尼茨所说："世界上没有两片完全相同的树叶"，世界上更没有两个完全相同的人，物种有其多样性，人也各有其特点，人与人之间不仅有生物上的差异，更有心理上的独特性。即便是同卵双生子也只是生物遗传意义上相同而已，他们也不可能成长为两个完全相同的人。

理解生命的有限性和不可逆性、生命的价值性和创造性、生命的完整性和独特性这些基本特征，是实施生命教育的前提和基础。

二、生命教育

(一) 生命教育的内涵

生命教育，关爱生命的教育。生命教育最早由美国学者杰·唐娜·华特士于1968年在他的《生命教育》一书中首次提出，生命教育于20世纪90年代在我国兴起。有学者认为"生命教育是依据生命的特征，遵循生命发展的原则，以学生自身潜在的生命基质为基础，通过选择优良的教育方式，唤醒生命意识，启迪精神世界，开发生命潜能，提升生命质量，关注生命的整体性发展的运动"。也有学者认为"高校的生命教育是一种以生命为核心，以教育为手段，对个体生命从出生到死亡的整个过程，进行完整性、人文性的生命意识的培养，引导学生认识生命、珍惜生命、尊重生命、爱护生命、享受生命、超越生命的一种提升生命质量、促进人的全面发展的教育活动"。

(二)大学生生命教育的内涵

生命教育作为一种价值追求,主要是帮助大学生尊重和珍惜生命,提高生存技能,丰富生命价值,从"种生命"向"类生命"过渡,从而达到个人和自我、他人和社会的和谐。

根据大学生生命的独特性、发展性和大学生生命教育的重要性,大学生生命教育内涵应包括以下三个方面:一是把握大学生生命教育的方向。以马克思列宁主义、毛泽东思想、邓小平理论、"三个代表"重要思想、科学发展观、习近平新时代中国特色社会主义思想、社会主义核心价值体系为指导思想,以哲学、伦理学、心理学、社会学、生命科学、医学、法学等理论为基础,对大学生实施生命教育与指导,使其树立科学的生命观。二是重视大学生生命教育的全过程。大学生生命教育要体现生命的整体性和大学生的主体地位,以大学生生命为教育基点,尊重大学生生命的特性,按照大学生成长与身心发展的规律来实施。三是明确大学生生命教育的目标。通过生命教育,培养与引导大学生认识生命、珍爱生命、尊重生命、欣赏生命;激发大学生生命潜能,开启他们的人生智慧;鼓励大学生探索生命的意义,实现人生的价值。总之,大学生生命教育为大学生提高生命质量、实现人生价值和终身幸福奠定基础。

(三)大学生生命教育的意义

生命教育的意义,就在于把生命作为教育的原点,主张通过教育,让每一个生命积极拓展自身的长度、宽度和高度,也让人类不断地走向崇高。

大学生生命教育赋予高校立德树人以新的内涵,通过以大学生自身体验为主的方式,使大学生在任何困境中都能够找寻到生命的意义和自我存在的价值,从而确定人生目标,并以积极的态度面对生和死。在当今的大学教育中,将生命教育作为一个单独的概念提出,并创建一套完整的生命教育体系,通过综合教育手段来实施,协助大学生寻找到个人存在的价值和期望,对大学生的个人健康成长极为有利。

大学生生命教育有利于大学生的心理健康,人的生命观一定程度上影响心理健康。弗兰克尔认为,在生活压力之下,人们之所以会产生各种各样的心理问题,是因为他们没有找到生命的意义。心理学的研究也表明,生命意义对心理健康有积极影响,高校有效地实施生命教育能够降低校园危机事件的发生率。

三、大学生生命的保护和价值提升

为保护大学生的生命,帮助他们提升生命价值,实现生命教育的目标,提高生命教育的质量,探索大学生生命教育如何有效实施是当前高校教育工作者需要重视和思考的命题。

(一)建立科学的生命观

大学生通过学习关于生命的科学知识,更好地感悟生命的意义和价值,形成珍惜生命、尊重生命的观念和健康向上的人生价值观。高校设置系列生命课程的必修课和选修课,同时将生命教育的内容融入思想政治教育、大学生心理健康教育、职业生涯教育等课程中,以专题、讲座、宣讲、研讨、辩论等多种形式开展生命教育,让大学生群体广泛接收到科学的关于生命的知识,利于他们形成科学的生命观和人生价值观。

(二)提高自我保护生命的能力

开展系列实践活动,大学生通过亲身体验,更加深入感悟生命的珍贵和价值,并且学会一些避险和自救的正确方法。高校在第二课堂设置生命教育实践课程,通过现场参观、志愿者活动、专题演练等多种方式,帮助大学生体悟生命的意义、掌握生存的技能。大学生应该增强自然、社会灾害意识,了解地震、火灾逃生的知识,增强自己的逃生能力;大学生还需要学习人身侵害的防范和应对,在侵害发生时和发生后,具有自我保护和自我修复的能力;大学生还应掌握心理危机症状知识,出现危机时懂得及时求助。

(三)维护心理健康水平

生和死是相对的,舍弃生命是一种极端方式,大部分自杀的大学生都有一定的心理健康方面的问题,大学生应该学习心理健康的相关知识,积极主动参与校园活动和社会活动,在活动中学会与人沟通、相处,培养积极的心态,提高自己的心理素质,维护自己心理健康的水平。

生命教育是一项长期而艰巨的任务,需要高校、家庭和社会的共同努力。加强自我认知、学习预防技巧、加强社交与沟通、养成健康生活方式,大学生可以更好地保护自己的生命安全和提升自我的生命价值,为未来的成长和一生的发展奠定更加坚实的基础。

知识拓展

中国的保尔——张海迪

张海迪,现任第十三届全国政协常委,中国作家协会第九届全委会委员等职务。她曾获得全国劳动模范、感动中国人物等多项荣誉,并积极投身于残疾人事业和社会公益活动,被誉为"中国的保尔"和"80年代的新雷锋"。

张海迪于1955年秋天出生。5岁患脊髓血管瘤,导致高位截瘫。从那时起张海迪开始了她独特的人生。她无法上学,便在家自学完成中学课程。15岁时,海迪跟随父母来到山东莘县十八里铺尚楼村,给孩子们当起教书先生。她还自学针灸医术,为乡亲们无偿治疗。后来,张海迪自学多门外语,还当过无线电修理工。在命运挑战面前,张海迪没有沮丧和沉沦,她以顽强的毅力和恒心与疾病作斗争,经受了严峻的考验,对人生充满了信心。虽然没有机会走进校门,但是她勤奋学习,学完了小学、中学全部课程,自学了大学英语、日语、德语和世界语,并攻读了大学和硕士研究生的课程。1983年张海迪开始从事文学创作,先后翻译了《海边诊所》等数十万字的英文小说,编著了《向天空敞开的窗口》《生命的追问》《轮椅上的梦》等书籍,其中《轮椅上的梦》也在日本和韩国出版了,《生命的追问》出版不到半年,已重印3次,并获得了全国"五个一工程"图书奖。从1983年开始,张海迪创作和翻译的作品超过100万字。为了对社会作出更大的贡献,她先后自学了十几种医学专著,同时向有经验的医生请教,学会了针灸等医术,为群众无偿治疗超1万多人次。1983年,《中国青年报》发表《是颗流星,就要把光留给人间》,张海迪怀着"活着就要做个对社会有益的人"的信念,以保尔为榜样,勇于把自己的光和热献给人民。她以自己的言行,回答了亿万青年非常关心的人生观、价值观问题。邓小平亲笔题词:"学习张海迪做有理想、有道德、有文化、守纪律的共产主义新人!"

生命的思考

目的:让当事人回顾自己生命中发生过的主要的事及其生活的重点,在此生命计划的系列中,让当事人脱离对过去或未来的幻想,活在当下。

时间:60分钟。

准备:每人独立呈现自己的一份"生命调查表"。

操作:每位同学最多用时15分钟,回答以下所列问题。

1. 在你的一生当中最快乐的是哪一年?(或哪一段时间)
2. 你对什么事情最拿手?
3. 说出一个你人生中的转折点。
4. 你人生中最低潮的时期是什么时候?
5. 你有没有在某一事件中表现出巨大的勇气?
6. 你有没有在一段时期内非常悲伤?是否不只是一个时期?
7. 说出你做得不好但仍然必须做下去的事情。
8. 哪些是你很想停止不做的事情?
9. 哪些是你很想好好再做下去的事情?
10. 说说你曾经有过的巅峰时期的体验。
11. 说说你希望有的巅峰时期的体验。
12. 你有没有想极力建立起来的价值体系?
13. 说一个你错失的人生中很重要的机会。
14. 有哪些是你想从此刻开始要好好做的事情?

第二节 大学生心理危机及应对

大学阶段是从青春期向成年早期过渡的时期,斯普兰格将青年期形容为"第二次诞生"。霍尔将青年期形容为不可避免的"疾风怒涛"的时期。奥苏贝尔认为"所有文化中的青年期,都可以记述为向生物、社会地位的移行期",强调青年期是"心理生物学因素"和"心理社会学因素"的综合作用时期,其结果导致了青年人格的再构成。埃里克森认为,青年期的发展课题是自我同一性的确立及防止同一性混乱。林崇德认为成年初期的发展课题应包括以下十个方面：第一，对身体的发育，特别是对因性成熟引起的诸多变化的理解和适应；第二，从精神上和经济上脱离父母走向独立；第三，逐渐完善作为男性或女性的性别角色；第四，对新的人际关系，特别是异性关系的适应；第五，正确认识自己在社会中的角色，通过各种社会活动完善自己；第六，树立作为社会一员所必须具备的人生观和价值观；第七，掌握作为社会一员所必须具备的知识和技能并付诸社会实践；第八，选择职业及工作适应；第九，恋爱、结婚及婚姻适应；第十，成就感的获得与自我实现。这些都表明，大学生这一特殊的群体，正面临着各种发展挑战和心理危机，提高大学生危机应对能力已然是高校必须重视的一个重要命题。

一、危机与心理危机

（一）危机

危机是一个在很多领域都广泛使用的概念。在心理学范畴里，危机通常指人类个体或群体无法利用现有资源和惯常应对机制加以处理的事件和遭遇。一般而言，危机有两层含义，一是指突发事件，出乎人们意料发生的，如地震、水灾、空难、疾病、恐怖袭击、战争等；二是指人所处的紧急状态。

（二）心理危机

心理危机则是强调危机事件给人的心理带来的巨大冲击。1944年，美国医生林德曼最先提出"心理危机"的概念。卡普兰1964年提出了心理危机干预的理论，他将心理危机定义为"存在具有重大影响的心理事件，主要指一个人赖以生存和发展的基本需要和供给发生了改变，这种改变可能是负面的"。卡普兰认为，每个人都在不断努力保持一种内心的稳定状态，保持自身与环境的平衡与协调，当一个人遇到重大问题或发生变化使个体感到难以解决、难以把握时，平衡就会被打破，正常的生活受到干扰，内心的紧张不断积累，继而个体出现无所适从甚至思维和行为的紊乱，而他之前处理危机的方式以及惯常的支持系统不足以应对眼前的处境，他必须面对的困境超出了他的应对能力时，人的心理会进入一种失衡状态，这就是心理危机。格拉斯进一步对心理危机进行了定义，他强调了个体受到刺激或打击的时候遭受的心理伤害，心理危机的产生不但与应激事件有关，还取决于个人解决应激时拥有的有效资源。简而言之，心理危机是指当个体面临突然或过度应激，而又无法用已有的方法来解决当前问题所出现的心理失衡状态。

二、大学生心理危机的常见类型

对大学生心理危机进行科学分类，有利于正确认识大学生心理危机，并能针对每一类型的特点，制定有效的干预策略，最终形成对大学生心理危机的有效干预。大学生常见的心理危机主要有以下几种类型。

(一) 成长性危机

大学生离开家庭走进大学校园,这不仅是学习和生活环境发生了变化,更是心理成长的转变。在正常的成长过程中,他们中的很多人会遇到不可预测的、突然的变故带来的心理危机。常见的导致成长性危机的因素有学业、就业、情感、人际、心理、能力、性生理和性心理等方面的挫折与失败。成长性危机是大学生群体中最广泛存在的危机类型,如果大学生可以顺利度过每一次遇到的成长性心理危机,其心理发展会在多个方面得到完善,心理弹性和心理韧性也会随之增强。

(二) 境遇性危机

境遇性危机也称外源性危机或环境性危机,是指由外部的、个人无法预测和控制的事件所引起的危机。境遇性危机的关键特点在于它是随机的、突然的、强烈的和灾害性的。这种突如其来、无法预料和难以控制的天灾人祸,使大学生无法承受由此带来的影响和压力,从而产生心理危机。地震、洪水、火灾等自然灾害,或者生活中突发的事件:父母离异、亲友突然死亡、家人受到刑事处罚、家庭经济破产、自身遭遇身体的侵害或严重疾病等偶然性遭遇,往往会使大学生产生心理危机。这些事件随机性强,当事大学生没有心理准备,一经发生,心理上的无助感和挫折感十分强烈。

(三) 存在性危机

存在性危机是指伴随着重要的人生问题,如生活目标、自由、独立和责任等引发的心理危机,导致大学生产生内部冲突和焦虑。存在性危机可以是基于现实的,如突然之间觉得自己活着没有意义、空虚、没有价值感和归属感、失去人生奋斗目标等。存在性危机不仅影响着大学生的身心健康,而且影响着他们的人生观、价值观和世界观。

危机事件发生后,由于个性和个人心理承受能力存在差异,不同的人会有不同程度的表现,当事大学生往往会表现出对周围环境的不信任、对现实生活失去安全感、自我认同感下降等情况,及时干预非常必要且重要。

三、大学生心理危机的特点

大学阶段是人生的特殊阶段,大学生身心发展有其独特性,心理危机也表现出相应的特点。

(一) 发展性特点

大学生在心理发展方面尚未达到真正的成熟,同一性危机仍然在持续,青年在确立自我同一性之前需要学习并实践各种角色,形成各种本领。在这一过程,青年可以暂时合法地延缓偿付所必须承担的社会责任和义务。因此,这一时期又被称为"心理的延缓偿付期"。大学生普遍存在的身心发展不平衡,是大学生心理危机发生的重要原因。另一方面,大学生在心理发展中的自我意识逐步增强,总认为自己已经是成人,强烈地要求社会把他们当作成人看待。社会也多以成人来看待大学生,对他们的社会要求和大学生心理发展水平不相适应,这容易使大学生承受难以承担的心理压力,甚至形成心理问题,在突发事件的诱发下容易造成心理危机。大学生在生理与心理发展中的不平衡,社会发展要求与大学生心理发展实际水平之间的矛盾,造成的大学生心理危机,体现出大学生心理危机的发展性特点。

(二)破坏性特点

大学生在面临心理危机事件时,心理上会出现焦虑、抑郁、压抑、逆反、敌对、偏执等问题,身心所处状态是消极的。如无法得到有效的干预,无法及时消除,可能会对大学生身心造成不可磨灭的打击与影响,而且不仅对大学生本人造成破坏性,还会使周围的同学处于紧张与焦虑状态,让更多的学生陷入心理危机中。有时破坏性会进一步扩大到社会公共系统,比如遭受心理危机的大学生攻击破坏公共设施、公共网络系统、公共交通系统。

(三)突发性特点

大学生心理危机的爆发往往是突发的,比如平时同学和老师都认为乐观开朗的大学生突然出现行为异常,甚至有自杀的过激行为。心理危机通常伴有许多未知的因素,短时间内情况可能朝着不可控的方向恶化,这种突发性的心理危机,需要及时进行干预。

(四)潜在性特点

大学生心理危机在爆发之前,也可能经历一个较长的潜伏期,在这个时期,大学生心理出现一定程度的问题,但由于心理问题程度较轻,不易被发现。随着心理问题的积累,影响大学生心理危机的各种环境条件进一步聚集,出现造成大学生心理危机的应激事件,大学生心理危机就会爆发。这个潜在期特别值得关注,如果能早发现、早干预,大学生的心理问题得到缓解甚至消除,就能避免心理危机的爆发。

大学生心理问题的发展性、破坏性、突发性和潜在性特点,提醒我们一定要重视在日常生活中对大学生进行心理健康教育与指导。

四、大学生心理危机预防与预警干预

为全面加强和改进新时代学生心理健康工作,提升学生心理健康素养,中共教育部党组关于印发《高等学校学生心理健康教育指导纲要》(教党〔2018〕41号)的通知要求,健全心理危机预防和快速反应机制,建立学校、院系、班级、宿舍"四级"预警防控体系,完善心理危机干预工作预案。2023年,教育部等十七部门联合印发《全面加强和改进新时代学生心理健康工作专项行动计划(2023—2025年)》(教体艺〔2023〕1号)要求,坚持预防为主、关口前移,定期开展学生心理健康测评;完善心理预警干预,健全预警体系,加强物防、技防建设,及早发现学生严重心理健康问题。大学生心理危机的预防和干预十分重要,预防重在日常,干预重在及时。

（一）大学生心理危机自我预防

在日常生活中,大学生可以通过以下方式来预防心理危机的发生。

1. 养成健康的生活习惯

主动学习关于身心健康的科学知识,养成健康的生活习惯,如保证均衡的饮食、适量的运动、充足的睡眠等,还要预防疾病的发生,建立"健康第一"的生活观念。这些基本的生活习惯和生活观念对于维持良好的心理状态至关重要。

2. 主动学习心理学的专业知识

通过学习学校开设的心理学课程,阅读心理学的书籍,听心理健康方面的讲座,参加有关心理健康的团建活动、专题讨论等多种方式学习心理学的专业知识,掌握一定的心理调节的技能和面对危机时的一些基本方法。

3. 增强社会支持系统

要主动与老师、同学、家人、朋友、舍友保持良好的沟通和人际关系,建立一个可以信赖的社会支持系统。在平时遇到问题时,可以和他们沟通,向他们请教,也许问题能得到解决,避免问题严重化。

4. 积极参加校园活动,丰富大学生活

除了学好专业知识,学习之余,多参加校园的社团活动、班级活动和校外的社会实践活动等,不仅能锻炼自己的动手能力,还能扩大交友的范围、增长见识、开阔眼界,在帮助他人中感受到自身的价值。

5. 学会寻求专业帮助

心理危机的自我预防是极为重要且必要的。当大学生感到心理压力过大,认知、情绪、行为、躯体产生异常反应时,要主动及时寻求心理咨询师或心理医生的帮助。对心理咨询要有科学的看法,不要讳疾忌医,要正确面对,力求改善自己的心理状态。

总之,大学生是自我健康的第一责任人,在思想上、行为上要对自身的身心健康负责。

知识拓展

自杀的误区

1. 说自杀的人不会自杀。
2. 自杀者真的想死。
3. 一个人有了自杀行为,他就总会有这样的行为。
4. 一个人有了自杀行为,以后不会再出现自杀行为。
5. 如果一个人有抑郁情绪,询问他是否有自杀的问题会导致他产生自杀的想法。
6. 大多数的自杀是源于一个突发的创伤事件。
7. 非致命性的自杀行为只是为了引起他人的注意。
8. 如果一个人的抑郁情绪突然好转,他就没有自杀的可能了。

9. 大多数自杀者是穷人。
10. 所有自杀者都有精神问题。

十大自杀信号

1. 近两个星期经常谈论死亡。
2. 有死亡倾向,比如有开快车、随意闯红灯等危险行为。
3. 过去感兴趣的事,现在毫无兴趣。
4. 喜欢评价和无望、无助、无用有关的事物和感觉。
5. 反复整理东西,将它们分类收拾好。
6. 说类似"如果我不在,你们会过得更好"的话。
7. 喜怒无常,从极度悲伤到极度冷静,或者无缘无故地高兴。
8. 谈论自杀的方法。
9. 临时打电话、拜访朋友,向他们说再见。
10. 特别在意别人自杀的信号,过去曾自杀过(约20%~50%自杀的人曾有过自杀经验)。

(二)大学生心理危机的预警干预

在校园,心理危机不可避免,必须建立完善的预警干预体系,以在危机发生时能进行及时有效的干预。

1. 完善"学校、院系、班级、宿舍"四级预警网络

学校层面以大学生心理健康教育与咨询中心为核心成立一级预警干预团队,全面统筹心理危机预警和干预处置工作,包括大学生心理测评、心理评估、预警干预方案制定、心理咨询与指导、跟踪服务、案例研讨、精神卫生专业机构的转介和多方联动。二级网络,院系层面以本校大学生心理危机预防与干预工作方案为工作指导,积极开展危机预警干预和处置,并指导由学院领导、辅导员、班主任、专业教师等组成的预警干预团队的工作,主要包括信息汇总反馈、初步心理干预、安全陪伴及家校联动等工作。三级网络,由班级心理委员和学生干部组成,负责收集信息,上报心理动态,辅助心理安全监测,开展班级心理健康教育活动,开展朋辈心理辅导等工作。四级网络,即寝室心理小组长,主要负责营造良好的宿舍人际关系,宿舍内朋辈心理辅导,发现心理异常学生视情况及时向三级、二级、一级网络汇报。

学校应充分利用四级预警网络,充分发挥干预团队在心理危机信息及时上报、及时处置中的积极作用,防止心理安全事故的发生。

2. 做好心理健康普测、重点摸排及建档建库工作

开展大学生心理健康普测、重点摸排及建档建库工作是加强大学生心理健康教育的一项常规工作,对大学生心理健康状况进行普测,能及时地发现和掌握问题。根据普测结果,筛选出具有阳性症状的重点学生进行针对性的预约谈话,对其进行专业的评估;对重点人群定期摸排跟踪,重点关注面临学业就业压力、经济困难、情感危机、家庭变故、校园

欺凌等风险因素以及校外实习、社会实践等学习生活环境变化的学生；对筛选摸排出的心理危机预警对象，建立详细的心理健康档案，实施动态跟踪管理；根据他们的心理状态、心理危机程度、心理普测结果及师生反映的情况，按照危机干预工作流程，分类定级，建立心理危机预警库，对具有心理危机和潜在危机的学生，进行及时预警干预和后期跟踪关注。

3. 健全心理危机快速反应机制

高校要进一步健全心理危机快速反应机制，以快速应对解决问题，将危害降到最低。

首先，当危机发生时做到及时报告。任何人发现有学生面临心理危机安全风险，务必第一时间报告院系、学生工作处、大学生心理健康教育与咨询中心等相关部门或老师。接到报告后，相关人员需立即联系学生，以适宜的方式深入全面地了解情况，并将具体情况上报上级部门。

第二，辅导员、班主任迅速与危机学生进行沟通，开展心理安抚、情况了解、初步评估等工作，如相关工作遇有困难可及时联系心理中心寻求专业支持。心理中心教师提供工作指导、风险评估、就诊渠道等。对心理危机的发生可能性、具体程度及其可能引发的危害进行全面评估，这是心理危机干预中重要一环，根据风险程度制定不同预案，必要时直接送至精神卫生机构诊疗。

第三，重点监护危及自身或者他人人身安全的高风险学生，由院系至少安排2名工作人员进行特别照护，直至其监护人到场。看护工作人员尽可能是学生认识并接纳的同性别教师，如辅导员、班主任、专业老师等。家长到达之前，将学生安置在安全的临时住所。

第四，经评估需就医的及时送医。学校需要第一时间联系学生的监护人，如果他们快速到校，则将学生交付于他们，由监护人陪同去专门的医疗机构进行诊治。如果学生的监护人无法在第一时间赶到学校，而学生当前面临的心理危机非常严峻，甚至对自身或他人生命健康造成了威胁，家长知情同意后，学校应按照《中华人民共和国精神卫生法》第二十八条规定"发生伤害自身、危害他人安全的行为，或者有伤害自身、危害他人安全的危险的"，应将其送往医疗机构进行诊治。

第五，做好复学后的追踪帮扶工作。因心理危机休学而复学的学生，一定要严格把关复学手续。学生需向学校提供休学期间所有就医材料（包括病历、心理测验等）原件和心理（精神）卫生专科医院或三甲以上医院心理科或精神科出具的康复证明，来校办理复学手续。学生返校后，以他们可以接受的或较隐秘的方式，安排辅导员、班主任、专业教师、班级心理委员、寝室心理小组长重点关注和帮扶，加强对他们的关怀与学业指导，令其真切地感受到来自他人的关心和温暖，增强他们的社会支持系统。如有需要，复学学生可预约心理咨询。必要时辅导员、班主任需向院校汇报相关情况，及时与家长取得联系，防止其心理状况恶化。帮扶可能需要花费很长时间，直至其脱离危机或者毕业离校，期间，鉴于精神疾病及严重心理问题容易复发的风险，必要时要求家长来校陪读。

大学生心理危机干预工作，除了借助专业人员的帮助外，更重要的是要发挥个体自身的主观能动作用，将大学生自我预防和外部干预有效结合，两者互为补充，使危机干预达到最佳效果。

知识拓展

大学生自杀干预

美国的心理学杂志曾刊登的一篇文章指出,在四年制大学中,有6%的在读本科生和4%的在读研究生表示,他们在过去的一年里"真的考虑过要自杀",而且,他们中有一半的人从未把自己的这种想法告诉过任何人。据统计,美国大学平均每年约有1100名本科生自杀。国内学者研究发现,排在大学生自杀原因前五名的分别是就业压力、对前途的迷茫、恋爱问题、人际关系差和家庭压力。

学校应加强心理健康教育宣传,可以将中国心理危机与自杀干预中心救助热线、全国24小时心理危机干预热线以及学校心理热线电话宣传给学生。自杀者从自杀想法产生到采取自杀行动有一个危机过程,自杀危机通常持续24~72小时,这为心理干预提供了时间。大学生自杀危机干预主要应在想法与感受阶段,切断想法、感受与行为的连接,预防自杀行为出现。

自杀者通常认为自己的痛苦状况是无法逃避的、无法忍受的、永无止境的。讲道理和说教,往往适得其反。倾听、认可并探讨他们的情感痛苦是比较有效的办法,不要跳过自杀者的情感痛苦而急于寻找解决问题的方法。

危机干预者的态度在危机干预中最重要,工作中如果能准确共情,其效果要远远高于自助的效果;如果不能准确共情,其效果要远远低于自助的效果。自杀危机干预中应允许当事人谈论自己的困惑,创造一个让当事人可自由表达的安全环境,允许当事人按自己的节奏进展,而不加以指导和干扰。在危机干预中给予无条件关怀,对危机干预对象做到亲切、真诚、尊重、肯定、共情和反馈。

牢记自杀危机干预原则。所有自杀自伤行为均应引起足够重视;自杀通常是为了寻求解决问题的方法;一般来说,人们选择自杀是为了逃避;自杀行为是一个人向他人传递情感痛苦和求助的信号;有自杀倾向的人此时此刻正竭尽全力处理其遇到的生活困难。

人生有时确实艰难坎坷,惨痛不已。让我们难以走下去的原因,其实不完全是客观环境,更重要的是我们内心的信念,我们认为死路一条、无路可走了。可实际上,是我们该拐弯了,只是我们还不知道有另一条路的存在,有时需要别人指引一下。当你走过黑暗,相信你会发现生命的美好,所以请你再坚持一下。

小测试

(注:测试结果仅供参考,如有疑问请咨询专业人士)

生活事件量表(LES)

1. LES的适用范围

LES适用于16岁以上的正常人、神经症、心身疾病、各种躯体疾病患者以及自知力恢复的重性精神病患者。

2. 量表内容

指导语：下面是每个人都有可能遇到的一些日常生活事件，究竟是好事还是坏事，可根据个人情况自行判断。这些事件可能对个人有精神上的影响(体验为紧张、压力、兴奋或苦恼等)，影响的轻重程度是各不相同的，影响的持续时间也不一样。请您根据自己的情况，实事求是地回答下列问题，填表不记姓名，完全保密，请在最合适的答案上打"√"。

生活事件名称	事件发生时间			性质		精神影响程度				影响持续时间				备注
	未发生	一年前	一年内	长期性	好事	坏事	无影响	轻度	中度	重度	极重	三个月内	半年内	一年内	一年以上
举例：房屋拆迁			√		√		√						√		
家庭有关问题															
1. 恋爱或订婚															
2. 恋爱失败、破裂															
3. 结婚															
4. 自己(爱人)怀孕															
5. 自己(爱人)流产															
6. 家庭增添新成员															
7. 与爱人父母不和															
8. 夫妻感情不好															
9. 夫妻分居(因不和)															
10. 夫妻两地分居(工作需要)															
11. 性生活不满意或独身															
12. 配偶一方有外遇															
13. 夫妻重归于好															
14. 超指标生育															
15. 本人(爱人)进行绝育手术															
16. 配偶死亡															
17. 离婚															
18. 子女升学(就业)失败															
19. 子女管教困难															
20. 子女长期在外															

续 表

生活事件名称	事件发生时间			性质		精神影响程度				影响持续时间				备注
	未发生	一年前	一年内	长期性	好事	坏事	无影响	轻度	中度	重度	极重	三个月内	半年内	一年内	一年以上	
21. 父母不和																
22. 家庭经济困难																
23. 欠债500元以上																
24. 经济情况显著改善																
25. 家庭成员重病、重伤																
26. 家庭成员死亡																
27. 本人重病或重伤																
28. 住房紧张																
工作学习中的问题																
29. 待业、无业																
30. 开始就业																
31. 高考失败																
32. 扣发奖金或罚款																
33. 突出的个人成就																
34. 晋升、提级																
35. 对现职工作不满意																
36. 工作学习中压力大（如成绩不好）																
37. 与上级关系紧张																
38. 与同事、邻居不和																
39. 第一次远走他乡																
40. 生活规律重大变动（饮食睡眠规律改变）																
41. 本人退休离休或未安排具体工作																
社交与其他问题																
42. 好友重病或重伤																
43. 好友死亡																

续　表

生活事件名称	事件发生时间			性质		精神影响程度				影响持续时间			备注
	未发生	一年前	一年内	长期性	好事	坏事	无影响	轻度	中度	重度	极重	三个月内	半年内	一年内	一年以上	
44. 被人误会、错怪、诬告、议论																
45. 介入民事法律纠纷																
46. 被拘留、受审																
47. 失窃、财产损失																
48. 意外惊吓、发生事故、自然灾害																
如果您还经历过其他的生活事件，请依次填写																
49.																
50.																

正性事件值：　　　　　家庭有关问题：
负性事件值：　　　　　工作学习中的问题：
总值：　　　　　　　　社交与其他问题：

3. LES 的使用方法和计算方法

该量表是自评量表，含有48条我国较常见的生活事件，包括三个方面的问题：一是家庭生活方面的(28条)，二是工作学习方面的(13条)，三是社交及其他方面的(7条)。另设有2项空白项目，供填写当事者已经经历而表中并未写出的某些事件，填写者必须仔细阅读和领会指导语，然后逐一过目。根据调查的要求，将某一时间范围内(通常一年)的事件记录下来。有的事件虽然发生在该时间范围之前，如果影响深远延续至今，可作为长期事件记录下来。对于表上已写出的但并未经历的事件，须一一注明"未经历"，不留空白，以防遗漏。然后，填写者根据自身的实际感受而不是按常理或伦理道德观念去判断那些经历过的事件对本人来说是好事还是坏事，影响程度如何，影响持续的时间有多长。一过性的事件如流产、失窃要记录发生次数，长期性事件如住房拥挤、夫妻分居等不到半年的记为1次，超过半年的记为2次。影响程度分为五级，从毫无影响到影响极重分别记0、1、2、3、4分，影响持续时间分三个月内、半年内、一年内、一年以上共四个等级，分别记1、2、3、4分。

生活事件刺激量的计算方法：

(1) 某事件刺激量＝该事件影响程度分×该事件持续时间分×该事件发生次数

(2) 正性事件刺激量＝全部好事刺激量之和
(3) 负性事件刺激量＝全部坏事刺激量之和
(4) 生活事件总刺激量＝正性事件刺激量＋负性事件刺激量

另外,还可以根据研究需要,按家庭问题、工作学习问题和社交问题进行分类统计。

4. LES 的结果解释

该量表总分越高,反映个体承受精神压力越大。95%的正常人一年之内的 LES 总分不超过 20 分,99%的人不超过 32 分。负性事件的分值越高,对身心健康的影响越大。正性事件的意义待进一步研究。

第三章
认识自我

> 人的一生很短暂,生命很脆弱,我们还需要不断地克服困难,完善自己,绝不能放弃努力寻求生命的意义。
> ——阿德勒

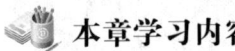 本章学习内容

1. 掌握自我意识的概念和结构。
2. 理解大学生自我意识的发展特点和发展规律。
3. 学会运用正确自我意识形成的方法。

 课前阅读

所罗门·阿希从众实验

所罗门·阿希在 20 世纪 50 年代进行了一项关于从众的经典实验。

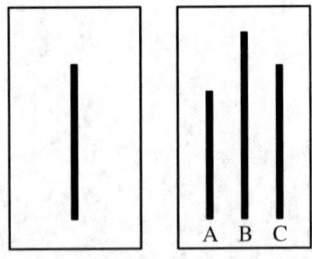

阿希在校园中招聘大学生志愿者,号称这是一个关于视觉感知的心理实验,实验向志愿者展示两张纸,一张纸上印着 1 条线段,被试需要在另一张印有 3 条线段的纸上找出与刚才那条长度相同的线段。实验需要测试多组不同的被试,7 人一组,每组要做 18 次测试。当志愿者来到实验房间时,屋子里的 7 个座位已经坐了 6 个人,只有最后一把椅子空着。那 6 个人其实都是阿希的助手,来当托儿的。接着好戏就上演了,如同图片的显示,测试的答案极其简单,在回答问题的过程中,被试按座位顺序一个接一个回答问题,这样每次志愿者总是最后一个回答。在 18 次测试中,实验助手有 12 次故意出错,一起给出相同的错误答案。结果,这项测试实验组志愿者的最终正确率为 63.2%,而没有干扰单独测

试的对照组正确率是99%。而且,75%的人至少有一次从众行为,也就是选择了跟助手相同的错误答案。有5%的人甚至从头到尾跟随着大部队一错到底。只有25%的人可以一直坚持自己的判断,同时也是正确的答案。

阿希认为,从众行为应该还和人群数量有关,所以他又进一步改进了实验,分别将志愿者和一名到多名实验助手组成小组。志愿者和实验助手组成的两人小组进行测试时,当助手故意回答错误时,志愿者的最终成绩几乎和单独回答时一样好。但是当助手增加到两人时,志愿者的错误率上升到13.6%。当助手增加到3个人时,志愿者的错误率上升到31.8%。当继续增加助手数量时,志愿者的错误率没有显著变化。

实验后,阿希对从众的被试做了访谈,归纳从众的情况有三种:
(1) 被试确实把他人的反应作为参考框架。
(2) 被试意识到自己看到的与他人不同,但总认为多数人比自己正确些。
(3) 被试明知其他人都错了,却跟着作出了错误反应。

一般认为,发生从众行为是因为个体在群体中受到信息上和规范上的压力。
(1) 信息压力:经验使人认为,多数人的正确概率比较高,在模棱两可的情况下,由于缺少参照构架,就越发相信多数人。
(2) 规范压力:群体中的个人往往不愿意违背群体标准,害怕与众不同而遭受孤立,因此选择和大多数人的意见保持一致。

第一节 自我意识概述

自我是一个很广的概念,它包括自我知觉、自我认知、自我调节、自我监控、自我评价和自尊等概念。由于自我概念偏重在对自己的认识这个范畴之内,因此也可称为自我意识。

一、自我意识的内涵

自我意识是作为主体的我对于自己以及自己与周围事物的关系,尤其是人我关系的认识。自我意识是组成个性的一个部分,是将个性各个部分整合统一起来的核心力量,是一个具有多维度、多层次的复杂心理系统,它包含认知、情感、意志等多种心理机能,具有意识性、能动性、社会性、同一性、复杂性等特点,对个性的形成和发展起到调节、监督和矫正的作用。

(一) 意识性

自我意识中的意识是指个体对自己以及自己与周围世界的关系有着清晰、明确的理解和自觉的态度。它不是无意识或潜意识的被动活动。从马克思主义哲学的角度来看,自我意识是主体我对客体我的一切主观能动的反映。

(二) 能动性

自我意识的能动性,首先表现在个体能根据社会或他人的评价、态度和自己实践所反馈的信息来主动形成自我意识；其次，个体是行为的主动调控者，能够根据意识指导自己的行为，使行为符合社会规范和道德标准。

（三）社会性

自我意识是个体长期社会化的产物。这不仅因为它是在社会实践中产生的，而且因为它反映的主要内容是个体的社会属性。对自我本质的意识，不是意识到个体的生理特性，而是意识到个体的社会特性，包括个体在社会交往中对自身社会角色的认知和理解。意识到个体在一定的社会关系和人际关系中的地位和作用，是自我意识发展到成熟的重要标志。

（四）同一性

自我意识是个体对自身存在的认知，它使个体能够认识到自身的连续性和一致性，从而保持个体的稳定性和连续性。心理学研究表明，自我意识需要经过长期的发展，直到青年中后期才能形成比较稳定、成熟的自我意识。正因为自我意识的同一性，才会使个体表现出前后一致的心理面貌。

（五）复杂性

自我意识是个多维度、多层次的复杂系统。自我意识首先在结构上具有复杂性，在形式、内容、自我观念上都有不同结构；其次，成熟自我意识的形成不仅需要较长时间，而且过程很复杂，会受到多种因素影响。

二、自我意识的结构

（一）根据形式划分

从形式上，自我意识可分为自我认识、自我体验和自我调控。这三种心理成分相互联系、相互制约，统一于个体的自我意识之中。

从认识形式上看，它表现为自我感觉、自我观察、自我分析和自我批评等，统称为"自我认识"；从情绪形式上看，它表现为自我感受、自爱、自尊、自卑、责任感、义务感和优越感等，统称为"自我体验"；从意志形式上看，它表现为自立、自主、自制、自强、自卫、自律等，统称为"自我调控"。

1. 自我认识

自我认识主要解决"我是一个什么样的人"的问题，是自我意识的认知成分，也是首要成分，是自我调节控制的心理基础，包括自我感觉、自我概念、自我观察、自我分析和自我评价。自我评价是自我认识的核心，最能代表自我认识的水平，是个体对自我思想、愿望、行为、个性特征等方面的综合判断和评价。

2. 自我体验

自我体验主要涉及"对自己是否满意""能否悦纳自己"等问题，是自我意识的情感成分。自尊心、自信心是自我体验的具体内容。自尊心是指个体在社会比较过程中所获得的有关自我价值的积极的评价与体验。自信心是对自己的能力是否适合所承担的任务而产生的自我体验。自信心与自尊心和自我评价紧密相连。

3. 自我调控

自我调控则要解决"如何有效地调控自己""如何改变现状，使自己成为一个理想的人"之类的问题，是自我意识的意志成分。自我调控主要表现为个人对自己的行为、活动和态度的调控。它包括自我检查、自我监督、自我控制等。自我检查是主体在头脑中将自己的活动结果与活动目的加以比较、对照的过程。自我监督是一个人以良心或内在的行为准则对自己的言行实行监督的过程。自我控制是主体对自身心理与行为的主动掌握。自我调控是自我意识中直接作用于个体行为的环节，它是一个人自我教育、自我发展的重要机制，自我调节的实现是自我意识能动性的表现。自我意识的调节作用表现为：启动或制止行为、心理活动的转移、心理过程的加速或减速、积极性的加强或减弱、动机的协调、动作的协调一致、根据所拟定的计划监督检查行动等。

（二）根据内容划分

从内容上，自我意识可以分为生理自我、心理自我和社会自我，三者既有区别又相互联系。

1. 生理自我

生理自我是自我意识最原始的形态，是个体对自己生理属性的意识，包括对自己的外貌、身体、体能等生理方面的意识，如性别、身高、体重、长相等。自我在情感体验上表现为自豪或自卑；在意向上表现为对身体健康、外表美的追求，物质欲望的满足，或对自己所有物的维护。

2. 心理自我

心理自我是个体对自己心理属性的意识，包括个体对自己兴趣、爱好、智力、气质、性格等诸方面心理特点的认识。在情感体验上表现为自豪、自尊或自卑、自贱。在意向上表现为追求智慧、能力的发展和追求理想、信仰，注意行为符合社会规范等。

3. 社会自我

社会自我是个体对自己的社会属性的意识，包括对自己在各种社会关系中角色、地位、权力、人际距离等方面的意识。在情感体验上表现为自豪或自卑。在意向上表现为追求平等的地位、他人的尊重、社会名誉，争取得到他人的认同和好感。

（三）根据自我观念划分

从自我观念上，自我意识可以分为现实自我、投射自我和理想自我。

1. 现实自我

现实自我是个体从自己的立场出发对现实的我的看法。即个体对现实的自我观察、分析、思考和评价后的认识。现实自我是个体对自己在与环境相互作用中表现出的综合现实状况和实际行为的意识，是个体实际拥有的自我概念。

2. 投射自我

投射自我是个体想象他人对自己的看法,亦称"镜中自我",是指"我"意识到"我"在他人面前的形象及他人对该形象的评判。例如,想象自己在他人心目中会形成什么样的形象,想象他人对自己的评价以及由此产生的自我感。他人自我与现实自我之间往往是有距离的,当这种距离不断加大时,个体便会感到自己不被别人所了解。

3. 理想自我

理想自我是个体从自己的立场出发对将来的我的期望,即对理想中的自我的认识,它是个体想要努力达到的完善形象,是自己追求的目标,其中涉及的根本问题是"我想成为一个什么样的人""我应该是怎样的一个人"。理想自我与现实自我不一定是一致的。理想并非现实,但理想自我对个体的认识、情绪甚至行为的影响都很大,是个体行为的动力。

知识拓展

自我现实化

人如何能够达到"自知之明""自我完善",心理学上叫自我现实化。自我现实化这一概念由心理学家卡尔·荣格提出,是指一个人内心深处独特的自我得到了实现,成为真实的自己。实质上也就是人的自我达到了现实化,因此将其称为"自我现实化"。

达到自我现实化的境界,需要有两个前提:一方面,对自我要有一个客观认识,包括自己的优点、缺点、特点等。为了努力达到自我现实化,必须大胆地、开放地、毫无保留地面对无意识,将无意识的声音带给意识,允许无意识展示出真实的自我。另一方面,自我现实化还有赖于其他人格因素的发展。它包括人格面具、阴影、阿尼玛和阿尼姆斯的变化。例如人格面具的解除,承认所戴的公开面具不可能代表真实本性,认识到阴影的各种力量,理解和接受人的本性中的阴暗面,但不屈服于它们或被它们所主宰,本性中的阿尼玛和阿尼姆斯两方面都得到表达并取得平衡等。自我现实化是一个艰巨且长期的任务,它对于绝大多数人来说是一个需要长期努力但很少达成的目标。

自我现实化的个体的第一个特点:已经达到了很高程度的自知,他们在意识和无意识水平上都认识自己。第二个特点:在自知之后,便是对自我的认可。自我现实化的人接受自我探索阶段显露给他们的东西。他们接受自己的本性——它的强和弱,圣洁的一面和丑恶的一面。他们可能会在不同的场合戴着不同的面具,那只是为了方便。自我现实化的人知道他们在扮演角色,但他们并不把这些角色与他们的真实自我混同起来。自我现实化的人的第三个特点:自我整合。即人格的所有方面,包括无意识与意识等都被整合起来并且和谐化,以便所有方面都能得到表达。这种人格各部分的整合和表达是心理健康很重要的一部分,因此自我现实化的人的第四个特点便是自我表达。

总之,"自我现实化"是指对人类本性的接受和容忍。因为达到自我现实化的人,既对集体无意识开放,又对人类状况有很强的意识力和容忍力,从而对他人的行为具有敏锐的洞察力。

第二节 大学生自我意识发展的特点

斯普兰格将青年期形容为"第二次诞生"。由青年初期的自我发现到青年中期积极地对自己的生活进行设计,再到青年晚期社会生活领域的扩大,都表明了青年期既是人格形成的时期,也是自我意识蓬勃发展、社会生活领域迅速扩大并走向成人的重要时期。

一、大学生自我意识的发展和确立

(一) 自我意识的发展

在儿童期,儿童是在与外界发生联系的过程中认识自身存在。到了青年期,青年开始注意到在自己的内部世界还存在着"本来"的"我"、"本质"的"我",并开始将自己的注意力集中到发现自我、关心自我的存在上来。青年初期,是自我意识发展的关键时期,期间自我意识经过分化、整合而接近成熟,从而逐渐清晰地认识到自己的内心活动,全面认识到自己的心理品质,正确地感知到自己的社会角色并能主动地根据社会要求认识和发展自己。自我意识的显著特征是把原来主要朝向外部的认识活动,转向自己的内心世界,探索自己的内心活动。

从青年初期到青年中期,是心理自我的发展时期,自我观念渐趋成熟。处于青春期的个人无论在生理、认知或情绪等方面,都有很大变化,如性的成熟、逻辑思维和想象力的发展,都是自我意识发展的基础。由于自我意识的发展,青年要求独立,有强烈自主意识,想摆脱成年人的影响和束缚。

(二) 自我同一性的确立

自我同一性是由埃里克森所倡导的"人格发展渐成理论"中的一个术语,是指个体在特定环境中的自我整合与适应之感,是个体寻求内在一致性和连续性的能力,是对"我是谁""我将来的发展方向"以及"我如何适应社会"等问题的主观感受和意识。

埃里克森认为,青年期的发展课题是自我同一性的确立及防止同一性混乱。自我意识的发展和自我同一性的确立,决定着个体自我发展的方向和水平,影响着人生观和价值观的形成和稳固。因此,自我意识的发展和自我同一性的确立,是大学生的重要发展目标。

> **知识拓展**
>
> **自我同一性**
>
> 埃里克森将青少年时期定义为一个人形成同一性的关键期,并认为青少年经历了同一性对角色混乱这一心理冲突。自我同一性的形成是持续一生的过程。

也许你能记起当你在十几岁的时候常常被"我是一个什么样的人""我为什么是这样的一个人""我将成为怎样的一个人"等问题所困扰。你还可能记起你自己是怎样解决这些问题的,也可能你尚未解决这些问题。请你回忆一下:是什么样的角色经验对你在大学生活里的同一性形成起作用。

马西娅(1966)曾仔细分析过埃里克森有关青少年同一性危机的看法,认为在任意给定的时间里,所有青少年都可以归为四种同一性状态(或统合状态)中的一种:

(1) 同一性混淆(或迷失型统合)。处于这种状态的青少年既没有从同一性危机中取得经验,也没有解决同一性危机。他们对未来的方向彷徨迷惑,不知所措,没有确定的目的、价值或打算。这是一种最不成熟的同一性状态。

(2) 同一性强闭(或早闭型统合)。这类青少年没有从同一性危机取得任何经验,但对特定的目标、价值观和信仰及社会角色过早地接纳许诺。例如,父母向青少年提出一种职业角色,而他或她没有真正加以评价便接受了这种要求。

(3) 合法延缓期(或未定型统合)。处于这种状态的青少年正经历着同一性危机,积极探索自己的价值定向,并努力发现能够增强自身竞争力的稳定的同一性。

(4) 同一性达成(或定向型统合)。处于这一状态的青少年已解决了同一性危机,他们对职业、性别等已有明确的定向。马西娅和埃里克森都认为,在同一性达成之前都有同一性危机和合法延缓期。而从同一性混淆跳过同一性强闭到达合法延缓期则是可能的。

埃里克森认为同一性危机大多发生在青春期,在十五至十八岁就已经解决。有研究表明这种估计是乐观了些。默尔曼(1979)用结构访谈法对十二至十八岁的男生、二十一岁的男大学生和二十四岁的成年男子的同一性类型进行调查,结果显示,只有20%的十八岁男生、40%的大学生和稍多于50%的二十四岁成年男子达成了成熟的同一性。近25%的十八岁被试,尚处于合法延缓期。阿彻(1982)在更大范围内的取样所作的研究结果与默尔曼的结果相似,而且还发现同一性形成过程不是一致的。被试在职业选择、性别角色态度、宗教信仰和政治观念方面处于相同同一性状态的仅占5%,而在上述四个领域处于不同同一性状态的占90%。这说明,同一性的达成需要很长的时间,通常贯穿整个青少年时期。

二、大学生自我意识发展的规律

大学生的自我意识已经经历了青年早期的急剧发展变化而进入趋于相对稳定的阶段。大学生自我意识的形成和发展一般都要经历一个由强到弱、由激烈到平稳、由典型到不典型的自我分化—矛盾—统一,再分化—矛盾—统一的过程。这样大学生才能从幼稚走向成熟,形成成熟、稳定的自我意识。

(一) 自我意识的分化和矛盾

青年期自我意识的发展,会经历一个特别明显的分化、矛盾和统一的过程。自我明显的分化,意味着自我矛盾冲突的加剧,即主体我与客体我的矛盾斗争、理想我与现实我矛盾斗争的加剧。两个我不能统一,自我形象便不能确立,自我概念也不能形成。于是大学生表现出明显的内心冲突,甚至有一定的内心痛苦和强烈的不安感。他们对自我的评价常常是矛盾的,对自我的态度常常是波动的,对自我的控制常常是不自觉、不果断的。

青年期自我意识的发展从明显的自我分化开始,是自我意识走向成熟的标志。这种分化使大学生主动关注自己的内心世界和行为,自我沉思增多,渴望被理解、被关怀。

自我分化导致主体我与客体我的矛盾斗争、理想我和现实我的矛盾斗争加剧以及独立心理与依附心理的矛盾、交往需要和自我闭锁的矛盾、上进与消沉的矛盾等。这些矛盾可能会给个体带来很大的内心痛苦、激烈的不安感和适应困难,但这是个体迈向成熟必需的一步。

(二)自我意识的统一

自我意识的矛盾会让大学生感到不安、焦虑甚至痛苦,所以大学生总是力求摆脱这种矛盾状态,力图使自我意识再度统一起来,主要表现在"主体我"和"客体我"的统一、"理想我"与"现实我"的统一,也表现在自我认识、自我体验、自我控制的和谐统一。

由于个人的社会背景、生活经验、智力水平、追求目标不同,大学生自我意识分化、矛盾、统一的途径不同,最后达到的结果和类型也不同。一般来说,主要有以下几种结果或类型。

1. 自我肯定

自我肯定是积极的统一,其特点表现为对"现实我"的认识比较清晰、客观、全面、深刻,正确的"理想我"占优势,"理想我"比较积极、现实,既符合社会要求也符合自己的实际,是经过努力可以达到的。他们在实现"理想我"的过程中,善于总结经验教训,进行积极的自我调节。统一后的自我完整而有力,既有助于自身成长,又适应社会发展的需要。这一类型在大学生中占绝大多数。

2. 自我否定和自我扩张

自我否定和自我扩张是消极的统一,它们的共同特点是对自我评估不正确,理想自我不健全,缺乏实现理想自我的手段,形成后的自我虚弱而不完整,是一种不健康的统一。在大学生中,自我否定、自我扩张的人只占极少数。

自我否定的大学生对"现实我"的评价过低,"理想我"与"现实我"的差距过大,心理上常处于一种消极防卫状态。他们缺乏自我驾驭能力,缺乏自信,不能肯定自己的价值,拒绝自己,与自己为敌。他们不是通过积极地改变"现实我"去实现"理想我",而是在一定程度上放弃"理想我",趋同"现实我",以求得自我意识的统一,结果是使自己更自卑。

自我扩张的大学生对"现实我"估计过高,虚假的"理想我"占优势,"理想我"与"现实我"的统一是虚假的。这种类型的人常以幻想的我、理想的我替代真实的我,在自吹自擂、虚幻中度日,喜欢做白日梦。在自不量力的情况下,个人所追求的学业、事业、友谊和爱情都因为自己的主观条件差于客观事实,因而失败的概率比较大。这类人容易产生心理变态行为,严重者可能有反社会行为,用违法犯罪的手段来谋求自我意识的统一。

3. 自我矛盾和自我萎缩

自我矛盾和自我萎缩是自我难以统一的表现,由于"理想我"和"现实我"无法协调,因而自我意识难以达到统一。其发展的结果有两种类型：自我矛盾型和自我萎缩型。这两种类型的人在大学生中只占极少数。

自我矛盾型的大学生对自己所作所为缺乏"我是我"的综合感觉，而产生"我非我""我不知我"的分离倾向，内心矛盾的强度大，延续的时间长，自我认识、自我体验、自我控制缺乏稳定性和确定性，新的自我久久不能确立，积极的自我难以产生，自我意识无法统一。

自我萎缩型的大学生理想自我极度缺乏或丧失，对现实自我深感不满，自卑心理非常严重，从而导致自我拒绝的心理。从对自己不满开始到自轻、自怨、自恨、自弃，以至向更严重的心理和行为发展。

总之，大学生的自我意识由分化到统一这个过程不是绝对的，具体到每一个大学生，由于身心发展的水平、经历不同，自我分化的时间和特点也不同，矛盾斗争的水平、倾向不同，统一的早晚、模式也不同。此外，自我意识的发展是终生的，并不是说自我意识在青年这个阶段分化、矛盾、统一，就意味着不再发展，只是在青年期以后它的发展不再像青年期那么突出，变得比较稳定和平稳。所以，人的自我意识发展通常遵循分化、统一、再分化、再统一的规律。

心理电影

美丽心灵

电影《美丽心灵》以博弈论创始人约翰·纳什为原型，讲述他的传奇故事。纳什醉心于数学研究，他性格孤僻拒绝与别人相处，由于科研路上的挫折和情感生活的匮乏，他患上了精神分裂症，出现了一系列光怪陆离的幻觉，并且他生活在幻觉里而不自知。面对这种曾经击毁了很多人的精神疾病，纳什在爱妻艾莉西亚的帮助下，通过自己顽强的毅力，战胜了这种疾病，他意识到自己身边不离不弃的才是真实，虽然幻觉依然存在，但纳什选择了拒绝，他意识到自己需要真实的生活、真实的朋友。纳什是幸运的，他不仅有一个挚爱他的妻子，还有一些愿意包容和接纳他的同事，最终纳什克服了精神分裂症的枷锁，不仅收获了亲情和友情，而且在1994年获得了诺贝尔经济学奖。

这是一部根据真实人物故事改编的影片，从影片中我们可以看到主人公纳什精彩曲折的人生，在他的人生中我们看到了他的爱妻艾莉西亚和他的同事们的"美丽心灵"，也看到了一个人怎样艰难地战胜自己精神分裂的奇迹，看到了人类内心的顽强与坚定，看到了"美丽心灵"的强大力量。

人生的路上难免遇到挫折和困惑，虽然我们无法完全控制环境来适应我们，但我们可以不断完善自我来适应环境，我们要理性地面对自己的人生，用我们坚韧和美丽的心灵面对生活赋予我们的一切。

三、大学生自我意识发展过程中常见的问题

大学生在自我意识发展的过程中，由于生理发展和心理发展不同步，加上社会、环境

等因素影响,很容易在自我意识发展方面存在偏差。大学生在自我意识发展过程中出现的种种偏差或缺陷,是心理发展尚未成熟的表现,是正常和普遍的。但同时必须加以调整,因为只有这样才能促使大学生自我意识的统一,促进他们心理的发展和成熟。

(一) 自我中心与从众

大学生自我中心主要指大学生在与他人或社会的关系上往往只从自我立场出发,而不能从他人或社会角度去思考问题或处理问题的认知方式。自我中心不利于大学生的人际交往,也不利于个人心理的健康成长。自我中心的大学生总是将自己的意志强加到别人的头上,认为别人都应该和他有一致的看法或意见。同时,他们不愿意改变自己的态度,即使明知自己错了也不愿改正。自我中心的大学生很难与别人和平共处,他们的人际关系总是处于紧张状态,自己则常处于自我封闭和自我隔离状态中。长此以往,将导致大学生形成自卑、孤独、退缩等心理。

与自我中心相反,有些大学生有过强的从众心理。青年大学生需要群体的认可,从众是取得别人认可的一种方式。但是,从众心理过强,则会缺乏独立意向、懒于思考,常常表现出随大流、人云亦云。长此以往会阻碍大学生自主性和创造性的发展。

(二) 独立与逆反

独立意识,也叫独立感,是指个体力图摆脱监督和管教的一种自我意识倾向。大学生在生理上已经发育成熟,心理也日渐成熟,通过对自我的认识、体验和控制、调节,他们已逐渐确立一个新的自我——成人式的自我,成人感特别强烈。但是有时他们会矫枉过正,表现出过分的独立倾向。独立意识并不是独来独往,不顾社会规范,我行我素。很多大学生把独立理解成"万事不求人",不需要别人的帮助,其结果是在现实生活中遇到困苦挫折,只能自吞苦果,活得沉重。一个真正成熟个体的独立是指在感情上、行为上能对自己负全部的责任,并乐于接受他人的帮助。

逆反心理也是大学生自我意识发展过程中的一种产物,其实质是为了寻求独立、寻求自我肯定,为了保护新发现的、正在逐渐形成的、但还比较脆弱的自我,为了抵抗和排除在他们看来压抑自己的那种外在力量的一种要求。逆反心理有两面性:一方面表明青年大学生的反抗精神和独立意识;另一方面,一些大学生不能确切把握反抗,表现出过分的逆反心理,不区分正确与错误、精华与糟粕,一味排斥,理性分析少,情绪成分大,目的只是为了反抗而反抗。逆反的对象多是家长、老师以及社会宣传的观念和典型人物等外界权威,其结果是阻碍了他们学习新的或有益的经验。

(三) 自卑与自负

自卑是指个体自我评价过低、自愧无能而丧失自信,并伴有自怨自艾、悲观失望等情绪体验的消极心理倾向。有自卑心理的大学生常常对自己的能力、水平做出过低的评价,目光总盯着自己的缺点、不足和失误,夸大自己的短处,而对自己的长处认识不足,对人生感到悲观、意志消沉、对生活的热情不高。大学生自卑的主要表现有:言语和行为迟滞、对批评敏感、对奉承反应过度、逃避集体、轻视他人、矫饰优越等。

自负是一种自我膨胀,即过度自信。大学生虽然有强烈的自尊心,好胜、好强、不甘落后,但如果不把握好"度",就会"物极必反"。过强的自尊和自信与骄傲、自大、自我膨胀、过度的自我接纳等联系在一起,他们缺乏自我批评,而且不允许别人批评,唯我独尊、自我中心、盛气凌人。这种人缺乏自知之明,总认为自己是对的、别人是错的,把自己的意志强加在别人身上,不能与人和睦相处,容易失败也容易受伤。

知识拓展

如何走出自卑

在大学校园里,常常见到这样的同学,不敢大声说话,不苟言笑,总是独自一个人在某个小角落默默注视着他人;或者不愿意面对现实,夸大吹嘘自己,敏感、脆弱、易受伤、易攻击别人,这些都是自卑的表现。

自卑感是个体对自己能力和品质评价偏低的一种消极情感。自卑感的产生,往往并非认识上的不同,而是感觉上的差异。其根源是人们不喜欢用现实的标准或尺度来衡量自己,而相信或假定自己应该达到某种标准或尺度,如"我应该如此这般""我应该像某人一样"等。这种追求大多脱离实际,只会带来更多的烦恼和自卑,使自己更加抑郁和自责。自卑是人生成功之大敌,下面这些途径和方法颇具操作性,有助于人们摆脱自卑,走向自信。

第一,正确认识自己。有同学害怕自己的缺点会带来不能承受的后果,所以选择逃避或忽视,用自负或者高自尊掩盖缺点,或者回避易暴露缺点的场景。但现实就像一面放大镜,越逃避的东西,越容易放大。因此,要有勇气面对自己的恐惧,从而形成正确的自我认识。

第二,树立小目标。在日常生活和学习中,建立一个目标树,顶层是终极目标,分解到各个枝干的就是为了缩小自身现状与目标的差距而产生的各级小目标。这些小目标高于现在状态,但通过努力可以实现。当取得小的成绩,实现了一个小目标的时候,要及时地鼓励自己,这样容易形成高的自我效能感,有动力继续努力。

第三,上课挑前面的座位坐。坐在前面能建立信心,因为敢为人先,敢上人前,敢于将自己置于众目睽睽之下,就必须有足够的勇气和胆量。久而久之,这种行为就成了习惯,自卑也就在潜移默化中变为自信。另外,坐在显眼的位置,就会放大自己在老师视野中的比例,提高反复出现的频率,起到自我强化的作用。把这当作一个规则试试看,从现在开始就尽量往前坐。虽然坐前面会比较显眼,但要记住,有关成功的一切都是显眼的。

第四,敢于正视别人。眼睛是心灵的窗口,一个人的眼神可以折射出性格,透露出情感,传递出微妙的信息。不敢正视别人,意味着自卑、胆怯、恐惧;躲避别人的眼神,则折射出阴暗、不坦荡。正视别人等于告诉对方:"我是诚实的,光明正大的;我非常尊重你,喜欢你。"因此,正视别人,是积极心态的反映,是自信的象征,更是个人魅力的体现。

第五,昂首挺胸,快步行走。人们行走的姿势、步伐与其心理状态有一定关系。懒散的姿势、缓慢的步伐是情绪低落的表现,是对自己、对工作以及对别人不愉快感受的反映。倘若仔细观察就会发现,身体的动作是心灵活动的结果。那些遭受过打击、被排斥的人,走路都拖拖拉拉,缺乏自信。因此,通过改变行走的姿势与速度,有助于心境的调整。要表现出超凡的信心,走起路来应比一般人快,将走路速度加快,就仿佛告诉整个世界:"我要到一个重要的地方,去做很重要的事情。"步伐轻快敏捷,身姿昂首挺胸,会给人带来明朗的心境,会使自卑逃遁,自信滋长。

第六,练习当众发言。在公众场合,沉默寡言的人都认为:"我的意见可能没有价值,如果说出来,别人可能会觉得很愚蠢,我最好什么也别说,而且,其他人可能都比我懂得多,我并不想让他们知道我是这么无知。"这些人常常会对自己许下渺茫的诺言:"等下一次再发言。"可是他们很清楚自己是无法实现这个诺言的。每次的沉默寡言,都是又中了一次缺乏信心的"毒素",他会愈来愈丧失自信。从积极的角度看,如果尽量发言,就会增强信心。不论是参加什么性质的活动,要主动发言,有许多原本木讷或有口吃的人,都是通过练习当众讲话而变得自信起来的,如萧伯纳、德摩斯梯尼等。

第七,学会微笑。微笑是通用的世界语言,真正的微笑不但能治疗自己的不良情绪,还能马上化解别人的敌对情绪。而且微笑能给人自信,它是医治信心不足的良药。如果你真诚地向一个人展现微笑,他就会对你产生好感,这种好感足以使你充满自信。"微笑是疲倦者的休息,沮丧者的白天,悲伤者的阳光,大自然的最佳营养。"当内心有恐惧的时候,不妨笑一笑。

第三节 大学生自我意识的培养

正确的自我意识是心理健康的重要标准,是人类自身存在的一种成功机制,在人的发展中发挥着重要的作用。正确的自我意识有利于大学生的心理健康,有利于大学生对自身行为进行适当的调控。

一、健全自我意识的标准

衡量一个人的自我意识是否健全,可从以下几方面加以考察:
(1) 一个有健全自我意识的人应该是一个自我肯定的人、一个自我统合的人。个体了解并接纳自己的优点和缺点,对自己的能力和价值有正确的认识,并且能够将这些认识整合到自己的行为和决策中。
(2) 一个有健全自我意识的人应该是自我认识、自我体验、自我监控协调一致的人。个体需要对自己的认知、情感和行为进行良好的协调,以达到内心的和谐。
(3) 一个有健全自我意识的人应该是独立的,同时又与外界保持协调的人。个体能够在社会中独立地发挥作用,能较好地适应社会环境并与外界保持协调。
(4) 一个有健全自我意识的人应该是一个自我发展的人,有积极的目标意识和内省意识。个体需要有明确的目标,并且能够根据目标调整自己的行为,同时保持对自身的反思和调整。
(5) 一个有健全自我意识的人应该是一个心理健康的人,不仅自己能健康发展,而且能促进社会文明和进步。

二、自我意识的培养

大学生要形成成熟的自我意识,可以从以下几方面培养。

(一) 正确认识与评价自我

认识自我是人类从古至今一个永恒的话题,正确地认识与评价自我是形成健全的自我意识的基础。古人云:"人贵有自知之明。"如果一个人能对自我有一个较全面、客观的认识和评价,就能扬长避短、取长补短、发展自己、完善自己。正确认识与评价自我通常有以下三种方法。

1. 比较法——从我与他人的关系认识自我

他人是反映自我的镜子,与他人交往,是个人获得自我认识的重要来源。从家庭中的感情扩展到家庭之外的友爱关系,进入社会又体验到人与人之间的利害关系。有自知之明的人能从这些关系中用心向别人学习,获得足够的经验,然后按照自己的需要去规划人生。但是通过和他人比较认识自己应该注意比较的参照性。

第一,跟别人比较的是行动前的条件,还是行动后的结果?大学生如果认为自己来自农村,条件不如别人,开始就置自己于次等地位,自然影响心态和情绪。

第二,跟人比较是看相对标准还是绝对标准?是可变标准还是不可变标准?经常有大学生认为自己不如他人,其实他们关注的可能是身材、家世等不能改变的条件,没有实际比较的意义。

第三,比较的对象是什么人?是与自己条件相类似的人,还是个人心目中的偶像或不如自己的人?所以,确立合理的参照体系和立足点对自我的认识尤为重要。

2. 经验法——从我与事的关系认识自我

从我与事的关系认识自我即从做事的经验中了解自己。个体通过自身的努力取得成果、成就及社会经验的过程都是一种学习。不经一事,不长一智。成败得失,其经验的价值也因人而异。对聪明又善用智慧的人来说,成功或失败的经验都可以促使他们再成功,因为他们有坚强的人格特征,善于学习,因而可以避免重蹈覆辙。自我比较脆弱的大学生,不能从失败中汲取教训,不会改变策略追求成功,而是挫败后形成惧怕失败的心理,不敢面对现实去应付困境或挑战。而对一些自大的人而言,成功可能成为失败之源。他们可能幸得成功便骄傲自大,以后做事便自不量力,最终往往遭受失败;或家境优渥,成长过于顺利,一旦失去"保护源",便一蹶不振,不能支撑起独立的自我。因此一个大学生对由成败经验中获得的自我意识也要细加分析和甄别。

3. 反省法——从我与己的关系中认识自我

古人曰:"吾日三省吾身。"从我与己的关系中认识自我,看似容易,实则困难。可以从以下几个"我"中去认识自己:

(1) 自己眼中的我。个体实际观察到的客观的我,包括身体、容貌、性别、年龄、职业、性格、气质、能力等。

(2) 别人眼中的我。与别人交往时,由别人对你的态度、情感反应而觉知的我。不同关系的人对自己的反应和评价不同,它是个人从多数人对自己的反应中归纳出的统觉。

(3) 自己心中的我,也指自己对自己的期许,即理想我。我们还可以从实际的我、自觉别人眼中的我、自觉别人心中的我等多个维度来全面认识自我。

(二) 积极地悦纳自我

悦纳自我是发展形成正确自我意识的核心和关键。个体首先应自我接纳,才能为他人所接纳。悦纳自我就是对自己的本来面目持肯定、认可的态度。要平静而理智地对待自己的长短优劣,要乐观开朗,以发展的眼光来看待自己,既不消极回避自身的现状、自欺欺人,更不以哀怨、自责甚至厌恶来否定自己。在自我悦纳的基础上,培养自信、自立、自强、自主的心理品质,从而发展自我、更新自我。

大学生如何形成悦纳自我的积极态度呢?具体地说,积极悦纳自我可以从以下几个方面努力。

1. 无条件地接受自己

首先,以慷慨和诚实的态度至少举出10项自己的优点或自己喜欢自己的部分;然后,以诚实的态度列出不喜欢自己的部分,在可以改变的地方标上记号,对不喜欢却又无法改变的缺点,试着去接受它,对所有能改变的缺点,发誓去改变它;最后,相信自己是有价值的人,相信"天生我材必有用"。

2. 不过分追求完美,不苛求自己

过分追求完美、苛求自己,无异于心理上的作茧自缚,会抑制人的活力,使人心情压抑,行为退缩,从而失去许多展示自己的机会,最终损害自尊,导致自我否定。古人云:"金无足赤,人无完人。"正确的态度是承认自己的不完美,接受自己,接纳真实不完美的自我,在积极的心态中,最大限度地把自己的潜能化为现实。

3. 建立和巩固良好的自我感觉

首先,找出最近(一年之内)一次或几次自己做过的比较成功的事情,用心体会成功时的愉快心情,庆祝自己的胜利;其次,及时了解自己各方面的发展、进步和成绩,肯定自己的能力;再次,记录别人对自己的积极评价和态度,增加自信;最后,仔细回顾自己过去的经历,找出比较出色的表现,肯定自己以前就已具备良好素质的信念,这样就能把注意力集中在自己的优点和成功上,而不是集中在自己的缺点和失败上。这些尝试有助于个体建立和巩固良好的自我感觉,从而悦纳自我。

4. 从错误和失败中吸取教训

一个人不可能不犯错误,也不可能事事成功,可怕的不是错误和失败,而是被错误和失败打垮。人应平静而又理智地看待自己的错误和失败,从中吸取教训,不被它们打垮。不因个别的错误和失败轻率地全盘否定自己,要永远给自己机会,永远对自己充满信心。

(三) 有效地控制自我

自我控制是人主动、定向地改变自我的心理品质和行为的心理过程。有效地控制自我是健全自我意识、完善自我的根本途径。对自我的有效监督和控制，离不开意志的力量，只有意志健全的个体才能做到对自我的有效控制，从而最终实现理想的自我。因此，每个人都应从培养健全的意志品质做起，增强应对挫折的承受力，提高自控能力，从而达到自我实现，使理想的自我和现实的自我统一。

对于大学生来说，要有效地控制自我，应该做到以下几点。

1. 自觉进行自我监督

自我监督，一方面是根据"理想自我"的要求，考察"现实自我"的状况以及其与"理想自我"的差距；另一方面要自我反省，将"现实自我"的表现反馈到自我意识中进行审查和分析，以作出自我完善的决策和指示。没有自我监督和反省，人就无法实现自我完善。

2. 设定合乎自身实际的目标

建立合乎自身实际情况的抱负水平，确立合适的理想自我。在充分了解自己的基础上使自己的目标符合自己的实际要求、符合自己的实际能力，不苛求自己，不被他人的要求左右。对大学生来说，必须明确自己的期望是什么，以及这种期望的来源是自我的本身能力和需要，还是从满足他人的期望出发。只有明确这一点，才可能真正地认清自己，规划自己的发展方向，最终建立独立的自我。

面对现实，确定符合自己实际的奋斗目标，把远大的理想分解成一个个远近高低各不同的子目标，由近及远、由低到高，循序渐进，逐步加以实现。关键是每个子目标都应设定适当、合理，经过努力可以实现，否则会丧失信心。

3. 培养坚强的意志品质

坚强的意志品质是自我控制的支柱，具有坚强意志的人可以为实现最终目标自觉地控制自我，不急功近利，不为外界所诱惑；而意志薄弱的人，就好像失灵的闸门，对自己的言行不可能起到调节和控制作用。

列宁是一个自制力极强的人。他在自学大学课程时为自己制定了严格的时间表：每天早饭后自学各门功课，午饭后学习马克思主义理论，晚饭后适当休息一下再读书。他过去喜欢滑冰，但考虑到滑冰会使身体疲劳，影响学习，他就果断地不滑了。他本来喜欢下棋，一下起来就入了迷，后来感觉太浪费时间又毅然戒了。滑冰、下棋都是一些小事，只是个人爱好，但是要控制这种爱好，如果没有良好的意志品质是很难做到的。很多人都知道吸烟影响健康，有的人一次次尝试戒烟，但都以失败告终。所以，如果没有坚强的意志，连一些很小的事情都做不好，大事就更困难了。

4. 用理智战胜感情

对事物的认识越正确、越深刻，自制力就越强。古希腊数学家毕达哥拉斯说："愤怒以愚蠢开始，以后悔告终。"所以对自己的言行失去控制，最根本原因就是对自己粗暴作风的危害性缺乏深刻的认识，因而对自己的感情和言行失去了控制，造成了不良的影响和后果。

(四)不断超越自我

健全自我的过程也是一个塑造自我、超越自我的过程。对于大学生而言,超越自我是终生努力的目标。在行动上,无论对人对事,均全力以赴,使自己的能力得到最大限度的发挥。

完善自我、超越自我并不是一帆风顺的过程,需要付出艰辛的努力,也是一个"新我"形成的过程,是从"小我"走向"大我",从"昨天之我"向"今日之我""明日之我"迈进。珍惜已有的自我,追求更好、更高的自我,做到自如的、独特的、最好的自我。既注重自我又不固守自我,根据社会要求不断改造自我。既注重自我价值的实现又不仅仅局限于追求个人自我价值的实现,把实现自我价值与报效祖国统一起来,在为他人和社会的服务中实现真正的自我价值。

超越是一种境界,更是一种过程。只有坚持正确的方向,本着科学的态度,辩证地看待社会,分析自我,把握自我,最终才有可能超越自我。

小 测 试

(注:测试结果仅供参考,如有疑问请咨询专业人士)

自卑心理测试

测试说明:自卑感是一种激励因素,对个人和社会均有利,并能带来个性的改善,但是,沉重的自卑感会使人垮掉,使人心灰意冷,无所事事。因此,我们应设法找到自卑感产生的原因,具体分析对待,并努力克服。下面这份《自卑心理诊断量表》,有助于你了解自己是否存在明显的自卑感及造成自卑的主要根源。

指导语:本测验共15个问题,每个问题有 A、B、C 三种选择答案,请你在与自己情况较符合的答案上打"√"。

1. 你的身高与周围人相比如何?
   A. 较矮　　　　　　　　B. 差不多　　　　　　　　C. 较高
2. 早晨,照镜子后的第一个念头是什么?
   A. 再漂亮一点就好了　　B. 想精心打扮一下　　　　C. 别无他想,毫不在意
3. 看到最近拍的照片,你有何想法?
   A. 不称心　　　　　　　B. 拍得很好　　　　　　　C. 还算可以
4. 如果有来世,下面三种选择中你会选择哪一种?
   A. 做女人太苦了,做男人好
   B. 做男人太苦了,做女人好
   C. 男女一样
5. 你是否想过五年或十年后会有什么使自己极为不安的事?
   A. 多次想过　　　　　　B. 不曾想过　　　　　　　C. 偶尔想过
6. 你受到周围人的喜爱吗?

A. 常有   B. 没有过   C. 偶尔有

7. 你被别人起过绰号、挖苦过吗？

A. 常有   B. 没有过   C. 偶尔有

8. 老师批改过的试卷发下来了，同学要看怎么办？

A. 把分数折起来让他们看不到   B. 让他们看

C. 将考卷全部藏起来

9. 体育运动后，有过自己"反正不行"的想法吗？

A. 常有   B. 没有   C. 偶尔有

10. 你有过在某件事上不逊于他人的自信吗？

A. 有过一两次   B. 从来没有

C. 在某些方面自己有这种自信，但对不是特殊之事并不介意

11. 如果你喜欢的异性同学与他人更亲近，你怎么办？

A. 灰心丧气，以后竭力避开那位异性

B. 跟那位同学公开或暗地里展开竞争

C. 毫不在乎，一如往常

12. 碰到寂寞或讨厌之事怎么办？

A. 陷入深深的烦恼中   B. 吃喝玩乐时就忘了

C. 向朋友或父母倾诉

13. 当被别人称为"不知趣的人"或者"蠢东西"时，怎么办？

A. 回敬他："笨蛋！没有教养！"

B. 心中感到不好受而流泪

C. 不在乎

14. 如果碰巧听到友人正在说你所要好的同学的坏话，你怎么办？

A. 断然反驳："根本没有那种事！"

B. 担心会不会真有那事

C. 不管闲事，认为别人是别人，我是我

15. 不管你如何努力学习，你的主要功课都输给你的竞争对手，你怎么办？

A. 尽管如此还是继续努力挑战，今后加油干

B. 感到不行，只好认输

C. 从其他学科上竞争取胜

记分规则

把每题的得分加起来计算出总分，与下面的总分评价标准对照，看看自己是属于哪个类型的，再阅读有关四种自卑类型的说明。

记分规则参照表

题号	选项		
	A	B	C
1	5	3	1
2	5	3	1
3	5	1	3
4	5	1	3
5	5	1	3
6	1	5	3
7	5	1	3
8	3	1	5
9	5	1	3
10	1	5	3
11	5	1	3
12	5	3	1
13	3	5	1
14	1	5	3
15	3	5	1

类型与得分对照表

类型Ⅰ	类型Ⅱ	类型Ⅲ	类型Ⅳ
15~29 分	30~44 分	45~60 分	61~75 分

类型Ⅰ 环境变化造成自卑

你平时没有自卑感,是个乐天派,并且往往很自信。你对自己的才能、外表、风度充满自信和骄傲,极少有自卑感。如果你感到自卑,那可能是环境发生变化的缘故,譬如你来到了出类拔萃的人物汇聚的学校或其他场所,而未能充分体现你个人的价值时,才会引起自卑。

类型Ⅱ 动机与期望过高造成自卑

你有过高的追求,有动机过强、期望过高的缺点。你不满足于现状,想出人头地,以至于去追求不切实际的目标。也可以说,你过分地计较得失胜负,追求虚荣,当无法实现时则往往陷入自卑,难以自拔。

类型Ⅲ 过早断定不行造成自卑

你在做事情前就贸然断定自己不行,自认为不如别人。这主要是你不了解周围人的真实情况,不清楚使你焦虑的事情的本来面目。当你搞清楚后,会恍然大悟:"怎么竟是这么回事?"随之则坦然自若。你的自卑感主要是你的无知造成的,症结在于自认为不行就心灰意冷。

类型Ⅳ　情感怯懦造成自卑

用消极悲观的眼光看待事物,这与你的自卑有关。症结在于对自身的体魄和外貌缺乏自信,只能看到不足与不利之处,因而,遇事退缩胆怯,不敢与人交往。

同一性测试

测试说明:请对以下的题目同你的情况进行对照,并如实回答。"1"代表完全不是;"2"代表相当不是;"3"代表大体不是;"4"代表大体是;"5"代表相当是;"6"代表完全是。(在括号内填写对应数字)

(1) 我正在为实现自己的目标而努力。　　　　　　　　　　　　　(　)
(2) 我没有特别热衷的事情。　　　　　　　　　　　　　　　　　(　)
(3) 我知道自己是怎样的人,清楚自己的希望与追求。　　　　　　(　)
(4) 我没有"想干什么"的确切想法。　　　　　　　　　　　　　(　)
(5) 我至今没有自主地对有关自己的事做出过重大决断。　　　　　(　)
(6) 我曾认真深思过自己是怎样的人,该做些什么。　　　　　　　(　)
(7) 我不曾对按父母或周围的人所期待的生活方式做事感到有什么疑问。(　)
(8) 我曾对自己持有的人生观失去过自信。　　　　　　　　　　　(　)
(9) 我正在努力探求我所能投身的事情。　　　　　　　　　　　　(　)
(10) 对应不同的情况,无论怎样我都无所谓。　　　　　　　　　　(　)
(11) 对自己是什么样的人,能干些什么,我正在比较几种可能的选择并认真地考虑这些事情。　　　　　　　　　　　　　　　　　　　　　　　(　)
(12) 我不认为自己这一生能做什么有意义的事。　　　　　　　　　(　)

计算分数:

N=(1)-(2)+(3)-(4)+14,代表"现在的自我投入";

P=(8)-(7)+(6)-(5)+14,代表"过去的危机";

F.=(9)-(10)+(11)-(12)+14,代表"将来投入的愿望"。

N≥20 且 P≥20　　　　同一性形成地位(A.)
N≥20 且 15≤P≤19　　A.－F.中间地位
N≥20 且 P≤14　　　　权威接纳地位(F.)
N≤19 且 F.≥20　　　　延缓地位(M)
N≤12 且 F.≤14　　　　D.－M 中间地位
其余的　　　　　　　　同一性扩散地位(D.)

	现在的自我投入	过去的危机	将来投入的愿望
同一性形成地位(A.)	高	高	
权威接纳地位(F.)	高	低	
A.－F.中间地位	高	中	

续 表

	现在的自我投入	过去的危机	将来投入的愿望
同一性扩散地位(D.)	低		低
延缓地位(M)	低		高
D.—M中间地位	中		中

  同一性形成地位的青少年：他们努力寻求最符合自身的前进方向和价值观，通过积极的自我投入和不懈努力，体验不同程度的危机。

  权威接纳地位的青少年：他们没有经历过各种危机，缺少探索。他们选定的目标和方向不是经过自己再三考虑后做出的决定，而是为了迎合父母或社会理念等。

  A.—F.中间地位的青少年：他们处于同一性形成和权威接纳地位中间。

  同一性扩散地位的青少年：未做出什么决定，无所向往的人。

  延缓地位的青少年：对将来充满希望，还在探索的青少年。

  D.—M中间地位的青少年：他们处于同一性扩散和延缓地位中间。

第四章

人格塑造

> 为了成功地生活,少年人必须学习自立,铲除埋伏各处的障碍,在家庭要教养他,使他具有为人所认可的独立人格。　　——戴尔·卡耐基

 本章学习内容

1. 掌握人格、能力、气质和性格的内涵。
2. 理解人格的特征和大学生健康人格的标准。
3. 学会运用一定的方法塑造自己的人格。

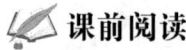 **课前阅读**

自我实现者的16种人格特征

马斯洛认为自我实现者通常具有以下16种人格特征:

(1) 判断力超乎常人:他们对事情观察得很透彻,只根据现在所发生的一些事,常常就能够正确地预测将来事情会如何演变。

(2) 能够接纳自己,接纳别人,也能接受所处的环境:无论在顺境或逆境之中,他们能安之若命,处之泰然。

(3) 单纯,自然而无伪:他们对名利没有强烈的需求,因而不会戴上面具企图讨好别人。

(4) 使命感强,以问题为中心:他们对人生怀有使命感,因而常把精力用来解决与众人有关的问题。

(5) 享受独处的快乐,也能享受与人相处的快乐:他们喜欢有独处的时间来面对自己、充实自己。

(6) 不依靠别人满足自己安全感的需要:他们常常愿意与人分享,却不太需要向别人索取什么。

(7) 懂得欣赏简单的事物:他们像天真好奇的小孩一般,能不断地从最平常的生活经验中找到新的乐趣,从平凡中领略人生的美。

(8) 他们当中有许多人经历过引起心灵震撼的高峰体验。

（9）对人充满爱心：虽然看到人类的劣根性，但他们仍怀有悲天悯人之心，能从丑陋之中看到别人善良可爱的一面。

（10）具有深厚的友情：他们的朋友或许不是很多，然而所建立的关系，比常人更深厚。

（11）具备民主的精神：他们懂得尊重不同阶层、不同种族、不同背景的人，以平等和爱心相待。

（12）有智慧明辨是非：他们不会用绝对二分法（不是好就是坏）进行分类判断。

（13）富于创造性：他们心思单纯，像天真的小孩，极具创造性。

（14）处事幽默风趣：他们说话含有哲理，也常常体现出幽默性。

（15）反对盲目遵从：他们也会犯一些天真的错误，当他们对真善美执着起来时，会对其他琐事不在乎。

（16）对生活环境有持续改进的意愿与能力。

第一节 认识人格

综合素质的发展和提高，包含着人格素质的发展和提高，而人格素质的发展和提高对综合素质的发展和提高有着重要的促进作用。因此，塑造健全人格是大学生心理健康教育的重要目标之一。

一、人格的含义与特征

（一）人格的含义

"人格"一词，源于古希腊语，即舞台上演员戴的面具，不同的面具体现了角色的特点和人物性格。许多心理学者从自己研究的角度提出人格的定义。心理学家吴伟士认为："人格是个体行为的全部品质。"人格心理学家卡特尔认为："人格是一种倾向，可借以预测一个人在给定的环境中的所作所为，它是与个体的外显与内隐行为联系在一起的。"

心理学所说的人格，是一种心理现象，亦称个性，反映了一个人总的心理面貌，是相对稳定、具有独特倾向性的心理特征的总和。个性包括个性倾向性和个性心理特征。个性倾向性是指每个人特有的需要、动机、兴趣、信念、理想、世界观、人生观等；个性心理特征主要表现在气质、性格与能力等几个方面。个性倾向性是个性中最活跃的因素，在人的心理活动中，具有方向性和制动性的作用。个性心理特征则是个人具有的较稳定的因素。个性倾向性直接决定着一个人心理活动的内容，而个性心理特征则较多地影响着这个人的心理活动的形式。

人格是人的心理行为的基础，它在很大程度上决定了人如何面对外界的刺激作反应以及反应的方向、速度、程度、效果。人格会影响人的身心健康、活动效率、潜能开发以及社会适应状况。因此，重视人格的整合与塑造，既是身心健康的需要，也是自我发展、自我实现的需要。

人格是在长期的社会生活实践中形成和发展起来的,是人的遗传因素与环境因素相互作用的产物。人格结构的各个组成部分是互相依存、互相制约、互相协调的,对人的心理和行为进行调节和控制,从而构成一个人的完整心理面貌。如果各个组成部分之间关系协调,人的心理和行为则健康而正常,表现出健全的人格;如果失调,人就会产生不正常的心理和行为,甚至出现各种人格障碍和变态人格。

(二) 人格的基本特征

人格作为一种心理特征系统,具有整体性、稳定性和可塑性、独特性和共同性、社会性等基本特征。

1. 整体性

人格涵盖了一个人的整个心理面貌,在任何人身上,个性倾向性和个性心理特征均有机地综合在一起,组成一个完整、统一的整体结构。同时,某种个性心理特征也只有在整体中才具有其确定的意义。例如,寡言,在有些人身上表现为稳重,在有些人身上表现为孤僻。灵活性,在有些人身上表现为动作迅速,做事风风火火,能干;在有些人身上就表现为轻浮。

2. 稳定性和可塑性

个人在行为中偶然表现出来的心理倾向和心理特征是不能说明他的个性的,只有比较稳定的、在行为中经常表现出来的心理倾向和心理特征才能体现一个人的人格。主要表现为两个方面:一是人格的跨时间的持续性,二是人格的跨情境的一致性。但稳定性也是相对的,不是固定不变的。一个人随着年龄的增长、社会实践活动的改变、教育的影响以及自己的主观努力,人格在不同程度上是可以改变的。因此,人格具有一定的可塑性。正因为可塑性,才能培养和发展良好的人格。

3. 独特性和共同性

人格的独特性是指每个人均具有的独特的个性倾向和个性心理特征。因为人格是在许多因素影响下发展起来的,受遗传、社会环境、教育、个体的主观能动性的影响。即使是同卵双生子,也会在一定的社会生活中显示其不同的人格特征。没有了独特性,也就没有了个性,"人心不同,各如其面",世界上绝没有两个个性完全相同的人。独特性,既包括人与人之间在心理面貌上的差异性,也包括人类共同心理特点、民族共同心理特点,如同情心、善良、勤劳、勇敢等。人格是共同性和差异性的统一。

4. 社会性

人的本质是"一切社会关系的总和",社会性是个性的最本性的特点,正如马克思所说:"人的本质不是胡子、血液、抽象的肉体的本性,而是人的社会特质。"社会性是个性的最本质的特点。一个人如果离开了人类,离开了社会,他就无法形成正常心理,更谈不上个性的发展。生物因素给人的个性发展提供了可能,社会因素则使这种可能转化为现实。而个性作为一个整体,作为一个系统,最终是由社会生活的各因素交互作用形成的。即使是人的生物性需求和本能,也受到社会性制约。例如,人在衣食住行方面需要的内容和方式受具体的社会历史条件制约。因此,可以这样概括:人格是个体各种稳定特征的综合体,显示出个人的思想、情绪和行为的独特模式,这种独特模式是个体社会化的产物,同时又影响着个体与环境的交互作用。所以,一个时代的人有一个时代的特点,一个人如果离开了人类社会,正常的心理就不可能形成。

二、人格的重要成分

人格是由不同成分构成的结构系统,不同成分从不同侧面反映出个体的差异。能力、气质、性格是人格的重要成分。

(一) 能力

每个个体都有不同的能力,影响能力发展的因素很多,其中以遗传素质、知识和技能、教育、社会实践、勤奋等对能力发展的影响最为显著。

1. 能力的含义

能力是直接影响活动效率,保证活动顺利完成的个性心理特征。"能力"一词有两种含义,其一是指已经发展为或表现出来的实际能力;其二是指潜在能力。能力总是和某种活动相联系,并在活动中表现出来。只有通过活动才能表现出人的能力和发展人的能力。例如,经常锻炼能使人的协调能力得到发展;有的同学上大学之前从来没有参加过辩论赛,经过训练后展现辩论才能。

能力强的人活动效率就高,能力也只有在活动中才能表现出来,能力是使活动顺利完成的必备的心理条件。但在活动中表现出来的心理特征并不都是能力,如稳重、热情,可能会影响活动的完成,但不是必备的。

2. 能力的类型

从不同的角度,可对能力进行不同的分类。

(1) 按能力的倾向性,可分为一般能力和特殊能力。

一般能力是指从事一切活动所必须具备的一些基本能力。如观察力、记忆力、想象力、注意力、思维能力等,就属于一般能力。特殊能力则是完成专业活动所特需的能力。如音乐能力、绘画能力、创作能力等。一般能力和特殊能力有机地联系在一起,一般能力的发展为特殊能力的发展创造了有利条件。如色盲,要发展对色彩的感觉力,是很困难的。一般能力在某种特殊活动领域得到特别发展时,就可能成为特殊能力的重要组成部分;而在活动中发展相应的特殊能力的同时,也就发展了一般能力,如学美术的人一般有较好的空间想象力,空间想象力的发展有助于他想象力的发展。

(2) 按能力的创造性,可分为再造能力和创造能力。

再造能力,是指在活动中能顺利掌握别人积累的知识和技能,并按现成的模式进行活动的能力。创造能力,是指产生新思想、新发现和创造新事物的能力,如科学家、作家、艺术家、教育家的活动经常表现出创造能力。一般认为,创造能力包含独特性和价值性两个基本特征。

把能力划分为再造能力和创造能力是相对的,再造能力包含有创造能力的成分,这两种能力相互联系,创造能力是在再造能力的基础上发展起来的。人们的活动一般总是先再造、后创造,再造是创造的前提和基础,创造是再造的发展。

(3) 按能力的功能,可分为认识能力和操作能力。

认识能力就是学习、研究、理解、概括和分析的能力。操作能力就是操纵、制作和运动的能力。认识能力中一定有操作,操作中必然有认识,这两种能力是紧密结合在一起的。

为了顺利完成某种活动,多种能力的独特的有机组合,被称为才能。一个人在某种才能或某几种才能上高度发展,我们称为天才。

能力是保证活动取得成功的基本条件,但不是唯一的条件。活动能否顺利进行往往还与个体个性特点、知识技能、外部条件、健康状况等因素有关。在其他条件相同的情况下,能力强者较能力弱者更容易使活动顺利进行并取得成功。

(二) 气质

1. 气质的含义

气质是个人心理活动的稳定的动力特征。所谓心理活动的动力是指心理活动的速度(知觉的速度、思维的灵活程度)、稳定性(注意力集中、情感的稳定性)、强度(情绪体验的强度、意志努力的程度)以及指向性特点(倾向于内或外)等。不同的个体在他们所进行的各种心理活动的速度、强度、稳定性、指向性等方面往往表现出很大的差异。气质是人格结构中比较稳定的,与遗传素质联系密切的成分。

2. 气质的类型

气质类型是指表现为心理特征的神经系统基本特征的典型结合。目前,心理科学尚未能编拟出构成气质类型全部特征的完整方案,胆汁质、多血质、黏液质、抑郁质这四种气质类型的划分是当前人们普遍能够接受的观点。这四种气质类型的最主要心理特征如下:

(1) 胆汁质。属于胆汁质类型的人精力旺盛,热情直率,意志坚强;脾气躁,不稳重,好挑衅;勇敢,乐于助人;思维敏捷,但准确性差。他们心理活动的明显特点是兴奋性高,不均衡,带有迅速而突发的色彩。

(2) 多血质。属于多血质类型的人行动有很高的反应性,他们容易适应新环境,结交新朋友,具有高度可塑性。他们给人以活泼热情,充满朝气,善于合作的印象。但他们注意力容易转移,兴趣容易变化,很难适应要求耐心细致的平凡而持久的工作,属于敏捷好动的类型。

(3) 黏液质。属于黏液质类型的人缄默而沉静,由于神经过程平静而灵活性低,反应比较缓慢。他们常常严格地恪守既定的生活秩序和工作制度,注意稳定且难转移。给人的外表感觉为态度持重,沉着稳健,不喜欢空泛的清谈。这种气质类型的不足之处是有些固执冷淡,不够灵活,因而显得因循守旧,不易合作。那些要求持久、有条理、冷静的工作,更适合于黏液质的人。

(4) 抑郁质。属于抑郁质类型的人具有较高的感受性和较低的敏捷性。他们反应缓慢,动作迟钝,缺乏生气,不爱交际。他们的主动性差,在困难面前常常优柔寡断,面对危险常常恐惧畏缩。他们很少在外表上表现自己的情感,而内心体验则相当强烈。但具有这种气质类型的人往往富于想象,善于体察他人情绪,对力所能及的工作任务,具有较强责任心和完成任务的坚韧精神。

表4-1 高级神经活动类型与气质类型及心理特征

高级神经活动类型	气质类型	气质心理特性的组合	行为方式的典型表现
强而不平衡型（不可抑制型）	胆汁质	感受性低;有一定耐受性;反应快而不灵活;情绪兴奋性高;抑制能力差;外倾性明显;行为可塑性大	直率,热情,精力充沛,情绪易激动,心境变化剧烈,脾气急躁
强而平衡灵活型（活泼型）	多血质	感受性低;耐受性高;反应快而灵活;情绪兴奋性高,外部表现明显;外倾性明显;行为可塑性大	活泼,好动,敏感,反应迅速,喜欢与人交往,注意力、兴趣易转移变化,缺乏持久性
强而平衡不灵活型（安静型）	黏液质	感受性低;耐受性高;反应速度缓慢,具有稳定性;情绪兴奋性低;内倾性明显;行为有一定可塑性	安静,稳重,反应缓慢,沉默寡言,情绪不易外露,注意力稳定、不易转移,善于忍耐
弱型（抑制型）	抑郁质	感受性高;耐受性低;反应速度慢,刻板而不灵活;情绪兴奋性高而体验深;内倾特别明显;行为可塑性小	情绪体验深刻,行动迟缓,多愁善感,能觉察他人不易觉察的事物,富有幻想,胆小孤僻

以上四种气质类型在个体身上的表现,除少数人属于四种类型的典型特征外,大多数人是混合型,如胆汁—多血质型、胆汁—黏液质型等,即一种气质类型的某些特征与另一种或多种气质类型的某些特征的混合体。一般认为,气质无好坏之分,任何一种气质都有其积极和消极的方面,它们虽然参与各项活动,但是一般不决定智商高低、成就大小,每一种气质类型的人都可以成才,因此大学生不必为自己的气质特征感到烦恼焦虑。

气质受个体先天生物学影响极大,刚出生的孩子,已经表现出他们不同的气质,所以气质具有极大的稳定性,具有某种气质类型的人,在不同内容的活动中,都会表现出相同的心理活动的动力特点。例如,急躁、冲动的人,在工作、学习和生活中,都会难以控制自己的情绪。如"江山易改,本性难移",更多的是指气质。在后天的生活环境和教育的影响下,人的气质会发生改变,但极缓慢。这种变化我们称为气质的可塑性。比如,长期生活在集体中,可以使一些情绪容易激动的人变得比较能够克制自己;紧张严格的部队生活,可使一些缓慢迟钝的人变得敏捷迅速。一般认为,青少年学生在实现个体社会化的过程中,气质具有相对较强的可塑性。

小 测 试

(注:测试结果仅供参考,如有疑问请咨询专业人士)

气质类型测试

下面60道题,可以帮助你大致确定自己的气质类型,请根据自己的情况在"很符合、比较符合、介于符合与不符合之间、比较不符、完全不符合"五个答案中选择一个适合自己的。很符合计2分,比较符合计1分,介于符合与不符合之间计0分,比较不符合计-1分,完全不符合计-2分。

1. 做事力求稳妥,一般不做无把握的事。
2. 遇到可气的事就怒不可遏,想把心里话全说出来才痛快。
3. 宁可一个人干事,不愿很多人在一起。
4. 到一个新环境很快就能适应。
5. 厌恶那些强烈的刺激,如尖叫、噪声、危险镜头。
6. 和人争吵时总是先发制人,喜欢挑衅。
7. 喜欢安静的环境。
8. 善于与人交往。
9. 羡慕那些善于控制自己情感的人。
10. 生活有规律,很少违背作息制度。
11. 在大多数情况下情绪是乐观的。
12. 碰到陌生人觉得很拘束。
13. 遇到令人气愤的事情,能很好地克制自己。
14. 做事时总是有旺盛的精力。
15. 遇到问题总是举棋不定、优柔寡断。
16. 在人群中从不会觉得过分拘束。
17. 情绪高昂时,觉得干什么都有趣;情绪低落时,又觉得什么都没意思。
18. 当注意力集中于某一事物时,别的事很难使我分心。
19. 理解问题总是比别人快。
20. 碰到危险情境,常有一种极度恐怖感。
21. 对学习、工作、事业怀有很高的热情。
22. 能够长时间做枯燥、单调的工作。
23. 符合兴趣的事情,干起来劲头十足,否则就不相干。
24. 一点小事就能引起情绪波动。
25. 讨厌做那种需要耐心、细致的工作。
26. 与人交往不卑不亢。
27. 喜欢参加热烈的活动。
28. 爱看感情细腻、描写人物内心活动的文学作品。
29. 工作、学习时间长了,常感到厌倦。

30. 不喜欢长时间谈论一个问题,愿意实际动手干。
31. 宁愿侃侃而谈,不愿窃窃私语。
32. 别人总是说我闷闷不乐。
33. 理解问题常比别人慢些。
34. 疲倦时只要短暂的休息就能精神抖擞,重新投入工作。
35. 心里有话宁愿自己想,不愿说出来。
36. 认准一个目标就希望尽快实现,不达目的,誓不罢休。
37. 学习、工作一段时间后,常比别人更疲倦。
38. 做事有些莽撞,常常不考虑后果。
39. 老师讲授新知识时,总希望他讲慢些,多重复几遍。
40. 能够很快忘记那些不愉快的事情。
41. 做作业或完成一件工作总比别人花的时间多。
42. 喜欢运动量大的剧烈体育运动或参加各种文艺活动。
43. 不能很快把注意力从一件事转移到另一件事上去。
44. 接受一个任务后,就希望能把它迅速解决。
45. 认为墨守成规比冒风险强些。
46. 能够同时注意几件事情。
47. 当我烦闷的时候,别人很难使我高兴起来。
48. 爱看情节起伏跌宕、激动人心的小说。
49. 对工作抱着认真严谨、始终如一的态度。
50. 总和周围人相处不好。
51. 喜欢复习学过的知识,重复做能熟练做的工作。
52. 希望做变化大、花样多的工作。
53. 小时候背过的诗歌,我似乎比别人记得更清楚。
54. 别人说我"出口伤人",可我并不觉得这样。
55. 在体育活动中,常因反应慢而落后。
56. 反应敏捷、头脑机智。
57. 喜欢有条理且不太复杂的工作。
58. 兴奋的事情常使我失眠。
59. 老师讲解新概念时,我常常听不懂,但一旦弄懂了就不会轻易忘记。
60. 假如工作枯燥无味,马上就会情绪低落。

记分:

胆汁质型得分:2、6、9、14、17、21、27、31、36、38、42、48、50、54、58 的得分之和。

多血质型得分:4、8、11、16、19、23、25、29、34、40、44、46、52、56、60 的得分之和。

黏液质型得分:1、7、10、13、18、22、26、30、33、39、43、45、49、55、57 的得分之和。

抑郁质型得分:3、5、12、15、20、24、28、32、35、37、41、47、51、53、59 的得分之和。

确定气质类型的标准:

(1) 如果某类气质得分明显高出其他三种,均高出 4 分以上,则可确定为该类气质。

如果该类气质得分超过20分,则为典型;如果该类气质得分在10~20分,则为一般型。

(2) 两种气质类型得分接近,其差异低于3分,而又明确高于其他两种,高出4分以上,则可确定为这两种气质的混合型。

(3) 三种气质得分均高于第四种,而且得分接近,则为三种气质的混合型,如多血—胆汁—黏液质混合型或黏液—多血—抑郁质混合型。

胆汁质类型特点:精力充沛、情绪发生快而强、言语动作迅速而难以控制,热情、显得直爽或胆大、易怒、急躁等。

多血质类型特点:活泼好动、敏感、情绪发生快而多变、注意力和兴趣容易转移、思维言语动作敏捷、善于交际、亲切、有生气,但也往往表现出轻率、不真挚等。

黏液质类型特点:安静、沉稳、情绪发生慢而弱、言语动作和思维比较迟缓、注意力稳定,显得庄重、坚忍,但也往往表现出执拗、冷漠。

抑郁质类型特点:柔弱易倦、情绪发生慢而强、体验深沉、言行迟缓无力、胆小、忸怩、善于察觉到别人不易察觉到的细小事物,容易变得孤僻。

(三) 性格

1. 性格的含义

"性格"一词来源于希腊文,最初的含义是雕刻,后来译为印刻、标记、特性。性格是一个人表现在对现实的态度和行为方式上的比较稳定的心理特征,是一个人的本质属性的独特结合,是一个人区别于其他人的最显著、最集中的表现。性格表现了人们对现实与周围世界的态度,对自己、对别人、对事物的态度,如诚实与虚伪、勇敢与怯懦、谦虚与骄傲、勤劳与懒惰等,都是人的性格特征。性格就是一个人的各种性格特征所组成的统一体。正因为性格具有直接的社会意义,具有人生观、世界观和价值观等内在属性,所以它在个性中具有核心的地位。

2. 性格的特征

性格是一个复杂而完整的系统,它包含着各个侧面,具有各种不同的性格特征。这些性格特征在不同的个体身上,组成了独具结构的模式。一般人对性格结构的分析,着眼于性格的态度特征、性格的意志特征、性格的情绪特征、性格的理智特征四个方面。

(1) 性格的态度特征。

人对现实态度体系的个性特点是性格的重要组成部分。

首先,表现为对社会、对集体、对他人的态度特征。积极的特征表现为:爱祖国,关心社会,热爱集体,具有社会责任感与义务感,乐于助人,待人诚恳,正直等。消极的特征表现为:不关心社会与集体,甚至没有社会公德,为人冷漠、自私、虚伪等。

其次,表现为对学习、劳动和工作的态度特征。积极的特征表现为:认真细心,勤劳节俭,富于首创精神。消极的特征表现为:马虎粗心,拈轻怕重,奢侈浪费,因循守旧等。

最后,表现为对自己的态度特征。积极的特征表现为:严于律己,谦虚谨慎,自强自尊,勇于自我批评。消极的特征表现为:放任自我,骄傲自满,自负或自卑,自以为是等。

(2) 性格的意志特征。

性格的意志特征是指一个人在自觉调节自己行为的方式和水平上表现出来的心理特征。

自觉性：主要表现在一个人对自己行为目标的认识深刻程度，以及由此而表现出的对行为的自觉控制水平，如独立、主动、积极等。与之相反的特征表现为盲目、被动、消极等。

自制性：这是表明一个人对行动自觉控制水平的性格特征，如冷静、沉着、克制等。与之相反的特征表现为冲动、慌乱、任性等。

果断性：这是在紧急或困难情况下表现出的性格特征。良好的性格特征是勇敢顽强、镇定果断等。相反的特征则是惊慌失措、优柔寡断等。

坚持性：这是在工作或学习过程中，坚忍不拔、百折不挠地克服一切困难和障碍，为实现既定目标而努力的性格特征。与之相反的是马虎草率、半途而废等特征。

(3) 性格的情绪特征。

性格的情绪特征是指一个人在情绪活动中经常表现出来的强度、稳定性、持久性以及主导心境方面的特征。

情绪强度方面的特征：主要表现为人的情绪对工作和生活的影响程度和人的情绪受意志控制程度。有人情绪反应强烈、明显、易受感染；有人反应微弱、隐晦、不易受感染。

情绪稳定性方面的特征：主要表现为情绪的起伏和波动程度。

情绪持久性方面的特征：主要指情绪对人身心各方面影响的时间长短。有的人情绪产生后很难平息，有的人情绪虽来势凶猛但转瞬即逝。

主导心境方面的性格特征：不同的主导心境反映了主体经常性的情绪状态。如有的人终日精神饱满、乐观开朗；有的人却整日愁眉苦脸、烦闷悲观等。

(4) 性格的理智特征。

人们在感知、思维、记忆、想象等认识过程中表现出来的个别差异就是性格的理智特征。

在感知方面：有的人观察精细，有的人观察疏略；有的人观察敏锐，有的人观察迟钝。

在思维方面：有的人善于独立思考，有的人喜欢人云亦云；有的人善于分析、抽象，有的人善于综合、概括。

在记忆方面：有的人记忆敏捷，过目成诵，有的人记忆较慢，需反复记忆方能记住；有的人记忆牢固且难以遗忘，有的人记忆不牢且遗忘迅速等。

在想象方面：有的人想象丰富、奇特，富有创造性，有的人想象贫乏、狭窄；有的人想象主动，富有情感色彩，有的人想象被动、平淡寻常等。

以上性格结构的四方面不是独立存在的，它们相互联系，相互影响，构成一个统一体存在于每个人身上。要了解一个人，应该对性格的各个方面进行全面分析，其中性格的态度特征和意志特征在性格结构中占主导地位。

3. 性格的类型

性格的类型是指一类人身上所共有的某些性格特征的独特结合。由于性格是一种极为复杂的心理现象，要确定一种公认的、有充分根据的分类原则并非易事，因此，迄今为止,心理学界尚无统一的性格分类体系。下面介绍几种常见的分类学说。

（1）性格机能说（功能优势说）。

英国心理学家培因和法国心理学家利波主张按理智、意志、情绪三者在性格结构中占优势的情况,将人的性格分为理智型、情绪型和意志型。理智型的人总以理智衡量一切并支配自己的行动；情绪型的人情绪体验深刻,举止易受情绪支配；意志型的人行动目标明确,积极主动、果断。此外,还可划出中间类型,如意志—理智型等。

（2）向性类型说。

著名瑞士心理学家荣格把人分为外向型性格特征和内向型性格特征。他将那种性格活泼开朗、善于交际、反应迅速、不拘小节的人归为外向型性格者；将处事谨慎、不善交往、反应缓慢、沉静孤僻的人归为内向型性格者。这是目前最普遍的一种分类方法。

（3）独立—顺从说。

这是按个体独立性强弱来划分的,把人分为独立型和顺从型。该学说认为,独立型性格的人,善于独立发现问题、解决问题,自主能力强,不易受外界干扰,能镇定、果断地处理突发事件或危急情况；顺从型性格的人,依赖性较强,容易盲目接受他人的意见和要求,缺乏主见,外界干扰或他人暗示对其影响较大,在面对复杂或困难情况时往往惊慌失措,束手无策。

三、影响人格发展和形成的因素

在一个人的人生发展历程中有许多因素会影响人格的发展,人格的塑造是先天和后天因素共同作用的结果。研究表明,人格是环境与遗传交互作用的产物。在人格培养过程中,既要看到个体生物遗传的影响,也要看到社会生活环境、教育和个体主观能动性的影响。

（一）遗传素质为人格的形成与发展提供了生理前提

遗传是指从上代继承下来的生理解剖上的特点,如机体的结构、形态、感官和神经系统的特点等,也叫遗传素质,为人的发展提供了物质和生理的前提条件。如果人体缺乏健全的眼睛、耳朵、发声器官,相应的能力发展就会受限,难以成为画家或音乐家。人的神经类型的特点不同,使有的人热情、活泼多言,有的人反应缓慢、淡漠等,遗传素质的差异对人的人格发展会有一定的影响。遗传因素对人格的作用程度因人格特征的不同而不同,通常在智力、气质这些与生物因素相关较大的特征上,遗传因素的作用较大；而在价值观、信念、性格等与社会因素关系紧密的特征上,后天环境因素的作用更大。人格发展过程是遗传与环境交互作用的结果,遗传因素影响人格发展的方向及形成的难易程度。

知识拓展

人格是遗传还是后天习得？

19世纪英国学者高尔顿对数百名法官、文学家、科学家、艺术家、神学家、政治家的家谱进行了调查,发表了《遗传的才能和性格》《遗传的天才》等一系列著作。他认为人的才能和性格都是可以遗传的。许多心理学家的观察进一步证实了这一观点。比如,对刚出生的婴儿进行观察,就会发现有的婴儿哭声洪亮、好动,是兴奋型。有的婴儿哭声细微、安静,是抑制型。再比如,有人对双生子的精神病"同病率"问题进行了调查,发现同卵双生子的同病率显著高于异卵双生子的同病率。

(二)社会生活环境是人格形成与发展的必要条件

社会生活环境是围绕在个体周围的并对个体自发地产生影响的外部世界。它包括社会经济生活、政治生活、文化生活以及家庭生活等。人出生以后,就受到环境的影响,一个人脱离了人类社会环境,人格是不可能正常形成和健康发展的。所谓"出淤泥而不染",人并不是消极、被动地接受社会生活环境的影响。

奥尔波特于1937年首次提出了人格特质理论。他把人格特质分为共性和个性两类。共性特质就是在某一社会文化形态下大多数人或群体所具有的共同特质,比如一提到德国人,我们马上想到的是严谨,一提到法国人,我们想到的是浪漫。在同一文化形态下,又存在不同的亚文化影响下的不同性格表现,如同样是中国人,北方人给人的印象是粗犷豪放,南方人给人的印象是内敛心细。

社会生活环境对人格的影响力一直被人们所认可,它对人格的形成与发展具有重要的作用,特别是后天形成的一些人格特征,如性格、价值观等。社会文化因素决定了人格的共同特征,它使同一社会的人在人格上具有一定程度的相似性。

(三)教育在人的人格形成和发展中起主导作用

教育是有目的、有计划地影响人的活动。教育,特别是学校教育,能对人的人格的发展给予全面、系统和深刻的影响,在人的人格形成和发展中起主导作用。学校教育能排除和控制环境中一些不良因素的影响,给人以更多的正面的引导,从而使人的人格发展朝着健康的方向发展。在学校,教师要通过各种教育教学活动,塑造学生的人格特征,同时教师又是学生学习的榜样,教师的言行对学生的人格同样产生潜移默化的影响。洛奇在一项教育研究中发现,在性情冷酷、刻板、专横的教师所管理的班级中,学生的欺骗行为更多;在友好、民主的氛围中,学生的欺骗行为更少。

(四)个体的主观能动性在人格形成和发展中发挥积极作用

环境和教育是人格形成和发展的外因,其影响只有通过"内因",即学生的主观能动性才能起作用。外界的影响,学生必须愿意接受,才能对他起作用。学生个体的主观能动性是其人格形成和发展的动力,而且,随着年龄的增长,自我意识的提高,主观能动性的作用也越来越大,从而能积极地推动其人格的形成和发展。

此外,生态环境、气候条件、空间拥挤程度等物理因素都会影响人格。但自然环境对人格不起决定性作用,更多地表现为暂时性影响,而且多体现在行为层面上。自然物理环境对特定行为具有一定的解释作用。在不同的物理环境中,人可以表现出不同的行为特点。

综上所述,在人格的培养过程中,各种因素对人格的形成与发展起着不同的作用。遗传决定了人格发展的可能性,环境决定了人格发展的现实性。

> **知识拓展**

早期经验与日后人格发展

哈洛以猴子为实验对象,来证明早期经验影响日后行为的重要性。他制作了一些假母猴,有些是用钢丝做成的,有些是在木架上覆盖着海绵状橡皮和毛巾布而做成的。这些假母猴以暖气加温,用奶瓶授乳。将一些刚出生的小猴放在一些各有一个钢丝母猴和一个布母猴的笼子里。其中半数幼猴由钢丝母猴喂奶,另一半则由布母猴喂奶。它们可以自由地在任一假母猴跟前停留。结果发现,在幼猴的情绪反应发展上,布母猴的接触舒适感十分重要,甚至比授乳还重要。无论由哪个假母猴授乳,这些动物几乎全部时间都依偎在布母猴跟前,只在喂食时才离开她。此外还发现,从小由假母猴哺育长大的小猴,长大后表现出异常的社会反应,包括不合作、攻击行为、性反应缺失、刻板动作和自我毁伤等。这一研究结果似乎支持了精神分析论的发生说。

部分研究者考察了儿童早期的依附与日后精神症状的关系。他们先按标准来观察一岁的男、女幼儿的依附行为,观察内容包括在非结构情境中母子交往、在游戏活动室里幼儿的单独活动以及第二次非结构情境的母子交往,然后对儿童的三类依附行为(安全的、回避的和无所适从的)进行评分,最后在六岁时由母亲以儿童行为剖析图对儿童的行为进行评估。母亲的评分同教师的评分相参照。根据剖析图的评分,将儿童分为正常组、危险组和临床失调组。早期依附行为与日后症状的关系有两方面的结果较引人注目:① 男童与女童的结果是不同的。男童一岁时的依附分类同日后症状有显著相关。缺乏安全依附的男童比有安全依附的男童在六岁时有较多的症状,而女童则无此种结果。② 从早期依附的资料来预测症状,其结果不同于从日后的症状来理解早期的依附类型。六岁时被评定为危险组和临床失调组的儿童中有80%属于一岁时的回避组和无所适从组。相反,一岁时被评定为回避组和无所适从组的儿童,到六岁时只有40%属于危险组或临床失调组。这表明,日后行为症状与早期经验之间有明显关系。但从预测的角度看,这种关系则不明显。这是因为其中有许多其他变量在起作用。研究者的结论是,虽然儿童的依附关系在症状发展中是一个很重要的因素,但是儿童不会因为早期的安全依附关系而免疫,也不会因为缺乏安全依附关系而注定有某种症状。

早期经验对日后人格的影响是很复杂的。寻求解决这个问题的方法应是多样化的,而不是简单的有或无的回答。例如,我们应如何定义发展的一致性、稳定性和连续性? 成人的人格是怎样从儿童期发展而来的? 或者成人的人格表现了儿童期哪些明显特征? 此外,还应就某种具体的早期经验对日后人格影响的重要性进行研究。例如,在考察失去母亲对儿童的影响时,就应考虑失去母亲的时间有多长? 是如何失去的? 失去母亲前后有什么样的经验? 等等。这样才有可能较准确地阐明早期经验对日后人格可能带来的影响。

第二节　大学生常见的人格障碍

我国大学生人格发展的主流是健康向上的,但由于先天遗传、不良的后天环境等多种因素的长期影响,少数大学生的人格发展存在一定问题,有些甚至比较严重,出现了人格障碍。

人格障碍又称病态人格或变态人格,它是指人格发展不成熟和产生畸变,使人格在发展和结构上出现明显的偏离和畸形,导致个体以适应不良的方式持久地对待周围事物和做出极度的情感反应,从而产生明显的心理社会功能变异。人格障碍者也有程度的不同,轻者可以正常生活,重者则难以适应正常的社会生活,对个人、家庭和社会都造成一定的负面影响,甚至造成严重的危害。

大学生常见的人格障碍主要有以下几种。

一、依赖型人格障碍

依赖型人格的大学生,最明显的特征在于对他人的依赖,表现为对亲近与归属有过分的渴求,这种渴求是强迫的、盲目的、非理性的,与真实的感情无关。依赖型人格源于早期儿童和父母的关系,在儿童印象中保护他、养育他、满足他一切需要的父母是万能的,他必须依赖他们,总怕失去这个保护神。这时如果父母溺爱子女,甚至鼓励子女依赖父母,不让子女有长大和自立的机会,久而久之,在子女的心目中就会逐渐产生对父母或权威的依赖心理,进入大学以后依然不能自主。他们缺乏自信心,总是依靠他人来做决定,不能负担起各项任务、工作的责任,形成依赖型人格。

依赖型人格障碍的患者,至少会出现以下症状当中的五种:① 日常生活中,如果不反复大量征求别人的意见,几乎无法做出任何决定;② 需要别人替自己承担生活中的重要责任;③ 因为害怕失去照顾,几乎难以表达个人观点或不同意见;④ 觉得自己什么都做不好,也没有判断力,很难独自开展工作;⑤ 为了讨好别人,得到别人的照顾,有时甚至会主动提出去做自己不喜欢的事;⑥ 独自一人的时候,感觉很难受,无助,过度恐惧;⑦ 当一段关系(亲情、友谊、恋情)结束时,急切要通过立刻进入另一段关系,来寻回别人对自己的照顾;⑧ 经常陷入被他人抛弃的幻想和过度恐惧中。

依赖型人格的依赖行为形成习惯后很难改变,他们缺乏自信,自我意识十分低下,这与童年期的不良教育在心中留下的自卑痕迹有关。对依赖型人格障碍的患者来说,选择精神动力学派的咨询,目前是效果比较好的;认知行为学派的治疗,可以帮助患者改变一些与现实情况不符的认知;可以利用情绪 ABC 理论去除那些不良信念;也可以鼓励他们做一些略带冒险性的事,鼓励他们不论什么事情,绝不依赖他人。通过训练,增加他们的勇气、增强他们的自信心,改变事事依赖他人的缺点。

二、偏执型人格障碍

偏执型人格的大学生,最明显的表现,就是怀疑,对他人极度不信任,总觉得别人要伤害自己。他们会将别人无心的言行举止,解读为恶意威胁、背叛、剥削,甚至要杀害自己的证据,感到生活总是被恐惧所笼罩,感觉处处都是阴谋陷阱。他们脱离现实,却不太会承认自己有负面情绪,拒绝与别人沟通自己的想法和感受,可是他们与人越隔绝,怀疑和恐惧就会变得越强烈。

偏执型人格障碍通常开始于青年期,过程漫长,有的终生如此。但大多数随年龄增长,人格日益成熟,偏执日趋缓和。偏执型人格障碍主要有以下特征:① 没有现实依据地怀疑别人在欺骗、伤害、压榨自己,无端怀疑熟人、朋友、家人的忠诚,觉得他们都不可信任。② 明显表现出恐惧情绪,但是本人拒绝承认,也不愿意和别人交流自己的想法,害怕别人知道了,会利用这些信息恶意对待自己。③ 认知扭曲,将他人友好或中性的言行,看作是对自己的侮辱和威胁,常因此情绪激动暴怒,做出报复行为。④ 心中充满怨恨、抱怨,对以往与他人之间发生的不愉快的冲突耿耿于怀,不断提起。⑤ 固执己见,常常认为只有自己是最正确的,不接受不同意见,不相信反面证据。

偏执型人格障碍可以有多种治疗方式,相比起药物治疗,可能心理咨询会起到更好的效果。可以采用心理社会治疗,由心理咨询师针对来访者的症状用心理学的原理进行解释,协助来访者对自己的心理动态与病情有所领悟与了解。咨询的范围包括内在的精神、人际关系、现实的适应,其最终目标仍是促进自我性格的成熟。另外,偏执型人格障碍多合并有抑郁症、强迫症、酒精依赖等,这种共病现象导致偏执型人格障碍治愈率低,效果不明显。通常,有偏执型人格障碍的人,并不会主动寻求咨询帮助,即使进入了咨询关系,也会常常怀疑咨询师的可信度,无端中断咨询,而足够专业、有经验的咨询师,可以尝试在相对安全的咨访关系中,帮助来访者改善缓解人际关系中的信任问题。

三、情感型人格障碍

情感型人格障碍具体表现为抑郁型人格障碍、情绪高涨型人格障碍和环型情绪人格障碍。抑郁型人格障碍也称情绪低落型人格障碍,表现为精神不振,寡言少语,过分担忧,容易发怒,自感负担沉重,精力不济,对任何事情都感到困难重重、无能为力,对生活的看法充满悲观情绪,成天抱怨命运。情绪高涨型人格障碍具体表现为精神振奋,乐观欢愉,笑口常开,生活中充满莫大的乐趣,但做事想当然,或凭空设想,匆忙下结论,或草率从事,有始无终,常给人一种盲目乐观、不自量力的感觉。环型情绪人格障碍表现为情绪变化极不稳定,常在情绪高涨和情绪低落之间变动,两种情绪交替出现。情绪高涨时,显得异常愉快、活跃、积极,易做出种种承诺,对活动充满信心;情绪低落时,则显得寡欢、愁闷、失去信心,视承诺为负担,有时会做出一些不明智的决定和举动。

治疗患有情感型人格障碍的来访者时,咨询师要认真倾听他对自己个性特征的描述和评价,并通过来访者的言语、表情和动作了解他们的人格特点。必要时还可通过对来访者亲属、朋友、同学的访谈掌握来访者人格的基本特征。然后让来访者逐渐了解自己人格的病态。建议来访者使用"自我暗示法",自己创设足以引起积极情绪的情景对自己进行暗示。

四、自恋型人格障碍

自恋型人格的大学生,他们极度以自我为中心,总是变尽花样地要博得别人的认可、崇拜和赞美,很难发自内心地关心别人的感受。他们觉得自己高人一等,与众不同,需要得到特殊对待。在关系中,他们会显得颐指气使,咄咄逼人,有很强的控制欲,一味索取,吝于付出,想要好处全占,坏处、风险和责任都推给别人;会有意识地攀附他们觉得特别的、有天赋的,或是有社会地位的人,来抬高自己的身价和自尊。在他们心里,对自己有一种理想化的想象,当面对别人的批评,受到质疑或是遭遇挫折失败的时候,可能会暴怒,对自己或他人做出毁灭性的行为,也有可能会退缩、封闭自己,假装表现出谦虚的样子,实际上内心认定自己是遭人误会,受到恶意攻击的受害者。

自恋型人格障碍的患者,通常从青春期开始,至少会显示出以下症状当中的五种:① 浮夸、理想化的自我认知,不切实际地抬高自我重要性。② 耽于幻想,沉迷于自己无限成功、拥有无限大权力、智慧超群、绝世美貌,或"完美"爱情的想象。③ 感觉自己非常特别,只能被同样特别的人理解,只能归属于特别的群体。④ 无限追求别人的认可、赞美和崇拜,再多也不够。⑤ 因为觉得自己特别,所以"理所应当"享受特权,不必遵守秩序,也不愿意等待。⑥ 惯于压榨、剥削别人。⑦ 不关心他人,缺乏同情心,不在乎别人的情绪和感觉。⑧ 强烈的嫉妒心,或者坚信自己总是他人嫉妒的对象。⑨ 态度傲慢、高高在上。

自恋型人格障碍的成因,普遍认为和遗传基因、早期成长环境、与抚养者之间的互动模式有关。对于自恋型人格障碍的治疗,通常是困难重重的,患者会觉得自己无所不能、非常完美,会用重重防御去捍卫自己这种不切实际的理想化形象,很难承认自己遇到了困难,也不愿意面对自己脆弱的一面。研究显示,精神动力学派的咨询师,可以更好地帮助自恋型人格障碍的患者拥有更健康的人际关系模式。

五、爆发型人格障碍

爆发型人格障碍也称冲动型人格,是一种因微小精神刺激而突然爆发非常强烈而又难以控制的愤怒情绪并伴有冲动行为的人格障碍,主要特征为情绪不稳定及缺乏控制冲动的能力,暴力或威胁性行为的突然爆发也很常见。爆发型人格障碍的表现随着年龄的增长可能有不同的变化,一般具有逐渐缓解的趋势,但往往仍遗留人际关系的障碍,表现为对亲友和同学的敌对态度。主要表现有:① 情绪急躁易怒,存在无法自控的冲动和驱动力。② 性格上常表现出向外攻击、鲁莽和盲动性。③ 冲动的动机形成可以是有意识的,也可以是无意识的。④ 行动反复无常,可以是有计划的,也可以是无计划的。行动之前有强烈的紧张感,行动之后体验到愉快、满足或放松感,无真正的悔恨或罪恶感。⑤ 心理发育不健全和不成熟,经常导致心理不平衡。⑥ 容易产生不良行为和犯罪倾向。⑦ 外表表现得被动和服从、百依百顺,内心却充满敌意和攻击性。

爆发型人格障碍的治疗需要进行深入细致的心理访谈,使患者正确对待挫折,要正视挫折,总结经验,找出受挫折的原因并加以分析,而不是一遇到挫折就采取攻击行为。通过各种手段培养他们的心理承受能力，并能对挫折采取积极的富有建设性的措施。

六、强迫型人格障碍

患有强迫型人格障碍的人，会过分追求控制感和秩序感，有完美主义倾向，这一类的行为特征会从青少年后期至成年时逐渐开始变得明显。至少包括以下特征当中的四种：① 做事时关注顺序和秩序多过关注结果，可能会为了抠细节，不惜牺牲或放弃任务的整体结果。② 强烈的完美主义，让生活、学习中的大小任务的完成都变得异常艰难。③ 对于工作和效率的追求，超出了必要的范围，不是出于经济利益的追求。④ 对于道德及价值观的标准判断僵化，难以变通（并非出于文化或宗教原因）。⑤ 很难丢弃已经用坏了的没有回忆价值的物件。⑥ 难以与人协作，除非他人保证一定会100%按照他的意志和方式去做事，不然他们不会向他人求助，也不愿意接受别人的帮助。⑦ 不愿意在自己或他人身上花钱，想要尽可能地多存钱，防止可能发生的各种意外（即使没有证据显示意外会发生）。⑧ 表现出苛刻、僵化、顽固的性格特点。

患有强迫型人格障碍的人，往往因为工作上或社会生活方面的困难，某些事情无法达到他的标准，从而引发焦虑，失去某些人际关系或物件，也有可能会让他们产生巨大的挫折感。他们很难表达自己的情绪（不知道如何表达，或是并不能很清楚地知道自己的情绪），可能会把情绪描述成一种强烈的"压力"，或是出现身体不适，躯体化的症状。他们不太知道或不在乎自己的执着和僵化会给别人带来什么样的负面影响，当看到别人有情绪化的表达（发脾气、哭泣等）时，会感觉很不舒服。

强迫型人格障碍早在幼儿时期就已逐渐开始构建和发展，因而治疗难度较大，疗程较长。彻底扭转患者的人格障碍几乎是不可能的，但是通过治疗能减少因不断与周围环境产生冲突所带来的痛苦及伤害，同时也能减少患者亲属、朋友的烦恼，让患者体验更加愉悦。

治疗方式主要包括分析性治疗、认知行为治疗、家庭治疗及森田治疗等。通过与患者建立良好的医患关系，倾听患者，帮助他们发现并分析内心的矛盾冲突，使患者领悟，推动患者解决问题，学会顺其自然，享受过程而非过度看重结果，增加患者适应环境的能力，重塑健全人格。

第三节　大学生健康人格的塑造

一、健康人格的标准

人格健康的人应该是有利于社会和自我发展的人。从具体特征上讲，健康人格应具有以下标准。

（一）正确的自我意识

有正确的自我意识是自我悦纳的前提,具有健康人格的大学生充满自信,对自己有准确的认知,能客观地评价自己的优点和缺点;在日常生活中能有效地调节自己,与环境保持平衡。缺乏正确自我意识的人常常表现出自我冲突、自我矛盾,或者自视清高、妄自尊大,做力所不及的工作;或者自轻自贱、妄自菲薄。对大学生来说,正确的自我意识是健康人格形成的重要基础。

（二）良好的社会适应能力

适应是一个人能使自己与客观外在的现实相协调并不断向前发展的过程。社会适应能力反映了人与社会的协调程度。人的社会适应能力在社会化过程中不断发展。现代社会日新月异,科技飞速发展,环境不断变化,人格健康的大学生能和社会保持良好的密切的接触,以一种开放的态度,主动关心社会,关注社会发展的积极面和主流,在认识社会的同时,不断学习,使自己的思想、行为跟上时代的发展,与社会的要求相符合,表现出能很快适应新环境的能力。新时代的大学生首先要适应社会,才能更好地改造社会,发挥出个人应有的社会价值。

（三）积极乐观的生活态度

积极乐观的大学生对前途充满希望和信心,对学习充满浓厚的兴趣,并在工作和学习中发挥自身的智慧和能力。即使生活中遇到困难和挫折,也能耐心地去应对,不畏艰险、勇于拼搏。相反,悲观的人常常看到生活的阴暗面,对任何事情都没兴趣,遇到一点挫折就情绪低落、怨天尤人,甚至自暴自弃。人格健康的大学生对学习或自己的爱好怀有浓厚的兴趣,表现出想象力丰富、信心满满、勇于克服困难的精神面貌。

（四）和谐的人际关系

良好的人际关系可以调节个体的身心状态,增强人的责任感,能够较好地体现个体人格健康的程度。人格健康的大学生乐于与他人交往,与人相处时,尊敬、信任等正面态度多于嫉妒、怀疑等消极态度;人格健康的人常常以诚恳、公平、谦虚、宽容的态度尊重他人,同时也受到他人的尊重和接纳。和谐的人际关系既是人格健康水平的反映,同时也影响和促进健康人格的形成与发展。

（五）良好的情绪调控能力

人格健康的大学生情绪反应适度,具备调节和控制情绪的能力,经常保持愉快、满意、开朗的心境,并富有幽默感。当消极情绪出现时,能合情合理地宣泄、排解、转移和升华。良好的情绪调控能力是人格成熟的标志之一。

（六）健康的审美情趣

审美情趣是指个体根据自己的审美观点,对自然界和社会生活中的各种现象和事物以及艺术作品的审美价值进行的直接且富有情感的审美评价和态度。健康的审美情趣对大学生树立审美观、人生观、世界观,塑造健康的人格具有重要作用,人格健康的大学生具有高尚、健康的审美情趣,能提高自身的修养,从而抵御各种不健康思想的侵蚀,追求更高的人生目标,实现自我的人生价值和人格的自我完善。

(七)具有创新精神

创新精神是一种敢于冒险、勇于开拓进取的精神,需要有高度的责任感和敬业的品质,是培养创新意识、锻炼创新思维、提高创新能力的重要保证。具有创新精神的大学生往往具有良好的人格特质:强烈的好奇心和求知欲,较高的成就动机和成功欲望,敢于质疑和批判的精神及独立意识,矢志不渝的意志品质和自律、自控能力。所以,拥有健康人格对大学生的创新精神有积极的影响。

健康人格的各个标准是相关的。具有体验丰富的情绪并控制情绪表现能力的人,通常是有能力满足自身基本需要的人,是能紧紧地把握现实的人,是获得了健康的自我结构的人,是拥有稳定可靠的人际关系的人。总之,健康人格的各个方面是统一、平衡的。

上述标准不仅是衡量大学生人格健康的标准,也为大学生改善自己的人格提出了具体的努力目标。

二、大学生健康人格的塑造

大学阶段是人格形成的关键阶段,在此阶段塑造出适应时代、适应社会的人格素质非常重要。大学生健康人格的塑造,需要社会、学校、家庭和大学生自身的共同努力。为达到健康人格的标准,大学生可采取以下方法。

(一)自我探索,正确认识和评价自我

培养和塑造健全的人格,首先要正确认识和评价自己人格的特点。

大学生可以通过多种途径认识和评价自己的人格特点,比如通过自我意识、通过他人评价、通过标准化的人格测验等。

自我意识是一种高级的认知能力,可以通过自我意识进行自我认知从而了解自己的人格特点。但是自我意识存在个体差异,有的人自我反省和自我评价的能力相对较高,有所谓的"自知之明";有的人自我反省意识淡薄,喜欢对别人品头论足,自我评价非常主观。

有时人认识自己比了解他人更困难,所以通过他人的评价认识自己是客观了解自己的有效途径,大学生可以通过自己的老师、同学、室友、朋友、家人等来全方位地认识自己,认真听取他人的意见和建议,对完善自己的人格很有帮助。但他人的评价也不宜照单全收,应做客观的分析,有则改之无则加勉。

标准化的人格测验是一类用以确定个体人格特点或人格类型的心理测验。主要有自陈量表法、投射测验法、评定量表法和情境测验法等。目前常用的标准化人格测量量表有《卡特尔16种人格因素测验》(16PF)、《艾森克人格测验》(EPQ)、《明尼苏达多项人格测验》(MMPI)以及《大五人格测验》(GBFS)。这些测量量表均被证实具有较高的信度和效

度。大学生可以通过人格测验来了解自己的人格特点。

大学生在自我探索过程中，可能会对自己产生一种消极的评价和情感，导致自尊心和自信心降低。这时候个体往往会表现出两类反应：一种是积极应对，一种是消极逃避。应对问题的前提是承认问题的存在，然后面对问题，勇敢地解决问题。应对的过程往往会遭遇痛苦和失败，因为已有的行为习惯、性格特征等都是多年形成的，不容易被改变，但应对的结果也可能伴随着挑战的成功和喜悦。逃避可以在短时间内缓解或降低痛苦，但问题的实质得不到解决，人格得不到完善，不利于个体未来的发展。所以大学生认识到自己人格上存在不足时，不应该去逃避，而要勇敢地面对问题、积极地解决问题，这样才能逐渐形成健康完善的人格。

(二) 学习知识，拓宽视野，塑造完整人格

大学，是学习广阔知识的最佳场所，在这里，大学生接触到了前所未有的学术领域，从自然科学到人文社科，从工程技术到艺术美学，每一门课程都像是一扇窗，让大学生得以窥见世界的多元与深邃。大学生通过系统学习专业课程，掌握扎实的理论基础，培养严谨的学术态度；通过跨学科学习，拓宽知识面，了解不同学科的知识体系，培养综合思维能力和创新能力；通过参与科研项目，在导师的指导下，锻炼实践能力和解决问题的能力。通过努力学习，大学生专业知识和技能得以提升，思维方式得到拓宽，视野不断开阔。知识学习是塑造完整人格中不可或缺的一环，它让我们在面对生活中的种种挑战时，能够更加从容不迫，理性应对。

(三) 担当社会责任，提升人格高度

作为社会的一分子，大学生的人格塑造还体现在对社会责任的担当上。大学生主动积极参加社团活动和志愿服务项目，培养团队协作能力和领导能力；利用假期时间参与社会实践项目，了解社会，增强社会责任感；帮助弱势群体，培养同情心和奉献精神。每一次行动都是对"小我"超越，向"大我"迈进的尝试。这些经历，不仅让大学生深刻理解了"能力越大，责任越大"的道理，更激发了大学生的社会责任感和使命感，提升了他们人格的高度，促使他们在未来的道路上，能够更加积极地贡献自己的力量，为社会的进步贡献青春力量。

(四) 加强自我管理，塑造独立人格

塑造良好的人格是一项长期的任务，要做好自我管理才能实现健康人格的目标。良好的自我管理有助于大学生形成正确的是非观，进而养成良好的习惯与品质。这是大学生活的基本要求，是走向人格独立的重要体现。大学生自我管理主要包括：① 思想管理。在思想政治上，积极参加思想政治教育活动，提高自身政治素养。② 行为管理。大学生要管理好自己的行为，使自己的行为符合新时代大学生的行为规范。③ 时间管理。合理安排时间，确保学习、社交、休息等活动都能有序进行。④ 财务管理。合理规划自己的支出和收入，避免不必要的消费。⑤ 情绪管理。掌握自己的情绪和情感，保持积极乐观的心态，遇到问题能冷静应对。

在自我管理的过程中,大学生要增强自律意识,时刻提醒自己遵守各种规范,克服自身的惰性,在没有外在强制约束下也能自觉履行自己的职责,发挥自己的意志力改变坏习惯、养成好习惯。设定固定的时间进行自我反思,回顾自己在一段时间内的行为、思想等方面的表现,例如每周或每月进行一次小结,思考自己是否有违反纪律、违背道德的行为,学习是否有懈怠等情况。

人格的塑造是个体一生的任务,大学生要有主动的意识、积极的行为,要把个人的成长同国家和民族的前途命运紧密相连,健康的人格才能形成。

小 测 试

(注:测试结果仅供参考,如有疑问请咨询专业人士)

菲尔人格的十项测试题

1. 你在( )感觉最好。
   A. 早晨　　　　　　B. 下午及傍晚　　　　C. 夜里

2. 你走路时是( )。
   A. 大步地快走　　　B. 小步地快走　　　　C. 不快,仰着头面对着世界
   D. 不快,低着头　　E. 很慢

3. 和人说话时,你( )。
   A. 手臂交叠站着　　B. 双手紧握着　　　　C. 一只手或两手放在臀部
   D. 碰着或推着与你说话的人
   E. 玩着你的耳朵、摸着你的下巴或用手整理头发

4. 坐着休息时,你的姿势是( )。
   A. 两膝盖并拢　　　B. 两腿交叉　　　　　C. 两腿伸直
   D. 一腿蜷在身下

5. 碰到你感到发笑的事时,你的反应是( )。
   A. 欣赏地大笑　　　B. 笑着,但不大声　　C. 轻声地咯咯笑
   D. 羞怯地微笑

6. 当你去一个派对或社交场合时,你( )。
   A. 很大声地入场以引起注意　　　　　　　B. 安静地入场,找你认识的人
   C. 非常安静地入场,尽量不引起注意

7. 当你非常专心工作时,有人打断你,你会( )。
   A. 欢迎他　　　　　B. 感到非常恼怒　　　C. 介于A和B之间

8. 下列颜色中,你最喜欢( )。
   A. 红色或橘色　　　B. 黑色　　　　　　　C. 黄色或浅蓝色
   D. 绿色　　　　　　E. 深蓝色或紫色　　　F. 白色
   G. 棕色或灰色

9. 入睡的前几分钟,你在床上的姿势是( )。
   A. 仰躺,伸直　　　B. 趴着,伸直　　　　C. 侧躺,微蜷

D. 头睡在一只手臂上 E. 被子盖过头
10. 你经常梦到自己在（　　）。
A. 落下　　　　　　B. 打架或挣扎　　　　C. 找东西或人
D. 飞或漂浮　　　　E. 平常不做梦　　　　F. 梦都是愉快的

答案得分

1. A得2分　B得4分　C得6分
2. A得6分　B得4分　C得7分　D得2分　E得1分
3. A得4分　B得2分　C得5分　D得7分　E得6分
4. A得4分　B得6分　C得2分　D得1分
5. A得6分　B得4分　C得3分　D得5分
6. A得6分　B得4分　C得2分
7. A得6分　B得2分　C得4分
8. A得6分　B得7分　C得5分　D得4分　E得3分　F得2分　G得1分
9. A得7分　B得6分　C得4分　D得2分　E得1分
10. A得4分　B得2分　C得3分　D得5分　E得6分　F得1分

得分标准

将上述十项测试的得分相加：

低于21分：内向的悲观者。你是一个害羞的、神经质的、优柔寡断的人，依赖别人做决定。有时候杞人忧天，有些人认为你令人乏味，只有那些深知你的人知道你不是这样的。

21分到30分：缺乏信心的挑剔者。你勤勉、刻苦、挑剔，是一个谨慎小心的人。如果你做任何冲动的事或无准备的事，朋友们都会大吃一惊。

31分到40分：自我保护者。你是一个明智、谨慎、注重实效的人，也是一个伶俐、有天赋、有才干且谦虚的人。你不容易很快和别人成为朋友，却是一个对朋友非常忠诚的人，同时要求朋友对你也忠诚。要动摇你对朋友的信任很难，同样，一旦这种信任被破坏，也就很难恢复。

41分到50分：平衡的中道者。你是一个有活力、有魅力、讲究实际，而且永远有趣的人。你经常是人群注意力的焦点，但是一个足够平衡的人，不至于因此昏了头。你亲切、和蔼、体贴、宽容，是一个永远会使人高兴、乐于助人的人。

51分到60分：吸引人的冒险家。你是一个令人兴奋、活泼、易冲动的人，是一个天生的领袖，能够迅速做出决定，虽然你的决定不总是对的。你是一个愿意尝试机会、敢于冒险的人，周围人喜欢跟你在一起。

60分以上：傲慢的孤独者。你通常很有才华，是自我中心主义者，是个有极端支配欲、统治欲的人。别人可能钦佩你，但不会永远相信你。

知识拓展

做个@人——谈人格完善

岳晓东

人的成长过程就是不断了解自我、提升自我、完善自我的过程。一个人的人格,在10岁之前基本上是父母基因遗传的作用,但后来则越来越是个人努力与环境因素共同作用的结果。人格完善就是对个人的性格特点扬长避短。人们一般认为三岁看小,七岁看老,江山易改,本性难移,认为人的性格是与生俱来的,是难以改变的。但实际上人的性格是可以改变的,不论是我们的生活实践,还是理论研究,都证明了这一点。由此,我提出了一个@人的特征,并用几句话进行了概括:外圆内方、张弛自如、新旧通融、自觉自由、幽默严肃。我们可以这样理解,@人就是较为完美的现代人。简单说来,就是实现个人的人格优化组合与优势互补,就是主张不断改善自己的性格,完善自己的人格。换言之,@人人格主张"缺什么,补什么,什么差,去什么",这是人格改变的内容和方向。用血型理论举例,@人就是将O型血人的自信、慎重、理智与A型血人的细心、热情、谦让等加在一起,再将O型血人的冲动、固执与A型血人的焦虑、孤僻等特点去除,这就成了@人!当然,@人只是一个形象比喻,我们关心的是每个人的人格都有不完善之处,都需要磨炼和提高。

成功性格训练法

文敏性格畏缩退却,自卑感很重,她找到一位心理专家进行咨询。

专家要求她采取第一个步骤:去发现自己性格的内核。按照专家的要求,文敏问了四个熟悉自己的人,询问他们对自己的看法。结果大家的回答是:正派、温和、助人、友善、谦让。

第二个步骤是问文敏:"你如何看待自己?"为此专家给她布置的作业是,让她把自己想象成一个可以任意挑选角色的女演员,看她会选中一个什么样的角色去扮演。

文敏选了一个自信心强、大胆、果敢坚强的女强人角色。因为这个女强人身上所具备的,正是她所欠缺的。

步骤之三是要求文敏找出一个她所崇拜的人。文敏选择的对象是宋庆龄。回答之迅速令人惊讶。她崇拜宋庆龄是因为"她具有高雅华贵的气质,崇高的品格,宽厚温雅的性格,美丽的容貌"。当文敏谈着这位伟大的女性时,脸上放射出热情的光辉。

专家接着让文敏在上述两种性格的女性中,确定一个作为自己性格的选择目标。文敏毫不犹豫地回答:"我愿意像宋庆龄那样善良、宽厚、谦让、高雅,同时我也愿意像我想扮演的角色一样,勇敢坚强,独立自主。"

文敏为自己所设计的性格是成功、合理和出色的。当她这样为自己设计时,她已不是原来那个文敏了。

数周后，专家又要求文敏在服饰上、发型上打扮得更为年轻，改变以往老气横秋的外貌。

可半个月过去了，文敏却怎么也行动不起来。专家帮她分析了她踌躇不前的原因。她担心改变性格后，会丧失过去那种依附于一个群体的安全感。她十分依赖那些把她当成一个可怜的弱者的人对她的赞同。

文敏的担心不是没有道理的。当她的父母热烈赞成她的做法，并打算尽力来帮助她时，她却在工作中失去了一部分同事的支持。他们没想到，文敏这位平时胆小沉默的小姑娘，竟也成了一名竞争对手。更有少数人嫉妒这位突然自信、热情、漂亮起来的姑娘，开始给她的工作制造麻烦。

然而，在专家的指导下，在亲朋好友的支持下，文敏坚持了自己的选择，她越来越成熟自信。在工作中升了职，在生活中也找到了如意的伴侣。

最后，让我们再概括一下上述找到成功性格所要采取的步骤：

第一，随意找到四个你的熟人，问他们对你的印象如何，确定你是否喜欢他们的回答，判断你为什么喜欢或不喜欢留给别人的那种印象。

第二，确定一下，如果你是一名演员，你愿意扮演什么角色，以及你为什么喜欢这个角色。

第三，选择任何一个你所崇拜的人，列出他身上那些使你崇拜的特征和品质。

第四，把第二和第三综合为你自己所选择的性格。

第五，改变你的形象、行为、个性中你所不喜欢的东西，强化你所喜欢的东西。

第六，去表现你的新个性。

要提醒注意的是，不要指望很快便能发展成一种成功的性格。此外，要成功地改造自己的性格，还必须以自己性格的内核为基础。

上述性格选择模式，只是提供一个出发点。失败型性格的人，要经历一个极为困难的时期，以积极的态度去设想自己的个性方能成功。这里提供的模式，将有助于你在发展自我的过程中迈开第一步。

第五章
学会学习

> 在寻求真理的长河中,唯有学习,不断地学习,勤奋地学习,有创造性地学习,才能越重山跨峻岭。
> ——华罗庚

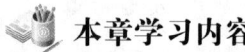
本章学习内容

1. 掌握学习、学习策略的概念。
2. 了解大学生学习的特点和存在的学习心理问题。
3. 学会调适学习心理问题的方法。

课前阅读

爱学习的陶行知

陶行知,安徽省歙县人,人民教育家、思想家。陶行知小时候十分聪明,他常到邻村叶家玩,看到厅堂里的对联字画,就用竹条在泥地上描摹。陶行知到了读书的年龄,家里却无力缴纳学费,幸好有位秀才在附近开馆教书,很喜欢聪明好学的陶行知,愿意免费收他为学生。就这样,6岁的陶行知得到了接受启蒙教育的机会。9岁时,陶行知来到外婆家,外婆见他聪明伶俐,就把他送到吴尔宽先生的学堂伴读,陶行知这才正式入学。在那里,陶行知练就了一手好书法。启蒙教育结束之后,他便进入学堂,读四书五经。

10岁时,因父亲失业,陶行知只得半工半读。他每天砍一担柴,挑到城里卖掉后再去上学,每天往返20里,就这样学完了四书五经。这时的陶行知已深知读书对穷孩子来说是多么不容易,因此学习更加刻苦自觉。他听说距黄潭源村15里的小南海航埠头曹家,有一位满腹经纶的前清贡生王老先生在主持学馆,便前去求学,王老先生被他的诚意所感动,便免费让他伴读。

少年陶行知迫于生活的压力,不能一心读书,必须经常参加劳动。他有时替父亲挑瓜、挑柴进城出售,有时帮母亲挑水、洗菜。崇一学堂校长见陶行知勤奋好学,便允许他免费入学。就这样,15岁的陶行知进入了崇一学堂。由于基础扎实,他一入学就直接被编入二年级,毕业时,他的成绩名列第一。在崇一学堂读书期间,陶行知既学现代科学知识,又没丢下古典文学。因为家境不好,他向崇一学堂的同学借来唐诗选本,在吟诵之余将一本书工工整整地抄完了。还书时,同学的父亲问陶行知最推崇哪位唐朝诗人。他不假思索地回答:"杜甫和白居易。"并说:"杜诗沉郁有力,多伤时忧国之作;白诗通俗易懂,道出民生疾苦。"同学的父亲为陶行知有这样的想法而感到惊奇,他认为陶行知将来一定会有所作为。

陶行知在家庭经济非常困难的情况下,学完了四书五经,又学习了现代科学和古典文学,最终成为著名的教育家。他的事例说明,环境再恶劣都不能成为不学习的理由。一个对知识充满渴求的人,不会被困难、环境等诸多因素所阻碍,而是把这些不利因素转化为勤奋学习的动力。

第一节 认识学习

学习是大学生的主要任务,大学阶段的学习是个体终身学习的重要阶段,是有别于中小学学习的一种特殊形式的学习,有其自身的特点和要求。这种特点和要求对当代大学生的学习心理产生了广泛而深刻的影响。大学生的心理健康状况会对大学生的学习过程和学习效果产生直接影响。培养良好的学习心理是大学生心理健康教育的重要内容之一。

一、什么是学习

心理学流派对学习有诸多定义。认知主义心理学认为,学习是指个体经由练习或经验引起的认知结构的相对持久的变化;人本主义心理学认为,学习是指经由练习或经验引起的自我概念的变化;加涅下了一个被人公认的、引用最多的关于学习的定义:学习是指人的心理倾向和能力的变化,这种变化要能持续一段时间,而且不能把这种变化简单地归结于生长过程。

通常的学习有广义的学习和狭义的学习两种概念。广义的学习是指个体在活动中通过经验引起的行为或者心理的相对持久的变化。广义的学习既包括人类的学习,也包括动物的学习。狭义的学习仅指人在社会实践过程中,运用语言这一中介,自觉、主动地掌握社会和个体经验的过程。人类的学习与动物的学习又有着本质的区别:① 人的学习不仅要获得个体的行为经验,更重要的是要掌握人类祖先遗留下来的社会历史经验和科学文化知识;② 人的学习是以语言为中介的,这是人与动物学习的根本区别;③ 人的学习是一种有目的的、自觉的、积极主动的过程。人有主观能动性,可以积极主动地构建自己的知识结构,这是动物做不到的。

大学的学习既不同于儿童的学习,也不同于成人的学习,是人类学习的一种特殊形式和特殊阶段,是在学校教师有目的、有计划、有组织和有系统的指导下,以掌握间接经验为主的智力实践活动过程。

二、学习策略

当今社会,知识更新的速度越来越快,只有学会学习,具有较强的学习能力才能跟得上社会的发展。学习策略作为学习者学习中极为重要的机制,直接影响学习者的学习效率和学习效果,对学习者的学习行为和学习态度具有一定的改善作用,有助于提高学习者的认知水平与学习能力。掌握学习策略是衡量学生学会学习、学会思考的根本标志。

(一) 什么是学习策略

所谓学习策略,是指学习者在学习活动中为了提高学习效果和效率,有目的、有意识地组织自己的学习过程,并运用恰当的方法和技能来进行学习的方式。关于学习策略,在心理学界大致有以下四种观点:把学习策略看作具体的学习方法或技能;把学习策略看作学习的调节和控制技能;把学习策略看作内隐的学习规则系统;把学习策略看作学习方法和学习的调节与控制的有机统一体。

(二) 学习策略的分类

研究者提出了多种学习策略的分类体系,迈克尔等人将学习策略分为三类:认知策略、元认知策略和资源管理策略。

1. 认知策略

认知策略也叫记忆加工策略,类似于记忆方法,可细分为复述策略、精细加工策略和组织策略。

(1) 复述策略。

为了把信息保持在记忆中,对信息进行反复识记的策略。主要用于记忆比较重要的学习内容,以减少遗忘。复述策略是学习者在学习时最常用的策略,比如重复默念、背诵、抄写等。

> **知识拓展**
>
> **艾宾浩斯遗忘曲线**
>
> 德国心理学家艾宾浩斯于1878—1884年首先对遗忘现象做了系统的研究,他以自己作被试,用无意义音节作为记忆材料,把识记材料学到恰能背诵的程度,过了一定时间后再重新学习,以重学时节省的背诵时间或次数作为计算保持量的指标。实验结果制成一条曲线,一般称为艾宾浩斯遗忘曲线。曲线所揭示的规律:遗忘的进程是不均衡的,遗忘的发展是"先快后慢",随后趋于平稳。根据这一规律,在学习活动中,可以采取及时的复述和复习策略来增强记忆和减少遗忘的发生。学习后在当天内复习一刻钟往往比一星期后复习一小时的效果更佳。特别是对外语单词、符号、公式等意义不强的学习材料更需如此。及时复习犹如加固大厦,待大厦倒塌了再修补则为时晚矣。

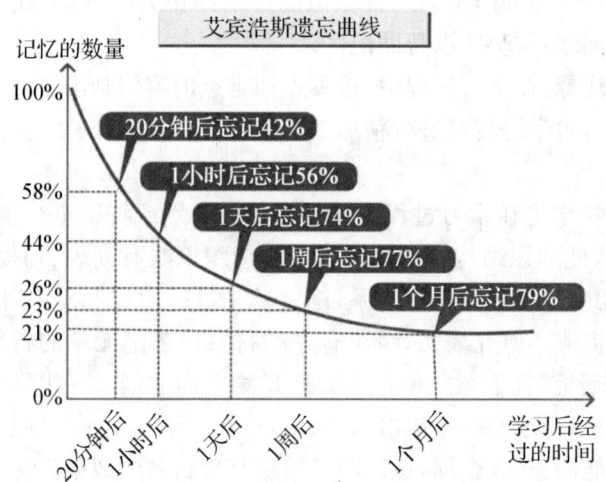

根据艾宾浩斯遗忘曲线,学习一种材料后要注意及时复习和系统复习。及时复习可以较大程度地减少遗忘,但要长期记忆所学内容,还必须进行系统复习。心理学研究表明,有效的复习时间安排应是刚开始间隔短,随后逐渐减少复习的次数及时间。比如第一次复习可以在学习结束后的一个小时以内进行;第二次复习可以在当天晚上或第二天早上进行;第三次复习可以在四天到一个星期后;第四次复习可以在半个月到一个月后;第五次复习可以在半年后。

(2)精细加工策略。

精细加工策略是一种将新学材料与头脑中已有知识联系起来从而增加新信息的意义的深层加工策略。与复述策略相比,它属于更高水平的信息加工策略。具体的精细加工策略方法包括以下几种:

位置记忆法:学习者在头脑中创建一个熟悉的场景,确定一条明确的路线,并将要记忆的项目按顺序与路线上的各个点联系起来。例如,想象在校园里从宿舍到教室的路,路上有超市、水果店、甜品店、食堂和田径场。当前所要记的项目为奶茶、苹果、面包、冰激凌、钢笔,在所记项目和特定位置之间可以进行联想,这种联想越奇特越好。回忆时,只要按路线上的各特定位置提取所记项目就行了。

首字联词法:通过将一系列词语的首字或字母联结起来,帮助记忆长串信息。比如奥林匹克运动会(Olympic Games)首字联词法记忆为"OG";比如二十四节气歌:春雨惊春清谷天,夏满芒夏暑相连,秋处露秋寒霜降,冬雪雪冬小大寒。这种方法的特点在于其操作性和监控性的统一。学习者可以在学习过程中直接应用这种策略来记忆信息,并且在需要时可以调整和监控其使用效果。

视觉联想法:利用视觉表象来记忆信息。利用了心理表象,心理想象是一种非常有效的记忆辅助手段,联想时,想象越奇特而又合理,记忆就越牢。比如可以使用夸张、动态、奇异的手段进行联想。例如,可以将"书本—风筝"想象为"风筝是一双眼睛正在看书","足球—食堂"想象为"一个足球形状的食堂"等。想象越奇特,加工就越深入越细致。

关键词法:使用关键词来帮助记忆相关的信息。该方法主要用于外语单词的记忆。

其基本原理是选择一个与外语单词发音相似的母语词作为关键词,通过表象或句子将外语词的意义与关键词联系起来,以帮助记忆。

画线、摘要、作注释:在学习过程中,将重点和难点内容勾画出来,并在旁边作注释。

标题目、写提要:对学习材料进行精加工和整合,写出材料的中心思想。

(3) 组织策略。

组织策略主要指学生在学习过程中按照知识的类别或特征进行整理和归类,理清知识之间的内在联系,使知识结构合理化。常用的组织策略有列表、列提纲和画思维导图。通过组织策略,在相关知识之间建立联系,综合起来进行对比和总结,同时便于大脑对知识进行深度加工和提取。研究表明,组织有序的材料比杂乱无章的材料易学易记。鲍尔等人做了这样一个研究,他们教授学生112个矿物方面的词。一组学生是以随机的顺序进行的,一组学生是以一定的顺序给出的,结果,后面一组学生平均回想出100个词,而前面一组学生平均只能回想65个词,这说明了组织呈现材料的效果。

组织策略与精细加工策略的区别在于,精细加工是使新知识与已有知识取得联系,增进对新知识的理解;而组织策略则是通过构建或突出新知识点之间的内在联系,使信息易于接收。

2. 元认知策略

元认知是学习者对自己认知过程的认知策略,其实质就是对自己的认知过程和认知结果的意识与控制。元认知策略就是个体在元认知过程中使用的方法和技术,包括计划策略、监视策略和调节策略。

(1) 计划策略。

计划策略是在一项学习活动开始之前,根据学习的目标,计划程序、选择方法、预测结果的策略。完整的计划策略大致包括预测结果、确立目标、决策分析、时间分配、评估有效性、拟定细则等环节。计划策略在整个元认知策略,甚至在一切学习策略中,都占据很重要的位置。因为计划无论大小,总是涉及学习活动的全局,而始终保持全局观,恰恰是策略性学习的关键。而且,没有学习计划就没有评价学习效果的标准,也没有卓有成效的评价活动。

(2) 监视策略。

元认知监视策略是指在认知过程中,根据认知目标及时检查评价认知活动的结果与不足,如检查学习内容是否被领会,知识的预备度或熟练度是否不足,策略的选择是否有效,目标设定是否过高或过低。元认知监视策略具体包括阅读时对注意加以跟踪、对材料进行自我提问、考试时监控自己的速度和时间等。

(3) 调节策略。

有监视然后才有调节,元认知调节策略是根据监视的结果,找出认知偏差,及时调整或修正目标的策略。例如,在学习活动结束时,评价认知结果,采取相应的补救措施,修正错误,总结经验教训等。在实际运用中,调节策略在监视策略使用后能更有效。

3. 资源管理策略

资源管理策略是指对各种学习资源进行管理的策略。主要包括时间管理策略、学习环境管理策略和社会支持管理策略等。

(1) 时间管理策略。

时间管理策略通常是指对时间的高效利用的策略。主要包括统筹安排学习时间,高效利用学习时间,对时间管理效果的评价、调控和反思等。

首先,学习者要统筹安排学习时间。统筹安排学习时间主要是指科学合理地制订学习计划,包括年计划、月计划、周计划、日计划等。在制订时间计划时要根据任务的轻重缓急进行排序,可以将这些任务分到既紧急又重要、不紧急但重要、紧急但不重要、既不紧急又不重要四个象限。需要强调的是,把主要时间放在重要但不紧急的任务上是统筹安排学习时间的关键,这样可以有效避免主要时间被不重要的任务占用,大幅提升学习效率,有效预防学习倦怠。

其次,学习者要高效利用学习时间。主要包括管理好课堂时间、利用好零碎和业余时间等。第一,课堂时间管理。学生学习的主要场所是课堂,提高课堂时间利用率是关键。学生在学习中要避免注意力不集中、分心、走神等情况的发生。同时,积极参与课堂活动,紧跟教师的思路,积极思考和回应教师的提问。第二,有效利用零碎和业余时间。大学生如果能合理利用零碎时间和业余时间进行自学,不仅能有效地巩固、补充和延展课堂所学的知识,而且能有效地促进自身个性化的学习。

最后,学习者要对时间管理效果进行评价、调控和反思。在时间管理计划实施过程中和实施后需要对时间管理效果进行评价、调控和反思,并据此做出进一步的修改和调整。大学生特别要反思和评价自己在哪段时间学习效率最高或者最低,在什么时间段注意力最集中或者最容易分散,在什么时间段记忆效果最好或者最差等。大学生对自己在不同学习时间的效率进行监控和评价后,对原来的时间计划进行调整和修正,使之更加符合自身的需要和实际情况。

(2) 学习环境管理策略。

充满各种干扰的学习环境容易使学习者分心,导致学习效率低下。学习环境的管理策略包括客观和主观两个方面。

客观方面,学习者应该主动去选择一个适合自己学习的良好学习环境,这个环境至少应该是安静的、舒适的,让人能专心学习的。首先要注意调节自然环境,如流通的空气、适宜的温度、明亮的光线以及和谐的色彩等。其次,要设计好学习的空间,如空间范围、室内布置、用具摆放等。如果条件允许,应当有一个相对固定的学习场所以减少同学间的相互干扰,创建一个相对安静的学习环境。要注意桌面的整洁,各种学习用具要摆放在固定的地方,用完后归还原处。学习时,尽量减少可能的干扰。比如,最好将手机保持静音状态以免分心和打乱思绪。

主观方面,学习者在不能选择客观环境的前提下,就要学会调整自己的心态和情绪,提升自己的环境适应能力和抗干扰能力。

(3) 社会支持管理策略。

社会支持管理策略在这里主要是指利用家人、教师和同学支持的策略。首先,学习者需要家人支持。合理利用家人的支持可以有效地提高大学生的学习效率,提高大学生在学习中情绪管理的能力。当大学生遇到学习上的困惑和困难时,应该主动向家人求助,家人可以支招并提供心理支持。其次，学习者需要教师支持。教师不仅传授知识，而且还是学生成长的引路人和促进者。在课余，学生若有什么疑问无法解答，可以向教师请教，虽然教师不一定能马上给出圆满的答复，但至少教师有更丰富的知识经验和人生阅历，可以在学习以及其他方面给大学生以启发和指导。最后，学习者还需要同学支持。同学支持有助于彼此相互启发，达成对事物的全面理解。寻求同学支持可以以团体和个体两种形式进行。团体形式是指在小组合作学习活动中，通过团体成员之间的探讨解决学习问题；个体形式是指在学习过程中，向同学请教学习中遇到的问题。由于同学之间年龄相同、心理发展水平相近，同学根据自己的理解所进行的辅导可能比教师的辅导更为方便和有效。

小 测 试

（注：测试结果仅供参考，如有疑问请咨询专业人士）

大学生学习策略量表

请你仔细阅读每一个句子，按自己在实际学习活动中运用每种学习策略行为的频率进行评定，评定分为五个等级，1代表"完全是这样或总是如此"，2代表"经常这样或多数情况如此"，3代表"有时这样或有时不这样"，4代表"很少这样或偶尔如此"，5代表"不是这样或从不如此"，测试时间为20分钟。

题 项	完全是这样或总是如此	经常这样或多数情况如此	有时这样或有时不这样	很少这样或偶尔如此	不是这样或从不如此
1. 上课专心听讲	1	2	3	4	5
2. 有较强的求知欲	1	2	3	4	5
3. 制定适当的学习目标	1	2	3	4	5
4. 课前对要学的新内容有所预习	1	2	3	4	5
5. 课后及时复习当天学过的知识内容，巩固所学知识	1	2	3	4	5
6. 学习新概念时，常把学过的相关知识和观念联系起来对照比较和分析	1	2	3	4	5
7. 复习学过的内容时，常按自己掌握的水平分成主要与次要，把握要点	1	2	3	4	5
8. 经常把所学的知识归纳出纲要，以帮助记忆	1	2	3	4	5
9. 平时会有计划地对学过的课程内容进行复习和练习	1	2	3	4	5
10. 复习时，喜欢按个人的实际情况制订有效的复习计划	1	2	3	4	5

续 表

题 项	完全是这样或总是如此	经常这样或多数情况如此	有时这样或有时不这样	很少这样或偶尔如此	不是这样或从不如此
11. 常给自己提出一些问题,以确保真正地理解所学内容	1	2	3	4	5
12. 常用多种思维方法来解决问题	1	2	3	4	5
13. 几乎总是能知道自己的解答和正确答案有多大距离	1	2	3	4	5
14. 作业或测验中出现的错误,能认真分析原因加以解决	1	2	3	4	5
15. 学习成绩下降时,能冷静地分析原因,采取有效的措施,尽快赶上来	1	2	3	4	5
16. 上课时没有学会的内容,课后会请教老师和同学	1	2	3	4	5
17. 学习遇到困难时,会及时调整学习方法	1	2	3	4	5
18. 经常分析和总结近期的学习进展情况	1	2	3	4	5
19. 常总结自己在学习中的方法和经验	1	2	3	4	5
20. 通常能按时完成教师布置的作业	1	2	3	4	5
21. 有一定的综合概括能力,把广泛的阅读内容归纳整理成有条理的东西	1	2	3	4	5
22. 过一段时间,喜欢回想一下这段时间的学习情况如何	1	2	3	4	5
23. 能根据自己的学习情况,正确评价和总结自己在学习方面的优势与不足	1	2	3	4	5
24. 遇到不顺心的事时,能克制自己,不会影响学习	1	2	3	4	5
25. 当教师所讲内容枯燥时,能控制自己注意听讲	1	2	3	4	5
26. 即使有好电影,没有完成学习计划,也不会去看	1	2	3	4	5

续表

题　项	完全是这样或总是如此	经常这样或多数情况如此	有时这样或有时不这样	很少这样或偶尔如此	不是这样或从不如此
27. 在解答题目时,注意选择和组织有关信息	1	2	3	4	5
28. 给自己定的学习目标,多数会按时完成	1	2	3	4	5
29. 学习时对自己有信心,不过于自卑	1	2	3	4	5
30. 喜欢对没有把握的问题坚持不懈地努力	1	2	3	4	5
31. 相信自己在考试时能获得一个理想的分数	1	2	3	4	5
32. 当学习遇到挫折时,能鼓励自己克服困难	1	2	3	4	5
33. 善于在课堂上做笔记,课后整理笔记	1	2	3	4	5
34. 用自己的方法去理解一些相关的理论	1	2	3	4	5
35. 劳逸结合,该学习时学习,该休息时休息	1	2	3	4	5
36. 善于利用学习效率最高的时间	1	2	3	4	5
37. 及时总结学习中的经验和错误	1	2	3	4	5
38. 经常与同学对照来检查自己在学习方法与效率上的问题	1	2	3	4	5
39. 培养自己对学习科目的兴趣	1	2	3	4	5
40. 注意调节自己的情绪	1	2	3	4	5
41. 能够有效地利用自己的时间	1	2	3	4	5
42. 经常和老师或同学进行讨论交流	1	2	3	4	5
43. 充分合理地利用图书馆进行学习	1	2	3	4	5
44. 避开容易使自己分心的事情	1	2	3	4	5
45. 生活有规律,形成自己的作息计划	1	2	3	4	5
46. 善于选择良师益友	1	2	3	4	5
47. 学习环境嘈杂时,会换一个地方	1	2	3	4	5

续 表

题 项	完全是这样或总是如此	经常这样或多数情况如此	有时这样或有时不这样	很少这样或偶尔如此	不是这样或从不如此
48. 考试前能保持良好的心态	1	2	3	4	5
49. 完成一定的学习目标后,进行自我鼓励	1	2	3	4	5

评分方法:

《大学生学习策略量表》由四个维度构成,共49个题项,四个维度名称和包含的题项如下:认知策略,含复述、精细加工和组织策略,有1、4、5、6、7、8、12、20、21、27、33共11个题项;元认知策略,含计划、监视和调节策略,有3、9、10、11、13、14、15、17、18、19、22、23、28、34、35、36、37、38共18个题项;情感策略,是与学习动机、兴趣、态度有关的策略,包含2、24、25、26、29、30、31、32、39、40、44、48、49共13个题项;资源管理策略,含时间管理、学习环境管理和社会支持管理策略,有16、41、42、43、45、46、47共7个题项。每个题项的分数越低,表明该个体在这个学习策略上的水平越高。

三、大学生学习的特点

大学生有其独特的学习特点,主要表现为学习的自主性、专业性、开放性、探究性和创造性。

(一) 学习的自主性

进入成人期后,大学生的自我意识开始成熟并日趋稳定,生理、心理特征以及大学学习的任务和环境决定他们在学习上有着更强的独立性和自主性。与中学生相比,大学生具有更多独立思考的意识,拥有更多自由支配的时间和更为丰富的学习资源,他们的学习方式也发生了明显改变。大学生作为学习活动的主体,能够调控自己的学习活动,积极主动地获取知识和技能,培养专业所需的各项品质。对大学生而言,学习的自主性主要表现在可以自我调整学习目标、自我钻研学习内容、自我选择学习方法。

因此,学习的自主性要求大学生具有良好的自我控制力、时间管理能力和学习规划意识;能结合自身实际情况,合理地制订学习计划;能科学管理和利用好自主的时间;能利用好丰富的学习资源,不断提高自学能力。

(二) 学习的专业性

基于大学学习的专业性,大学生应深入了解自己的专业,包括专业的培养目标、就业方向、课程设置、毕业条件等,努力感受所学专业的魅力,培养自己对本专业的热爱,形成对专业学科知识的浓厚兴趣,认真学习专业知识,锤炼专业技能。

当然,大学学习的专业性并不意味着狭隘化。当今时代,学科的发展呈现出明显的融合趋势。一个学科的专业知识以另一个学科为基础,比如,要学好物理专业,必须有扎实的数学基础。同时,很多工作也体现出多学科的相互融合的特征,要顺利完成某项工作,仅有某个专业的知识是不够的,需要其他相关专业的配合。所以,专业学习是大学生学习的主体方向,但不是学习的全部。大学生在学好专业知识的同时,需要拓展自己的知识面,学习通识性知识,选修相关课程,博览群书,形成最佳的知识结构,才能更好地完成未来的专业工作。

(三)学习的开放性

所谓开放性学习,是指大学生作为学习的主体,突破传统的狭义的教师、教材、专业、课堂、学校的界限,以灵活的方式在更广阔的领域里进行的学习活动。

与科研和生产紧密结合是现代大学教学的一大特点。这就要求大学生能够拓宽自己的专业领域,通过多种渠道、多种形式进行学习。大学生除在课堂学习之外,课外还应通过学校丰富的教学资源进行学习,如线上学习、听学术报告、查阅文献资料、参加学生社团活动、参与教师的科研课题等。除了校园内的学习,校外科学调查、社会实践也是大学生学习的重要方式。灵活多样的学习方式为大学生从不同层次、不同角度学习知识提供了宽广的平台,也为大学生在学习活动中发展自己多方面的兴趣、培养多方面的能力提供了条件。

(四)学习的探究性和创造性

大学生的智力发展进入全盛时期,思维方式从以形式逻辑思维为主转变为以辩证思维为主,思维更加具有相对性、变通性、灵活性,个体的创造性思维迅速发展。智力上的成熟为大学生的深入探究和创造提供了基础。大学学习在内容、方式、环节等多方面都具有研究、探索和创造的性质。

第二节 大学生学习心理问题与调适

学习是艰苦而持久的脑力劳动,进入大学后,由于角色的变化和学习环境的改变,许多新生会在学习上产生种种不适,加上对学习的规律认识不清,对学习的方法掌握不当等原因,部分新生会出现学习心理问题,进而影响学习效果。因此,帮助大学生正确认识学习心理,教给他们学习心理调适的方法,帮助其尽快适应大学的学习,是大学生心理健康教育和成长成才的重要内容。

知识拓展

开学恐惧症

开学恐惧症是一种情绪障碍,主要是学生对学校产生恐惧。由于对即将到来的学习生活缺乏必要的心理准备,学生会对学习产生畏难情绪,或对学校产生恐惧情绪。开学恐惧症的主要症状是情绪低落、心慌意乱、无缘无故发脾气、浑身疲劳、注意力不集中、记忆力减退、失眠等,有时还伴有头痛、胃痛等躯体不适症状。

新生和毕业班学生,心理素质和适应能力较差的学生,人际关系处理能力较差的学生,在学校经常受到老师批评和学习成绩不好的学生,过于追求完美的优秀生,这几类学生是开学恐惧症的易发群体。

英国曼彻斯特城市大学曾研究出一个数学公式,可辅助诊断开学恐惧症。最后得出的数值越大,说明开学恐惧度越大。

公式:$[(s+C.)\times(r+t)-(h+o)]\div B.$

s:你在学习中获得快乐感。(1~5分,快乐感最低的得分是5分)

$C.$:你与同学相处的融洽程度。(1~5分,融洽程度最低的得分是5分)

r:你平时容易放松吗?(1~5分,最不容易放松的得分是5分)

t:你假期旅行感觉好吗?(1~5分,感觉最差的得分是5分)

h:你选择度假时间正确与否?(1~4分,否定程度最强的得分是4分)

o:你与身边其他人的关系如何?(1~4分,关系最差的得分是4分)

$B.$:你在前后两次出去度假的时间是否特别长?(1~4分,时间最长的得分是4分)

一、学习动机不当及调适

学习动机是激发并维持个体进行学习活动的一种内部心理状态。部分大学生存在学习动机不足或学习动机过强的问题,需要进行学习心理调适,调节自身学习动机,从而提高学习效率。

(一) 学习动机不足与调适

1. 学习动机不足的表现

学习动机不足是指学习没有内在的驱动力量,没有学习兴趣和求知欲。学习动机缺乏的主要表现有以下几个方面:

(1) 没有明确的学习目标。不少大学生没有目标,总是为学习而学习。他们没有根据个人的发展方向和所学专业的性质设定自己的学习目标。由于缺乏合理的目标体系,没有制定长期、中期以及短期的学习目标,学生难以进入良好的学习状态。

(2) 没有制定学习计划。大学生都明白学习的重要性,都怀有多学知识、学好知识的愿望,但是部分同学的学习心理停留在愿望的层面,没有实际的学习计划,也就无法按照自己的实际情况对每门课程的学习内容与学习时间做出合理的分配,因而影响学习效率的提高。

(3) 大学学习适应困难,缺乏成就感。进入大学以后不少学生还需要老师的监督管理,未能摆脱中学被动学习的模式,未能很好地适应大学的学习。当上课听不懂、学习遇到困难时不积极主动地寻求解决的办法,加上缺乏自学能力,导致学习成绩下降,有的学生甚至放弃了学习。

2. 学习动机不足的调节

(1) 提升内部学习动机。缺乏学习动机的同学,首先要了解自己的学习需要,明确自己的学习目的,才能激发学习动机,从"要我学"转变为"我要学"。其次,学习动机是对学习活动的兴趣和动力,一旦形成,就会对学习产生持久而稳定的推动力,不易受到外界因素的干扰。在知识的内部寻找乐趣,发现学习本身的意义,成为自主的学习者,关注自己发展的需要,才能体验到掌握知识或技能后的获得感。

(2) 确定合适的任务目标。合适的目标是指学生通过努力可以实现的目标。明确而合适的学习目标,有助于激发个体的学习动机,获得强烈的成功体验。从大学生的认知结构和认知水平来看,已经基本具备分析问题和解决问题的能力,确定了合适的学习任务目标之后,积极付诸行动,目标一定能达到。

(3) 学会正确的归因。人总是喜欢寻找自己或他人取得成功或遭受失败的原因,这就是归因。在追寻学习成功或失败的原因时,大学生最好将原因归结于不稳定但可以控制的因素。例如,当学习成功的时候归因于努力程度,就可以促使自己为下一步的成功继续努力;而当暂时失利时,对自己说:"我的努力程度还不够,还要继续努力。"

(4) 感受成功,激发学习的积极性。大学生以他们对学习意义的理解来解释教师提出的目标,并对目标承担责任。最新的研究结果表明,学生和教师共同制定的学习目标更容易实现。学习目标上的共识反映了师生关系中共同努力的意向。例如,当教师要求学生认真复习英语四级,并取得四级证书,当完成这一目标时,学生的英语实际水平大大提高,学习的成就感也得到提升。

(5) 以积极心态对待学习。以积极的心态对待学习,正确认识学习的价值和目标,重视规划学业与人生;在学习中遇到挫折与困难时,用自身的意志战胜惰性,调整心态,积极寻求应对挫折和困难的办法;改进学习方法,提高学习效率与自我效能感。

知识拓展

耶基斯-多德森定律

最佳动机水平随任务的性质不同而不同。对于比较简单的任务,效率随动机提高而上升,中等偏高最佳;对于比较困难的任务,效率随动机增强而下降,中等偏低最佳。随着任务难度不断增加,动机的最佳水平有随之下降的趋势。

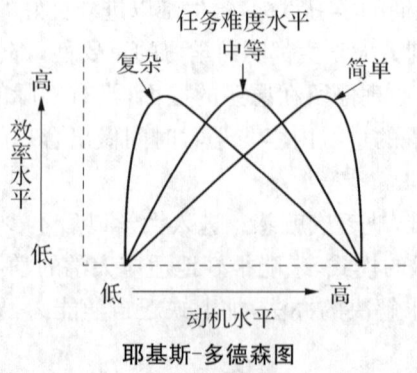

耶基斯-多德森图

（二）学习动机过强与调节

1. 学习动机过强的表现

学生学习期望过高，自尊心过强，渴望学习成功而又担心学业失败，受表面学习动机的驱使，渴望外在的奖励与肯定，特别是由于学业优秀带来的心理满足感等使学生更看重自己的学业，因而造成学习强度过大，引发心理疲劳和考试焦虑，主要表现在以下方面：

（1）成就动机过强。部分大学生成就动机过于强烈，急于取得成就并超过他人，树立的抱负与期望远远超过自己的实际能力与潜力。这类大学生过高地估计了自己的实力，当面临失败和挫折时容易导致心态不平衡。

（2）奖励动机过强。这类大学生对奖励考虑过多，一心只想获得奖励，避免受到惩罚。他们努力学习的目标只为获得奖励，对学习过程没有兴趣。其原因来自社会、家庭和学校不恰当的强化。

（3）学习强度过大。由于学习时间安排不当，加上课业负担过重，大学生的学习时间过长，生理、心理得不到应有的调整与恢复，从而产生一种生理和心理的疲劳现象。从生理上看，过度的学习易造成肌肉痉挛麻木、眼球发疼发胀、腰酸背痛、动作不准确等。从心理机制看，感官活动机能下降、注意力分散、思维迟钝、情绪烦躁，导致学习错误增多、学习兴趣减弱、学习效率下降，严重的将会造成大学生心理的失衡和学习行为的畸变。这类大学生往往比较要强，做任何事情都力求完美，只认定一个目的，时常使自己身处高压环境，结果适得其反。

2. 学习动机过强的调节

（1）端正学习动机，提高需要层次，正确对待外部诱因。

（2）正确认识自己的潜质，制定恰当的学业目标，调整成就动机，不好高骛远。与此同时，大学生在学习中要脚踏实地，循序渐进。

（3）转换表面的学习动机为深层学习动机，淡化外在奖励特别是学业成就的诱因，正确对待荣誉与学习成绩。

（4）培养广泛的兴趣爱好，积极参加各类文化娱乐活动，注意劳逸结合，重视综合素质的提高，培养个人特长。

（5）端正学习态度，树立远大理想，保持旺盛的学习热情，坚持不懈，便会取得预期效果。

二、学习目标不明确及调适

大学生学习目标的重要性在于为学习提供方向和动力。目标可以分为短期、中期和长期目标。具有挑战性的目标可以激发同学们的潜力，推动他们努力学习，取得优异的成绩。可是部分学生考上大学之后，没有了目标，失去了前进的方向。

（一）学习目标要具体化

大学生在制定目标时，学习目标要明确而具体，比如对专业课甚至某门课程的目标、社会实践的目标、课外阅读的目标、某些能力提升的目标等。设定的目标还需要具体的执行计划，比如课前预习和课后复习、定期自我测试、积极参与课堂讨论等。

（二）目标的设定难易适中

轻而易举能达成的目标，激发不了大学生的潜力，大学生体会不到成就感；难度太高，屡战屡败，又会影响他们的积极性和自我价值感。大学生开始设定目标时可以渐进式增加难度，开始时跳一跳能达到目标，成功的喜悦会强化大学生的学习行为，使他们更加努力。

（三）根据实际情况调整目标

在开始设定学习目标时，目标就应该符合自身的实际情况和未来发展的方向。在执行目标的过程中，如果遇到了不可克服的困难，或者外部条件发生了变化，经仔细评估后，应及时调整目标。比如有的大学生在大二时设定了考研的学习目标，到大四秋招时有个招聘单位的条件符合自己的要求，和家人商量后确定是否要调整目标。

三、学习的低自我效能感及调适

部分大学生进入大学后自我效能感下降，个体倾向于对自己做出消极评价。在学习中具体表现为学习效能感低，并伴有挫败感，常对自己所取得的成绩不满意。

（一）掌握科学的学习方法

不科学的学习方法或者不当的学习方法，会让大学生在学习的过程中感到力不从心，阻碍学习的进步。而科学学习方法的掌握是提高自我效能感的重要途径。当学习方法存在问题时，学生可在教师或同学的帮助下分析问题，寻找适合自己的学习方法。

（二）体验学习的成功

每个班级都会有学生在学习上常常遭受挫折和失败，他们需要学习的成功体验。教师应从学习任务安排、学习目标设定等方面进行改进，让学生在教学中更多地体验成功的喜悦，而非失败的痛苦。

知识拓展

自我效能感——我认为我行！

自我效能感是指个体对自己是否有能力完成某一行为所进行的推测与判断，由美国著名心理学家班杜拉于20世纪70年代在其著作《思想和行动的社会基础》中提出。从20世纪80年代中期开始，自我效能感理论得到了丰富和发展，也得到了大量实证研究的支持。班杜拉对自我效能感的定义："人们对自身能否利用所拥有的技能去完成某项工作行为的自信程度。"该概念被提出后，心理学、社会学和组织行为学领域开始对其进行大量研究。班杜拉认为，由于不同活动领域之间的差异性，所需的能力、技能也各不相同。一个人在不同的领域中,其自我效能感是不同的。因此,并不存在一般的自我效能感。任何时候讨论自我效能感,都是指与特定领域相联系的自我效能感。

班杜拉等人的研究还指出,自我效能感具有以下功能:① 决定人们对活动的选择及对该活动的坚持性;② 影响人们在困难面前的态度;③ 影响新行为的获得和习得行为的表现;④ 影响活动时的情绪。

自我效能感影响或决定人们对行为的选择,以及对该行为的坚持性和努力程度;影响人们的思维模式和情感反应模式,进而影响新行为的习得和习得行为的表现。自我效能感高的人:期望值高,显示成绩,遇事理智处理,乐于迎接应急情况的挑战,能够控制自暴自弃的想法——需要时能发挥智慧和技能。自我效能低的人:畏缩不前,显示失败,情绪化地处理问题,在压力面前束手无策,容易受恐惧、恐慌和羞怯的干扰——当需要时,其知识和技能无以发挥。

小 测 试

(注:测试结果仅供参考,如有疑问请咨询专业人士)

一般自我效能感量表
(General Self-Efficacy Scale, GSES)

量表说明:1981 年,Ralf Schwarzer 团队经过研究自行制定了此量表。最原始的 GSES 量表共计 20 题,后续经过删减定为 10 题。我国的张建新和 Ralf Schwarzer 共同编制了中文版的一般自我效能感量表,且量表具有令人满意的信度和效度。作为一个单维量表,GSES 没有任何子量表,有且只有一个维度。量表总共 10 题,采用 Likert 四级评分法测量。被试所答 10 题总得分的十分之一即为最后得分,得分的范围从完全不符合到完全符合记为 1 分至 4 分,且被试总分的高低表明了其一般自我效能感水平的高低。GSES 量表的临界分为 2.5 分(总得分除以 10),当得分低于 2.5 时,说明被试的一般自我效能感较低,得分越低自我效能感越低,得分越高自我效能感越高。

填写提示:请仔细阅读以下表格中的每一条内容,根据自身情况,在相应的方框中打"√",每道题目只能选择一个答案,请勿多选。

	完全不符合	有点符合	大部分符合	完全符合
1. 我要是愿意去努力尝试,我是可以解决问题的				
2. 当别人反对时,我还是能想到办法来办成这件事情				
3. 我觉得坚持自己的理想并达成自己的目标不是什么难事				
4. 我对自己应对突发事件的能力很有自信				
5. 我觉得自己的智慧可以解决突发情况				

续表

	完全不符合	有点符合	大部分符合	完全符合
6. 只要我愿意为之努力,我可以办成多数的事情和难题				
7. 我觉得自己处理问题的能力足以让我冷静理智地面对问题				
8. 我会想出不止一个的解决方法来应对一个困难				
9. 当有困难来的时候,我一般都能想到一些应对之策				
10. 我能应付任何发生在我身上的事情				

小 测 试

（注：测试结果仅供参考,如有疑问请咨询专业人士）

大学生学习满意度量表

本量表可用于测量大学生的学习满意度,了解大学生对学习生活的主观感受,对提高大学生的学习满意度有一定的指导意义。

在回答下列题目时,1代表"非常不符合";2代表"比较不符合";3代表"不确定";4代表"比较符合";5代表"非常符合"。请根据自己真实的学习情况作答,在相应的方框中打"√",答案没有对错之分。

题项	非常不符合	比较不符合	不确定	比较符合	非常符合
1. 我认为自己所学的知识有用武之地	1	2	3	4	5
2. 大部分老师能够有效地协调和掌控教学过程	1	2	3	4	5
3. 我对学校的教学管理制度不满意	1	2	3	4	5
4. 在学校,我学到了有用的东西	1	2	3	4	5
5. 大部分老师的教学活动令我满意	1	2	3	4	5
6. 学校的大部分教学用硬件设施令我满意	1	2	3	4	5
7. 学校的学习资料能够为我所用	1	2	3	4	5
8. 大部分老师的教学方式符合我的个人期望	1	2	3	4	5
9. 学校对上课时间有适当安排	1	2	3	4	5
10. 我在学习上有干劲儿	1	2	3	4	5

续 表

题 项	非常 不符合	比较 不符合	不确定	比较符合	非常符合
11. 我与大多数老师沟通起来比较容易	1	2	3	4	5
12. 学校的学习资源丰富	1	2	3	4	5

评分方法：

问卷共有12个题项，分为3个维度，分别是学业满意度、教学满意度和硬件设施满意度。学业满意度维度是指学生对学习过程及结果的满意程度，包括第1、4、7、10题；教学满意度维度是指学生对教师的教学及教学过程的满意程度，包括第2、5、8、11题；硬件设施满意度维度是指学生对学校的教学制度及教学设施的满意程度，包括第3、6、9、12题。

除了第3个题项为反向计分外，其余11个题项均为正向计分。各维度的得分为其所包括的所有题项的得分总和。被试在某个维度上的得分越高，说明他在这方面的满意度越高。

学习方法的干预

学习方法就是指在学习活动中所运用的手段和策略。学习方法主要包括学习目标的制定、学习时间的分配、学习中具体的技能技巧等方面。

1. 对学习方法进行干预所使用的方法

干预中用到了行为主义的强化、实例示范和榜样法，以及利用艾宾浩斯的遗忘曲线帮助记忆。

2. 训练方案的实施

干预方案一：设定目标

目标：学会制定每天的学习目标，按照目标完成每天的任务。

干预过程：

第一步：帮助学生分析自身的目标管理中存在的问题，主要通过与学生进行谈话，了解学生给自己制定的学习目标。

第二步：通过运用引导式的谈话技术，让学生认识到他们在学习目标上存在的问题，激发其改变的兴趣。

第三步：帮助学生制定学习目标，让其按照实施，使其体验达到目标的快乐。

第四步：让学生逐渐学会自己制定适合自己的学习目标。

干预方案二：时间管理

目标：学会合理利用自己的时间，做到高效率地利用有限的时间。

干预过程：

第一步：准备一个计时器和一个学习任务列表。

第二步：在十分钟内全心全意完成这个学习任务，十分钟一到就休息两分钟。

第三步：总结这样做的好处，引导其在日常学习中也可以这样做。

第四步:制定时间安排计划。

干预方案三:学习技能的培养

目标:学会学习的技巧,做到事半功倍。

干预过程:

第一步:学会专注。专注练习,给学生一组单词,让学生记忆,依次增加难度,重复地进行几天。

第二步:听课方法的指导,在老师讲课时要在心里跟着重复老师说的要点,做好课前预习和课后复习,课间要注意休息。

第三步:记忆方法的指导,教给学生记忆的规律和提示记忆法。

第四步:各科学习方法指导。

第六章

情绪调节

> 没有情感的理智,是无光彩的金块,而无理智的情感,是无鞍镫的野马。
>
> ——郁达夫

本章学习内容

1. 掌握情绪情感的概念、功能和种类。
2. 了解大学生情绪的特点和常见的情绪困扰。
3. 学会运用情绪调控的方法调节情绪。

**课前阅读**

惊恐的羊

阿维森纳做过一个情绪实验:把一胎生下来的两只羊放在不同的外部环境下生活,一只羊放在草原上,每天可以自由地吃青草,快乐地奔跑;另一只则被拴在木桩旁,并且在它的不远处还拴着一只狼,但这只狼并不能够吃到这只小羊。一段时间过后,愉快自由的小羊长得非常健康,而被拴住的小羊却死掉了。但它不是被狼吃了,而是因为这只小羊每天面对凶恶的狼,极度恐慌,根本无心吃食,最后因为过度惊恐而死。

这个实验告诉我们:对周围事物的恐慌会使个体产生负面的心理,负面的心理会产生负面的情绪。恐慌心理是个体面对虚无想象的或者现实中的威胁压迫而产生的心理。产生恐慌心理是个体为了保护自己的本能反应,但是过度的恐慌会产生更加消极的后果。

据调查显示有70%的人处于亚健康,其中有50%的人平时经常生气,为了身心的健康,我们要停止消极的心理,去除负面的情绪。

第一节 认识情绪

人在实践活动中认识世界、改造世界时,不会无动于衷,会感到满意、愉快、厌恶,会有喜怒哀乐,就是我们通常所说的情绪情感。

一、情绪与情感概述

情绪和情感是人类心理过程的重要方面。它们伴随着认知过程而产生,并对认知过程产生影响。

(一)情绪与情感的概念

情绪和情感是人对客观事物是否符合自己需要的态度体验。需要是情绪和情感产生的基础。根据客观事物是否符合主观的需要可能采取肯定的态度,也可能采取否定的态度。当采取肯定的态度时,就会产生爱、满意、愉快、尊敬等内心体验;当采取否定态度时,就会产生憎恨、不满、不愉快、愤怒、恐惧等内心体验。

情绪和情感在许多西方心理学著作中常常概称为 affection,其内涵包括情绪和情感。事实上,要将它们做严格的区分是困难的,人们在日常生活中也不会做严格的区分,它们既有联系又有区别。

(1)情绪情感的区别:① 情绪是指那些与某种机体需要是否得到满足相联系的体验;而情感是指人类发展进程中产生的与社会性需要相联系的体验。② 情绪较之情感具有明显的情境性和表浅性;情感较之情绪具有较强的内隐性和深沉性。情绪一旦发生,常常容易为人们所察觉,具有更多的冲动性。③ 在儿童情感发展中,情绪反应在先,情感体验发生在后。

(2)情绪情感的联系:① 情绪依赖于情感,情绪的不同变化,一般都受已经形成的社会情感的影响。② 情感也总是在各种不断变化的情绪中表现出来。

(二)情感的外部表现

人产生各种情绪和情感时,可以在外部表现出来,机体外有所表现即表情,是情绪和情感状态发生时身体各部分的动作量化形式。

作为交际工具的表情包括面部表情、身段表情和言语表情三个方面。

1. 面部表情

面部表情基本反映在嘴唇、眉毛以及眼睛的光泽变化上。心理学家保罗·埃克曼等人通过跨文化研究发现,悲哀、恐惧、愤怒、厌恶等情感的面部表情在世界各地都具有可辨认性。

2. 身段表情

身段表情是情绪在身体的姿态和动作方面的表现。借助全身姿态和四肢活动表达情感。例如,骄傲时,昂首挺胸;失败时,垂头丧气;欢乐时,手舞足蹈;悔恨时,捶胸顿足。头部、手和脚是表达情绪的主要身体动作部位。这些表情动作是我们交往的手段,如竖大拇指,使人们感到赞许,能够加强彼此之间的情感。表情动作使我们的言语生动有力。

3. 言语表情

言语表情是指情绪发生时在言语的声调、节奏和速度等方面的表现。高兴和生气时的语调不一样,当极度愤怒时,声音会颤抖。言语表情有时给人一种只可意会不可言传的感觉。

> **知识拓展**
>
> **埃克曼的表情研究**
>
> 保罗·埃克曼,美国心理学家,加州大学医学院心理学教授,1991年获美国心理学会颁发的杰出科学贡献奖,被评为二十世纪百位最有影响力的心理学家之一。
>
> 研究背景:表情和姿势都是受文化影响 VS 表情和姿势是全人类共有。
>
> 研究过程:埃克曼请卡尔顿代为拍摄新几内亚原始部落人类的表情照片和纪录片,他们未曾为现代文明所侵扰,仍然保持着人类最原始天真的表情。卡尔顿和他的专职摄影师拍摄下的胶片长达10万英尺,而埃克曼用了整整一年的时间来整理和研究这些照片。
>
> 研究结果:10万英尺的胶卷里所记录下的原始部落人类的表情没有一个他不曾在文明世界里看到过,可见,无论基于怎样的语言和文化,由情绪引发的面部表情的抽动是一致的。
>
> 埃克曼和他的助手已经证明了达尔文最初的假设——存在一系列对于人类具有普遍性的情绪表达,所有人都拥有共同的表情语言。
>
> 既然人类的面部表情是共通的,那就可以有一个科学的方法将这些表情整理分类。这便是埃克曼后来的研究成果——面部动作编码系统(FACS)。人脸部的肌肉有43块,可以组合出1万多种表情,其中3 000种具有情感意义。埃克曼根据人脸解剖学特点,将其划分成若干相互独立又相互联系的运动单元(AU),比如第12号AU包括两块颧肌,第6号AU则是眼外侧的轮匝肌。分析这些运动单元的运动特征及其所控制的主要区域以及与之相关的表情,就能得出面部表情的标准运动。面部动作编码系统对表情的捕捉准确率高达90%。

(三) 情绪和情感的基本功能

1. 信号功能

情绪和情感是人的思想意识的自然流露。任何一种形式的情绪与情感,总是表达着一定的主观内容,具有一定的信号意义。甚至在彼此言语不通的情况下,也可以通过情绪和情感输出信息,达到一定程度的相互了解和交往的目的。情绪和情感的信号功能,还表现在能将以往的经历作为表象储存起来,并构成情绪和情感经验。如这个同学是友善的,下次再遇见,对他也自然友善。

2. 感染功能

人类的情绪和情感可以互相传递和感受,具有感染性。人们之间的感情沟通正是通过情绪和情感的感染功能得以实现。具体体现为共鸣作用和移情作用。共鸣是指某人已经发生的情绪与情感引起他人相同或相似的情绪与情感。移情则是个人将自己的内心感受赋予他人或物。共同的经历,能引起共鸣,惺惺相惜。当别人遇到困难时,能站在别人的角度思考,理解别人,帮助别人,这就是移情。个体对各种信息意义的鉴别与认定,通常通过共鸣和移情来进行。艺术作品的欣赏也是如此,不同的作品有不同的受众。

3. 调节功能

情绪和情感在人们的行为活动中,起到巨大的调节作用。这种作用体现在两个方面:一是对主体行为或活动的调节;二是情绪与情感内部的自我调节。情绪和情感在一定程度上决定着个体的行为活动,对行为活动具有支配、指引等维持方向的作用。积极的情绪与情感体验,能对行为活动起到维持、增强的作用;而消极的情绪和情感体验,则对行为活动具有阻止或削弱的作用。另外,情绪和情感对人的机体活动也具有调节作用,如"人逢喜事精神爽",对平时一些会引起不快的事也会表现得宽容大度。

健康、良好的情绪与情感状态,可以改善机体的活动机能,有助于个体适应环境,正常地学习和生活。

二、情绪和情感的分类

人的一切心理活动都带有情绪色彩,而且情绪的表现形式多种多样。一般认为,快乐、愤怒、恐惧和悲哀是四种最基本的情绪,依据情绪发生的强度、持续时间和紧张度,可以把情绪状态分为心境、激情、应激和热情。而情感则与人的社会观念及评价体系分不开,按其内容、性质和表现方面的不同,可分为道德感、理智感和美感。

(一) 基本情绪

在中国古代,人们把情绪和情感分为喜、怒、哀、惧、爱、恶、欲等七种类型,称为"七情"。荀子则倡导"六情说",他把情绪和情感分为好、恶、喜、怒、哀、乐六大类。近代关于情绪的研究,也往往把快乐、愤怒、恐惧和悲哀看作单纯的情绪,称为基本情绪或原始情绪。

1. 快乐

快乐是个人目的达到,紧张解除后的情绪体验。快乐的程度和紧张的程度取决于目的的重要程度和目的达到的意外程度,如果追求的目的非常重要,并且目的的达到带有突然性则会带来异常的快乐,否则只能带来微小的满意,一般把快乐程度分为满意、愉快、喜悦、狂喜。

2. 愤怒

愤怒是个人目的不能达到或一再受到妨碍而逐渐积累所产生的情绪。挫折不一定引起人的愤怒,但当人们认为其受挫的阻挠是不合理的,甚至是恶意的,则最容易引起愤怒。一般把愤怒的程度分为轻微的不满、生气、愠怒、大怒、暴怒等。

3. 恐惧

恐惧是个人企图摆脱、逃避某种情境而又无能为力时所产生的情绪。恐惧是一种会使个体企图摆脱和逃避危险的情绪。引起恐惧的关键因素是人缺乏处理可怕情境的力量。恐惧具有很强的感染力,一个人在恐惧时,往往会引起周围人的不安和恐惧。从进化的观点看,恐惧可以作为警戒信号,有助于人逃避危险,还有利于群体的社会结合以保证安全。但恐惧具有压抑作用,对认知活动也有消极影响。严重的恐惧使人感知狭窄,思维刻板,行动呆板。

4. 悲哀

悲哀是个人在失去所盼望的、所追求的东西或有价值的东西时所引起的情绪,由悲哀所带来的紧张释放产生哭泣,哭泣一般不超过 15 分钟,在这段时间内完全可以减轻过度的紧张。悲哀的强度取决于失去事物的价值,失去的事物价值越大,引起的悲哀也越强烈。一般把悲哀的程度分为遗憾、失望、难过、悲伤、悲痛。

(二) 情绪状态

情绪状态可以分为心境、激情、应激和热情。

1. 心境

心境是一种持久的、微弱的,影响人的整个精神活动的情绪状态。心境具有渲染性,它不是关于某一事物的特定的体验,当一个人处于某种心境中,往往以同样的情绪状态看待一切事物。

心境产生的原因有很多。诸如人际关系的处理、重大事件发生、工作的顺利与挫折、身体状况、环境变化,乃至人们所处的经济地位和社会地位,都会引起心境的产生和变化。引起心境的原因,有时候个体并不是都能意识到。但一个人的心境并不是由环境和生理条件机械地决定的,有人面对死亡时也从容、安详,这与个体的个性、世界观和人生观具有密切的关系。一个具有远大理想和抱负、不怕困难的人,总能保持积极乐观的良好心境。

心境在人的现实生活中具有重要的意义。积极的、良好的心境能使人精神振奋,乐观地对待工作和生活,勇于克服困难和挫折;消极的、不良的心境使人精神萎靡、意志消沉。

2. 激情

激情是一种爆发式的、猛烈而短暂的情绪状态。如暴怒、恐惧、狂喜、绝望等都属于这种情绪体验。激情往往伴随明显的外部表现。例如,恐惧时,目瞪口呆、面如土色;暴怒时,暴跳如雷;狂喜时,手舞足蹈、高声谈笑等。机体内部也会相应发生变化,如心跳加速、血压升高等。激动性、冲动性和短时性是激情的显著特点。在出现激情时,人们往往暂时减弱或失去控制自己行为的意志力,可能出现轻率的举动。

引起激情的原因很多。对立意向的冲突和过度的抑制、具有特殊意义的事件的发生、激烈的言语或极端的行为等,都可能引起激情。当然,同一或类似的客观刺激对于具有不同个性心理品质的人,会产生不同性质和不同程度的激情。

激情有积极和消极之分。积极的激情,常常能调动人的身心的巨大潜能,激励人们奋不顾身地去克服艰难险阻,朝着正确的目标奋进;而消极的激情,则常常使人惊慌失措或盲目行动。

3. 应激

应激是出乎意料的紧迫情况所引起的急速而高度紧张的情绪状态。在应激状态下,人的整个机体受惊动,并很快地改变有机体的激活水平,使心率、血压、肌肉紧张度等发生显著变化,引起体内多种激素分泌的增加,情绪进入高度应激化。此时,机体动员自身的心理储备资源,以应付强烈的或超强的外界影响,这是应激的生理学基础。

人们在应激状态下的表现是不同的,这主要与人们的心理储备有关。一个人心理储备充足与否,直接影响他在关键时刻的态度与行为。这种心理储备主要表现在以下几个方面:第一,知识面宽广的程度。一个博学多才、掌握多种基本知识技能的人在紧急情况下会及时动员自己的智力储备资源以应激。第二,生活经验的积累。生活中发生的应激事件是很多的,如果个体善于吸取经验,那么,在应激面前就不至于手忙脚乱。第三,个性心理特征与意志品质。一般来说,性格坚强、意志顽强的人,心理承受能力也比较强,所以在应激时刻往往表现得从容镇静、机敏勇敢。第四,思维的灵活性和行动的准确性。遇到应激事件时,时间紧迫,情况危急,只有高度灵活与准确的思维和行动才能做到随机应变、化险为夷。

4. 热情

热情是一种强有力的、稳定而深厚的情绪状态。热情比心境更加强烈、深刻而稳定,比激情更为深厚和持久。热情涉及人的整个身心活动,决定一个人思想和行为的基本方向,对人的思想和行为有着巨大的推动作用。

热情对于大学生的生活和学习具有重要的意义。对学习的热情,能促进大学生去克服困难,努力取得好成绩;如果没有热情,学习就会变得枯燥无趣。

(三) 情感种类

人的社会性情感组成了人类所特有的高级情感,它反映着人们的社会关系和生活状况,体现出人的精神面貌并渗透人类社会生活的各个领域,具有鲜明的社会历史性。人类的高级社会性情感可以分为道德感、理智感和美感。

1. 道德感

道德感是由人的道德需要是否得到满足而产生的内心体验。当自己或他人的思想或行为符合个体已有道德行为准则时,就会产生积极的肯定的情感体验,如愉快感、荣誉感、正义感、热爱感、责任感等;否则,就会产生消极的、否定的情感体验,如厌恶感、憎恨感、负罪感、孤独感、悲哀感等。

道德感受到社会历史条件的制约。不同的社会制度、不同的文化背景,由于社会道德标准不同,人们对相同事务所产生的道德感会有不同。即使在同一社会制度下,由于个体所处的阶级地位不同,也会形成不同的道德需要和道德标准,从而产生不同的道德感。

道德感对个体的道德行为具有巨大的调节和动力作用。它可以规范自身言行,也可以使人按照道德准则去衡量和影响他人的言行。

2019年,中共中央、国务院印发的《新时代公民道德建设实施纲要》明确新时代公民道德建设的重点内容:筑牢理想信念之基、培育和践行社会主义核心价值观、传承中华传统美德、弘扬民族精神和时代精神。新时代大学生要重视个人品德建设,不断提升道德素质,立志成为能担当民族复兴大任的时代新人。

2. 理智感

理智感是人在认知活动过程中,认识和追求真理的需要是否得到满足所产生的内心体验。如人们在探索真理时会产生求知欲,求知时有浓厚的兴趣和好奇心,在解决疑难问题时会出现迟疑、惊讶和焦躁,问题解决后产生强烈的喜悦和满足,违背了事实时会感到羞愧等,这都是理智感的体现。理智感是高级情感,是在认识过程中产生和发展起来的,对人们学习知识、认识事物发展规律和探求真理的活动有积极的推动作用。例如,好奇心是探求真理的动力,热爱是学习最好的老师。理智感是个体良好精神境界的体现,是追求真理的精神力量,对人们的社会实践和科学研究有推动作用。理智感的推动作用发挥的程度与个体已有的知识水平和经验有关,也与世界观、理想等有关。

理智感是随着人们的认识和实践活动的逐步深入而发展起来的,认识活动是理智感得以产生的重要基础,而理智感的发展又推动认识过程的进一步深入。理智感是人们认识世界和改造世界的一种动力。

3. 美感

美感是对事物美的体验,是人们根据美的需要按照个人的审美标准对自然和社会生活中各种事物进行评价时产生的情感体验。人们总是根据审美的需要和观点来评价自然景色、艺术作品和社会行为的美与丑。审美标准是美感产生的关键,客观事物中凡是符合个人审美标准的,就能引起美感体验。和道德感一样,美感在一定的社会历史条件下产生,受到社会历史条件的制约,具有社会性、历史性和阶级性,美感的这些特性主要通过审美标准来体现。在社会活动中,美感与道德感经常是一致的,凡符合人们的道德需要和道德观念,能产生积极的道德感的事物,才能引起人们内心的美感体验。教育工作者要培养大学生树立健康向上的审美标准,陶冶大学生的情操。美感在人们的社会生活中具有重要的意义,美感使人精神振奋、积极乐观、心情愉快;美感丰富人的心理世界,增加生活的情趣,从而促进人类文明的发展。

第二节 大学生情绪与健康

一、大学生情绪的特点

大学生正处在青年时期,他们的情绪与整个心理过程一样正处于蓬勃发展的时期,即由不成熟迅速走向成熟的重要时期,并且情绪的成熟比认知的成熟稍晚一些。大学生情绪最基本的特征是其两极性和矛盾性。大学生情绪的两极性指情绪容易从一个极端到另一个极端,大起大落,摇摆不定,跌宕起伏。大学生情绪的矛盾性是大学生的生理与心理的矛盾、个人需要与社会满足的矛盾、理想与现实差距的矛盾、理想的我与现实的我的矛盾等种种矛盾冲突带来的情绪上的反应。因此,情绪的两极性是情绪矛盾性的外化和表现形态,而情绪矛盾性的极端形式就是情绪的两极性。

由于情绪的两极性和矛盾性,大学生的情绪往往呈现出以下几个特点。

(一) 情绪内容的丰富性和狭隘性并存

大学生处在心理向成熟发展的过渡期,他们的情绪表现出既有少年时期留下来的天真幼稚,又有成年期的深思熟虑,而两性情感的介入更使大学生的情绪表现多姿多彩。大学生的情绪体验随着生活环境的变化而变得更加丰富,他们不仅能够体验到自我情感,如自卑、自信、自尊等,还能体验到高级情感,如爱国主义情感、责任感、集体荣誉感等。然而,这种丰富性也表现出一定的狭隘性,情绪的狭隘性是指个体在情绪体验上的局限性和偏颇,这种特质可能导致个体在面对某些特定情境时表现出过度的情绪反应。在大学生群体中,情绪的狭隘性可能表现为对某些事物的过度热情或极端抵触,以及在面对复杂情境时缺乏适当的适应性和灵活性。

(二) 情绪的稳定性和波动性并存

和青少年时期相比,大学生的身心发展已日趋成熟,随着知识经验的积累、认知水平的提高、经历的丰富,大学生对自己的情绪已有了一定的控制能力,情绪趋于稳定。然而,大学生情绪仍然具有明显的波动性,容易受到生理变化和社会需求的影响。特别是在面对学业、就业压力以及生活阅历有限的情况下,会表现出时而激动时而平静、时而积极时而消极的情绪波动。

(三) 情绪体验的强烈性和理智性并存

大学生的情绪体验既强烈又理智。强烈性表现为他们在爱情、理想等方面的冲动和热情以及在外界刺激下,易产生冲动性情绪行为和感情用事。如有些大学生在心情烦躁时,会因一些小事情向对方发起言语或肢体攻击。同时,随着年龄的增长,他们的心智稳定性增强,情绪体验表现出更为细腻和理智的一面,尤其是在与师长交往时,即使有不满的情绪,也能保持冷静,自控能力已有了较高程度的发展,多数情况下能理智地思考问题。

(四) 情绪的外显性与内隐性并存

大学生对外界刺激反应迅速且敏感,情绪表现具有外显性特点。然而,他们在某些场合和特定问题上,会掩饰、隐藏或抑制自己的真实情感,表现出内敛和含蓄的特点。例如,在对待异性时的态度上,虽然他们心生欢喜,但表面上可能表现出无所谓的态度。

二、大学生情绪健康的标准

健康的情绪是健全人格的重要构成。一般而言,积极向上的心态、稳定的情绪、适当的情绪表达和情绪管理能力、情绪表现与年龄一致且符合社会规范,这些都是情绪健康的标准。

(一) 瑞尼斯的六标准

心理学家瑞尼斯等人提出情绪健康的六项指标:
(1) 发展出某些技巧以应对挫折情境。
(2) 能重新解释和接纳自己与情绪的关系,不会一直自我防卫,能避免挫折并安排替代的目标。
(3) 知觉某些情境会引起挫折,可以避开并找寻替代目标,以获得情绪满足。
(4) 能找出方法,缓解生活中的不愉快。
(5) 能认清各种防卫机制的功能,包括幻想、退化、反抗、投射、合理化、补偿,避免形成错误的习惯,以致防卫过度,造成情绪困扰。
(6) 能寻求专家的帮助。

(二) 索尔的八标准

心理学家索尔指出情绪健康的八个特点:
(1) 独立,不依赖父母。
(2) 增强责任感及工作能力,减少与外界接触的渴望。
(3) 驱除自卑情结、个人主义及竞争心理。
(4) 适度的社会化与教化,能与人合作,并符合个人良心。
(5) 成熟的性态度,能组织幸福家庭。
(6) 培养适应性,避免敌意与攻击。
(7) 对现实有正确的了解。
(8) 具有弹性以及适应力。

对大学生来说,情绪健康具体表现为:心境是积极、乐观、愉快、稳定的;充满年轻人的朝气和激情;对生活、学习和工作充满热情;具有情绪自我调控能力;情绪表达符合情境;高级的社会情感(理智感、道德感、美感等)能得到良好的发展。

(三) 大学生常见的情绪困扰

处于心理发展从不成熟到成熟阶段的大学生,常见的情绪困扰有抑郁、焦虑、愤怒、恐惧、嫉妒和冷漠。

1. 抑郁

抑郁是一种以持续的情绪低落为特征的消极状态,常伴有厌恶、痛苦、羞愧、自卑等情绪体验。这种情绪大多数人都体验过,一般只是偶尔出现,很快就会消失。但也有少数人长期处于抑郁状态,导致抑郁症。情绪抑郁的大学生的主要表现有:情绪低落、思维迟缓、意志行动减退、记忆力下降等;回避社交,对生活缺乏信心;有睡眠障碍、乏力、食欲减退、体重下降等躯体症状。长期的抑郁会使大学生的身心受到严重伤害,无法正常有效地学习和生活。大学生抑郁情绪的主要影响因素有人际关系、学业压力、职业发展、家庭关系、情绪压力、睡眠障碍以及其他有关的负面生活事件和突发事件。一些大学生产生抑郁情绪是由于对一些负面事件的不正确认知和过分概括化的评价。

中国心理卫生协会的有关统计显示,我国抑郁症发病率为3‰~5‰。这个数据不包括未寻求治疗的隐形抑郁症患者。而在我国抑郁症患者中,大学生所占比例正在逐年递增。

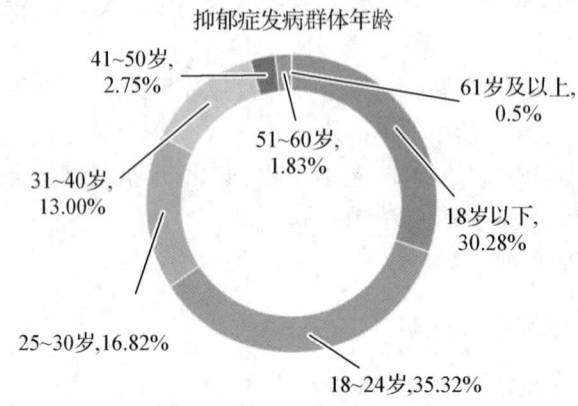

图6-1 抑郁症发病群体年龄分布

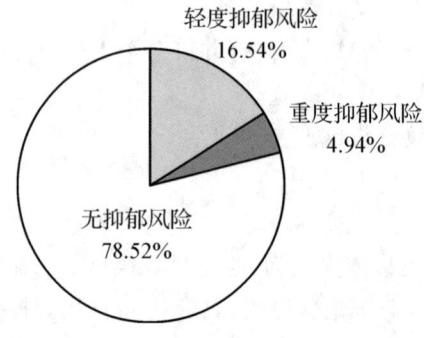

图6-2 大学生抑郁风险检出率

说明:为简洁呈现,图中的百分比均为有效百分比。

小 测 试

(注:测试结果仅供参考,如有疑问请咨询专业人士)

抑郁自评量表

一、测验材料说明

抑郁自评量表(SDS)由 W. K. Zung 于 1965 年编制。本量表含有 20 个反映抑郁主观感受的项目,每个项目按症状出现的频度分为四级评分,其中 10 个为正向评分,10 个为反向评分。对 20 个项目评定时依据的等级标准为:1 表示"没有或很少时间有",2 表示

"少部分时间有",3 表示"大部分时间有",4 表示"绝大部分时间或持续有"。

二、适用范围

本量表可以评定抑郁症状的轻重程度及其在治疗中的变化,特别适用于发现抑郁症病人。其评定对象为具有抑郁症状的成年人。

请根据你近一周的感觉,在适当的数字上标记。(*表示正向评分)

1. 我感到情绪沮丧,郁闷	1	2	3	4
*2. 我感到早晨心情最好	4	3	2	1
3. 我要哭或想哭	1	2	3	4
4. 我夜间睡眠不好	1	2	3	4
*5. 我吃饭像平时一样多	4	3	2	1
*6. 我与异性密切接触时和以往一样感到愉快	4	3	2	1
7. 我感到体重减轻	1	2	3	4
8. 我为便秘烦恼	1	2	3	4
9. 我的心跳比平时快	1	2	3	4
10. 我无故感到疲劳	1	2	3	4
*11. 我的头脑像往常一样清楚	4	3	2	1
*12. 我做事情像平时一样不感到困难	4	3	2	1
13. 我坐卧不安,难以保持平静	1	2	3	4
*14. 我对未来抱有希望	4	3	2	1
15. 我比平时更容易激怒	1	2	3	4
*16. 我觉得决定什么事很容易	4	3	2	1
*17. 我感到自己是有用的和不可缺少的人	4	3	2	1
*18. 我的生活很有意义	4	3	2	1
19. 假若我死了,别人会过得更好	1	2	3	4
*20. 我仍旧喜爱自己平时喜爱的东西	4	3	2	1

分析指标:指标为总分。将 20 个项目的各个得分相加,即得粗分。SDS 总粗分的正常上限为 41 分,分值越低状态越好。标准分为总粗分乘以 1.25 后所得的整数部分。我国以 SDS 标准分≥50 为有抑郁症状。

抑郁严重度=各条目累计分/80

解释:0.5 以下为无抑郁;0.5～0.59 为轻微至轻度抑郁;0.6～0.69 为中度至重度抑郁;0.7 以上为重度抑郁。仅做参考,如有异常请及时向专业人士咨询。

事项:关于抑郁症状的分级,除参考量表分值外,主要还要根据临床症状。量表分值仅能作为一项参考指标而非绝对标准。

2. 焦虑

焦虑是对亲人或自己生命安全、前途命运等的过度担心而产生的一种烦躁情绪。其中含有着急、紧张、恐慌、不安等成分。它与危急情况和难以预测、难以应付的事件有关。焦虑是人的一种本能情绪,每一个人都会存在焦虑情绪,当个体处于心理压力状态,受到刺激时,都会出现焦虑情绪。德国精神病学家格布萨特尔说:"没有焦虑的生活和没有恐惧的生活一样,并不是我们真正需要的。"这就是说,一定程度的焦虑是正常的、有用的,甚至有时候是必要的。适当的焦虑情绪能够帮助个体面对突发事件,但是长期的焦虑情绪会影响个体的心理健康。

有些大学生说不出自己焦虑的原因,但研究表明,事情的不确定性是产生焦虑的根源。焦虑可以分为广泛性焦虑障碍和特定恐惧症等。广泛性焦虑障碍的主要症状包括对日常琐事感到过度和持久的不安、担心,以及运动性不安等。特定恐惧症则是对特定物体或情境的强烈恐惧,伴有植物神经功能障碍的症状,如心悸、出汗、震颤等。

大学生焦虑的原因是多方面的,主要有学业困难、校园生活环境不适应、恋爱问题、毕业就业问题等,也有因对自己身体状况过分关注而产生的焦虑。大学生的焦虑大多是正常的,即客观的、现实的焦虑,但过度焦虑会使人心情过度紧张、情绪不稳定、推理判断错误、记忆力减退,会影响大学生的学习和人际关系。对于那些自己感到无法控制的、比较严重和持久的焦虑症状,或有焦虑性神经症的表现,则应及时向心理咨询师寻求帮助。

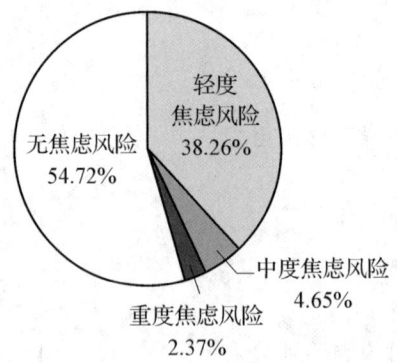

图 6-3 大学生焦虑风险检出率

说明:为简洁呈现,图中的百分比均为有效百分比。

小 测 试

(注:测试结果仅供参考,如有疑问请咨询专业人士)

焦虑自评量表(SAS)

序号	题 目	没有 (1分)	有时有 (2分)	大部分 时间有 (3分)	绝大部分或 全部时间 有(4分)	评分
1	我觉得比平时容易紧张和着急					
2	我无缘无故地感到害怕					
3	我容易心里烦乱或觉得惊恐					
4	我觉得我可能将要发疯					

续 表

序号	题 目	没有(1分)	有时有(2分)	大部分时间有(3分)	绝大部分或全部时间有(4分)	评分
5	*我觉得一切都很好,也不会发生什么不幸					
6	我手脚发抖打战					
7	我因为头痛、颈痛和背痛而苦恼					
8	我感觉容易衰弱和疲乏					
9	*我觉得心情平静,并且容易安静坐着					
10	我觉得心跳很快					
11	我因为一阵阵头晕而苦恼					
12	我有过晕倒发作或觉得要晕倒似的					
13	*我呼气、吸气都感到很容易					
14	我手脚麻木和刺痛					
15	我因为胃痛和消化不良而苦恼					
16	我常常要小便					
17	*我的手常常是干燥温暖的					
18	我脸红发热					
19	*我容易入睡并且一夜睡得很好					
20	我做噩梦					
	总 分					

评分方法:采用4级评分,主要评定症状出现的频度,其标准为:"1"表示没有或很少时间有;"2"表示有时有;"3"表示大部分时间有;"4"表示绝大部分或全部时间有。20个条目中有15项是用负性词陈述的,按1~4的顺序评分。其余5项(序号5、9、13、17、19)标注*号的,是用正性词陈述的,按4~1的顺序反向计分。

分析指标:SAS的主要统计指标为总分。将20个项目的各个得分相加,即得粗分;用粗分乘以1.25以后取整数部分,就得到标准分。

结果解释:按照中国常模结果,SAS标准分的分界值为50分,其中50~59分为轻度焦虑,60~69分为中度焦虑,70分以上为重度焦虑。

3. 愤怒

愤怒是因目的不能达到、愿望不能实现并一再受挫时,紧张状态逐渐积累而产生的敌意情绪。愤怒对一个人的身心健康有明显的不良影响,比如心跳加速、心律失常,严重时可导致心脏停搏甚至猝死。此外,愤怒会使人丧失理智而出现损物、伤人,甚至犯罪等行为。大学生中一些违纪违法的事件,大多是在愤怒的情绪下发生的。易怒的大学生一是个性因素所致,如胆汁质的大学生更具有冲动、易怒的情绪特征。二是许多错误认识所致,如认为发怒可以威慑他人,发怒可以推卸责任,发怒可以挽回面子,发怒可以满足愿望等。然而事与愿违,发怒所得到的不是尊严、威信,而是他人的厌恶,使自己心绪更加不宁。三是自我评价偏高的大学生也容易发怒。可用躲避刺激、转移刺激、释放紧张性能量和运用意识克制等方法控制发怒。

知识拓展

学会控制愤怒情绪

2022年9月,某职业学院学生宿舍发生一起刑事案件,两名学生因为生活琐事发生矛盾,其中一名学生用裁纸刀将另一名学生的颈部割伤,伤者后因失血过多抢救无效身亡。对于行凶者来说,自己或许解了一时之气,但冲动之后更多的会是悔恨,不仅葬送了自己的后半生,而且还彻底毁了两个家庭。所以管理负面情绪非常重要,这里介绍几种控制愤怒情绪的方法。

学习情绪的相关知识:了解关于情绪的科学知识,了解自己的愤怒情绪,分析自己经常产生愤怒的原因和触发因素。认识到愤怒是正常的情绪,但也需要学会控制和管理它。

深呼吸和冷静思考:在愤怒的时候,尝试进行深呼吸和冷静思考。一边深呼吸一边数数,可以帮助你放松身心;冷静思考,可以用思维导图画出你愤怒的原因和愤怒时的身心体验,等画好了,你的气可能也消了,这有助于避免冲动的行为。

运用合理的方式释放情绪:找到适合自己情绪释放的合理方式,比如体育锻炼、爬山、在空旷的地方喊叫或唱歌、画画等。将愤怒表达出来可以帮助减轻情绪的压力。

倾诉和寻求支持:与可信任的家人、老师、朋友或同学分享你的感受和愤怒,倾诉情绪可以减轻内心的负担,同时得到理解和支持。

远离触发愤怒的因素:如果可能的话,尽量避免与愤怒的触发因素接触,或者学会应对这些触发因素的方式。

控制冲动行为:在愤怒的情绪下,尽量避免做出冲动的行为,可以先暂时离开场景,给自己冷静的时间。

转移注意力:转移注意力可以帮助你从愤怒情绪中解脱出来。可以尝试做一些喜欢的事情,转移注意力从而平息愤怒。

学会谅解和宽容:学会理解和包容他人,对于一些触发愤怒的情况,尝试从对方的角度考虑,看是否能够理解他人的行为和动机。

寻求专业帮助:如果你发现自己难以控制愤怒情绪或情绪问题较为严重,不妨寻求专业心理咨询的帮助,专业的辅导和指导可以帮助你更好地应对。

控制愤怒情绪需要时间和努力,重要的是关心自己的身心健康,在面对愤怒情绪时,学会适应和应对。同时,也要善待自己,接纳自己的情绪和成长过程。

4. 嫉妒

嫉妒是人际交往中常见的心理反应,是一种因他人在某些方面优于自己而产生的不愉快和怨恨体验的复杂情绪。其表现为不能容忍别人的进步与优点,通过诋毁对方达到心理上的暂时平衡。嫉妒的实质是自信心或能力缺乏的表现。嫉妒发生的原因是通过与他人比较来确定自身的价值，如果他人的价值增加，便会觉得自己的价值相对下降，从而产生痛苦的体验，这种情绪很容易转化为对比较对象的不满和怨恨，进而产生种种嫉妒行为。例如，寻找对方的不足之处，贬低对方，散布谣言诋毁对方名誉，采取极端手段毁物伤人，出于防御心理，在对方面前表现出一种傲慢且难以接近的态度，用以维护自己的"自尊"等。轻微的嫉妒会使人意识到压力的存在，促使人去拼搏奋进，成为赶上被嫉妒者的动力。但严重的嫉妒会导致焦虑和敌意。有调查将大学生中的嫉妒分为七类：一是嫉妒别人政治上的进步，二是嫉妒别人学习上的冒尖，三是嫉妒别人某一方面的专长，四是嫉妒别人生活上的优渥，五是嫉妒别人社交上的活跃，六是嫉妒别人仪表上的出众，七是嫉妒别人恋爱上的成功。

巴尔扎克说过："嫉妒者所受的痛苦比任何人遭受的痛苦更大，他自己的不幸和他人的幸福都使他痛苦万分。"嫉妒会对身心多方面产生不良影响，严重影响大学生的人际关系，使他们处于不愉快、烦躁、痛苦等负面情绪中。大学生可以通过增强自信，调整自我价值的确认方式，不盲目与他人比较，克服虚荣心等方法来克服嫉妒情绪。

5. 冷漠

冷漠是一种对人或事漠不关心的消极情绪。大学生时期应该是人生中最富有激情和热情的阶段，然而有的大学生对生活和学习缺乏热情，对集体活动漠不关心，对周围的同学态度冷漠，对任何事都似乎缺乏兴趣，常独来独往，十分孤僻。冷漠产生的主要原因往往与个人经历和性格特点等有关，如从小缺乏父母关爱、与家人关系冷漠、自己的努力得不到承认、好心得不到理解等。片面固执的思维方式、心胸狭窄、耐受力差、过于内向的个性特点也容易产生冷漠情绪。

冷漠情绪不利于身心健康和个人成长，情绪冷漠的人往往内心很痛苦、孤寂，具有强烈的压抑感，而过分的压抑又会破坏心理平衡，影响身心健康。培养良好的个性品质，正确对待挫折、积极参加各种有益的活动都可以使冷漠情绪得到改善。

> **知识拓展**

情绪影响健康

有研究表明，不同的情绪对应着不同的身体疾病。比如恐惧、焦虑会导致腹部疼痛；受批评、内疚引发关节炎；压抑导致哮喘；经常愤怒的人容易有口臭，还容易出现脓肿；恐惧会引发晕车和痛经。在所有的身心疾病中，胃肠疾病是排名第一位的，比如胃溃疡和十二指肠溃疡，全球约有10%的人一生中患过该病。很多人都有这样的经验：一遇到紧张焦虑的状况就会胃疼或腹泻，压力大的时候根本吃不下饭。司机、警察、记者、急诊科医生等患胃溃疡的比例最大。

其次是皮肤。对很多人来说，紧张时头皮发痒、烦躁时头皮屑增加、睡不好狂掉头发，还有反复无常的荨麻疹、湿疹、痤疮，都可能是长期不良情绪带来的后果。

第三就是内分泌系统。女性的卵巢、乳腺，男性的前列腺最容易受到不良情绪的冲击。

大量临床医学研究表明,小到感冒,大到冠心病和癌症,都与情绪有着密不可分的关系。充满心理矛盾、压抑、经常感到不安全和不愉快的人,免疫力低下,经常感冒,一着急就喉咙痛;紧张的人则会头痛、血压升高,容易引发心血管疾病;经常忍气吞声的人得癌症的概率是一般人的三倍。

第三节 大学生情绪管理

一、情绪管理

每个成年人都应管理好自己的情绪,情绪管理并非易事,如亚里士多德所言:"任何人都会生气,这没什么难的,但要能适时适所,以适当方式对适当的对象恰如其分地生气,可就难上加难。"

(一) 情绪管理的概念

情绪管理指通过研究个体和群体对自身情绪和他人情绪的认识,培养控制情绪的能力,并由此产生良好的管理效果,使个体保持乐观心态,不断自我激励、自我完善。情绪管理不仅有利于个体建立和谐的人际关系,还有利于个体开发身心潜能,塑造健全人格。由于情绪对人的认知和行为的影响作用,心理学界一度掀起情绪研究的热潮。20 世纪 90 年代,沙洛维和梅耶提出了情绪智力的概念,又将情绪的研究推向了高潮。根据情绪智力的内涵,人们已清楚地认识到情绪不只是个体的心理现象,同时也是社会现象。情绪有其社会接受方式、社会沟通方式和社会支持方式,因此情绪需要管理。

(二) 情绪管理的内容

情绪管理包括情绪识别、情绪调控、情绪表达、自我激励等多方面内容。

1. 情绪识别,即识别自己和他人情绪的认知能力

情绪智力的核心是情绪认知能力,即对自己的某种情绪识别的能力,能较为准确地识别自己的各种积极情绪和消极情绪。完整的情绪认知能力不仅仅指情绪的自我认知,还包括对他人情绪的识别,理解他人情绪的能力。这种觉察他人情绪的能力就是同理心,即能设身处地站在别人的立场,为别人设想。越具同理心的人,越容易进入他人的内心世界,也越能觉察他人的情感状态。

2. 情绪调控,即情绪自我调节和控制能力

情绪的自我调控主要是指控制自己的情绪活动以及抑制情绪冲动的能力。情绪的调控能力建立在对情绪状态的自我识别基础上,是指一个人如何有效地摆脱因失败或不顺利而产生的焦虑、沮丧、激动、愤怒或烦恼等消极情绪的能力。这种能力的高低,会影响一

个人的工作、学习与生活。当情绪的自我调控能力低下时,人往往会陷入痛苦的情绪漩涡中。个体需要在准确认识自己情绪的基础上,分析这种情绪产生的原因,并通过适当的方法予以缓解。进行情绪的归因训练能帮助人们提高情绪的自我理解和领悟能力。情绪调节和控制的方法很多,不同的理论流派有不同的技术和方法,转移、升华、倾诉、宣泄、认知重建、放松训练等方法都可以用来调节情绪。

3. 情绪表达,即合理地表达情绪以发展人际交往的能力

人们在交往过程中会因为交往内容和方式的改变而体验到各种情绪,情绪也深深地影响着交际的内容和方式。正确的情绪认知和表达可以抒发自己内心的感受,让别人更了解自己,增进彼此的关系;错误的情绪表达方式往往会出现防御性不良互动,让彼此关系变得紧张。情绪管理要求人们在学会识别自己和他人情绪的基础上恰当地表达情绪,发展良好的人际关系。

4. 自我激励,即引导或推动自己去达到预定目的的情绪倾向的能力

自我激励是一种自我指导能力,它要求一个人为服从自己的某种目标而产生、调动与指挥自己情绪的能力。一个人做任何事情要想成功的话,就要学会自我激励、自我把握,始终保持高度热情,使情绪专注于目标,尽力发挥出自己的创造潜力。通过自我激励,培养良好的情绪,控制低落情绪,保持积极乐观心态,不断完善自我。

知识拓展

费斯汀格法则

费斯汀格法则是美国社会心理学家费斯汀格提出的一个著名理论。他认为在生活中10%的事情由你现在发生的事情组成,另外90%则是因为你对事情做出的反应而决定的。这个理论告诉我们,我们无法控制生活中发生的一些事情,但我们可以通过改变对这些事情的反应来影响后续的发展。

费斯汀格举了一个例子:

卡斯丁早上起床后洗漱时,随手将自己的高档手表放在洗漱台边,妻子怕被水淋湿了,就随手拿起放在了餐桌上。儿子起床后到餐桌上拿面包时,不小心将手表碰到地上摔坏了。卡斯丁心疼手表,就照儿子的屁股揍了一顿,然后黑着脸骂了妻子一通。妻子不服气,说是怕水把手表打湿。卡斯丁说他的手表是防水的,于是二人吵了起来。

一气之下卡斯丁早餐也没有吃,直接开车去了公司,快到公司时突然记起忘了拿公文包,又立刻回家。可是家中没人,妻子上班去了,儿子上学去了,卡斯丁把钥匙留在了公文包里,他进不了门,只好打电话向妻子要钥匙。

妻子慌慌张张地往家赶时,撞翻了路边水果摊,摊主拉住她不让她走,要她赔偿,她不得不赔了一笔钱才摆脱。待拿到公文包后,卡斯丁已迟到15分钟,挨了上司一顿批评,卡斯丁的心情坏到了极点。下班前又因一件小事,跟同事吵了一架。

妻子也因早退被扣除当月全勤奖。儿子那天参加棒球比赛,原本有夺冠的机会,但由于心情不好,发挥不佳,第一局就被淘汰了。

在这个事例中,手表摔坏是其中的10%,后面一系列事情就是另外的90%。当事人没有很好地掌控那90%,才导致了这一天成为"闹心的一天"。

试想,卡斯丁在那10%产生后,假如换一种反应。比如,他抚慰儿子:"不要紧,儿子,手表摔坏了没事,我拿去修修就好了。"这样儿子高兴,妻子也高兴,他本身心情也好,那么随后的一切就不会发生了。

可见,你控制不了前面的10%,但完全可以通过你的心态与行为决定剩余的90%。

二、提高大学生的情绪认知能力

情绪认知是情绪管理的基础和前提,提高情绪认知能力主要包括以下两方面:一是提高对自己情绪的觉察能力,二是提高对他人情绪的识别能力。

(一) 提高对自己情绪的觉察能力

情绪的自我觉察能力是指了解自己内心的一些想法和心理倾向,以及自己所具有的直觉能力。自我觉察,即当自己某种情绪刚一出现时便能够察觉。一个人所具备的能够监控自己的情绪以及对经常变化的情绪状态的自我觉察,是情绪管理的基础。如果一个人不具有这种对情绪的自我觉察能力,或者说不能意识到自己真实的情绪感受,就容易任凭自己的情绪摆布,以至于做出许多不合适的事情来。情绪是一种自发性的反应,用理智去控制它的发生很难,因此情绪管理的第一步是在情绪来临时,去观察并觉察自己到底处在何种情绪状态;第二步是分化辨识它,分析情绪发生的原因,并恰当地表达出自己的感受。

1. 关注自我情绪,及时体察情绪状态和情绪感受

管理情绪,要学会关注自己的情绪。首先,要及时觉察自己所处的情绪状态。应时时提醒自己注意:我现在的情绪是什么?无论处在何种负面情绪中,先跳出来,让主体的我对客体的我进行观察。第二,辨识表面情绪背后的真实情绪感受。由于情绪本身的复杂多变,个体所直接感受或表现出来的可能是已经包装或伪装的情绪,如用生气的方式来掩盖内心的伤痛等。所以大学生要辨识自己真正感受到的情绪。第三,梳理分析自己的复杂情绪,明确自己所处的情绪状态。个体常常会处在一种复杂的情绪状态中,这时候就需要进一步梳理。难以分辨自己的情绪状态很多时候跟长期的情绪抑制或情绪忽略有关。比如,亲人去世后,伤心之余即使还没缓过神来,仍不得不继续学习或工作;又或者刻意让自己忙碌起来,聚精会神地做其他事情。随着时间的流逝,持续的情绪抑制就会导致情绪表达和辨识困难的进一步增加。所以,不要回避或逃避自己的情绪问题,及时关注,积极调控。

2. 分析引发情绪的原因,及时消除负向情绪

"世界上没有无缘无故的爱,也没有无缘无故的恨",这句话表达的是情感的产生有其一定的原因,只有明确情绪产生的原因,才能了解自己情绪发生背后的缘由。首先,要清楚地了解影响情绪的各种因素,既有外界刺激方面的原因,即客观原因;也有自身认知评

价方面的原因,即主观原因。第二,应深入分析情绪产生的主观原因。通常人们认为愤怒、生气、忧郁的情绪是由外在原因引发的,20世纪50年代发展起来的情绪ABC理论却认为,情绪并非直接源自外在诱发事件,而归因于个体对于这件事的观念和想法(该理论和方法将在接下来的内容中详细介绍)。探讨情绪背后的想法和信念,可以帮助个体明确哪些想法或思考方式让自己产生了负向的情绪。如果想法是理性的,即使事情不尽如人意,个体的挫折容忍力会比较高。反之,如果想法是非理性的,就容易让个体产生比较强烈的负向情绪,增加不必要的困扰,对挫折容忍力也会降低。

3. 接纳并合理地表达自己的情绪

每个人都会有负向情绪,一个心理健康的人并不否定自己负向情绪的存在,而且会给它一个适当的空间,接纳自己的情绪,并学习如何与它相处。接纳自己内心感受的存在,才能有效管理情绪,然后再合理地表达自己的情绪。在觉察自己真正的感受后,掌握良好的时机表达自己的情绪。表达情绪的有效方式应是以平静、非批判的方式叙述情绪的本质,描述而不直接发泄情绪,且对情绪的言语表达要清晰、具体。

> **知识拓展**

情绪粒度

情绪粒度是莉莎·费尔德曼·巴雷特于20世纪90年代提出的概念,它指的是一个人区分并识别自己具体感受的能力。比如,在恐怖袭击之后,有的人会说:"我的第一反应是巨大的悲伤,紧接着的第二反应则是愤怒,因为对于这种悲伤,我们感到无能为力。"有些人则会说:"我感到一股无法被确切描述的巨大情绪。也许是恐惧,也许是愤怒,也许是困惑。我只是感到非常非常糟糕,太糟糕了。"前一种人是高情绪粒度的,他们能够用具体的情绪词汇来标记自己所经历的感受。而后一种人则是低情绪粒度的,他们并不准确地知道自己经历了什么,总是用笼统的词汇来表达,比如"开心或不开心"。

情绪粒度分为两个部分,一是感受。高情绪粒度的人,对情绪的体验更丰富、更细致入微,能更好地感受自己的情绪。二是表述。高情绪粒度的人在拥有某种感受的时候,无论它是新的、还是在记忆里的,他们能够用准确的词汇和良好的表达技巧来形容这种情绪。

心理学家认为,识别自己的情绪,给它们打上准确的标记是情绪管理的开始。"高情绪粒度使得人们的大脑在应对生活的种种挑战时,有了更加精密的工具。"Barrett(2016)在《纽约时报》的撰文中表示:不同的负面情绪,只会激活一部分负面身心反应,损耗更小。对于高情绪粒度的人来说,他们应对情绪的能力还会不断变得更系统、更精细。经验会随着人生阅历而增加。久而久之,他们会形成关于如何应对自己每一种情绪的宏大的"工具库"。而一个低情绪粒度的人,不曾真正地认识过不同的负面情绪,也就无法很好地处理它们,不知道如何分类并采用多种不同的策略来应对。于是,有些人会粗暴地将这些情绪全部压抑、隔离。而这些未被处理的情绪,反而会在我们注意不到的心底慢慢发酵。也有的人会选择粗暴地对抗,以至于让自己处于对所有负面情绪都过分警觉的状态里。这两种情形,都是对负面情绪无法精细应对的结果,于是他们似乎总是被自己的情绪伤害。

一系列实验证明,情绪粒度高会对人产生诸多好处。比如,高情绪粒度的人更不容易在压力下崩溃或采取负面的"自我治疗"策略,如酗酒、暴食、自伤,也更不容易采取报复或侵犯他人的行为,有更低的抑郁和焦虑水平等。情绪粒度甚至会对健康有正向的影响,高情绪粒度的人去看医生和用药的频率也更低。

(二)提高对他人情绪的识别能力

识别他人的情绪,也有助于清晰地认知自己的情绪,更好地管理自己的情绪。做到以下两点能提高对他人情绪的识别能力。

1. 掌握人类情绪表现的特点,有助于对他人情绪的基本识别

埃克曼的表情研究表明人类的表情有共通性,但具体表现方式受社会文化因素的制约,复杂情绪的表露更是如此。由于个体的情绪表现能被别人识别,而情绪表现又具有一定的社会价值。因此,在何种情况下表现何种情绪是人们后天学会的。人们力图掩盖自己的真正情绪,有时甚至故意表现和内心情绪不一致的表情,有时则力图夸大或修饰自己的表情,这些现象称为情绪表露规则。尽管伴随特定情绪的面部肌肉运动模式是由生理决定的,但这种运动显然受情绪表露规则控制,受社会文化因素制约。情绪识别实际上并不是针对表情本身,而是针对它背后的意义。情绪识别是一种复杂的认知过程,包含观察、分析、判断、推理等。所以大学生要提高识别他人情绪的能力,还需要习得更多的相关知识。

2. 把握情绪识别的规律,有助于对他人情绪的准确识别

情绪识别的准确度受多种因素影响,一是从面部表情中识别。从面部识别情绪的主要线索并不在"眉目之间",而应特别借助面部那些活动性更大的肌肉群的运动来识别。二是从情绪行为的前后关系中识别情绪,准确度高;而孤立地识别情绪,准确度低。三是将面部表情和身段表情结合起来识别,更有利于准确地判断情绪状态。识别身段表情,其中双手的表情占着很重要的地位,识别双手表达情绪的准确度可以达到和识别面部表情相同的水平。

准确地识别一个人的情绪单凭表情是不充分的,正常成年人可以随意调节情绪表现的方式,既可以在有情绪体验的情况下表现,也可以在没有情绪体验的情况下表现。因此,必须结合其他指标(如当时的情境、个体的个性特征等)综合地进行识别。

三、大学生情绪调控的方法

情绪对人的发展影响极大,情绪的调控与身心健康密切相关,成熟的个体能尽量避免不良情绪的出现。大学生要做到自如地调控自己的情绪,必须学习一些情绪自我调控的方法。

有利于身心健康的生活方式,一般都对调控人类情绪有利。调控情绪的具体方法有很多,以下所列的方法主要用于情绪障碍调控,也适用于其他心理问题。

(一) 认知调节

对同一事件,不同的人有不同的认知,进而有不同的情绪反应。解决认知层次的问题对于消除负面情绪是有效的。

美国临床心理学家埃利斯提出理性情绪理论,又称 ABC 理论,他认为:"人不是为事情困扰着,而是被对这件事的看法困扰着。"在这个理论模型中,A 是指导致个体情绪困扰的外在事件(activating event);B 是指对事件解释、评价的观念体系(belief);C 是指由个体的观念体系导致的情绪结果(consequence)。通常,人们总认为人的情绪反应是由社会生活事件直接引起的,但情绪 ABC 理论则指出:事件只是情绪的间接原因,而对事件的解释和评价才是情绪更直接的原因,即不是 A 引起 C,而是 B 引起 C。

理性情绪理论的应用步骤:

第一,将引发不良情绪的事件和认识一一列出。

在不良情绪出现时,个体冷静之后,可以以列表或思维导图的方式,将引发情绪的事件列出来,比如先写下自己非常生气,生气是因与同学发生争执,再写下发生争执的事件,争执的焦点是什么,各自的观点是什么……

第二,找出引发不良情绪的非理性观念。

非理性观念有以下几种主要特征:

(1) 绝对化要求。即对什么事物都怀有认为必须或不会发生的信念,这种特征常常表现为日常生活中"应该""必须""一定""绝对"等用语上。例如,"我必须成功""别人必须对我好"。

(2) 过分概括化,即以偏概全的思维方式。它常常把"有时""某些"过分概括化为"总是""所有"等。它具体体现在人们对自己或他人的不合理评价上,典型特征是以一件或几件事来评价自身或他人的整体价值。例如,有些大学生遭受学业失败后,就会认为自己"一无是处、毫无价值",这种片面的自我否定往往导致自暴自弃、自罪自责等不良情绪。而这种评价一旦指向他人,就会一味地指责别人,产生怨怼、敌意等消极情绪。在这种非理性特征中,人们会认为世界上的事物只有两类,要么正确,要么错误。

(3) 糟糕至极。这是一种认为如果一件不好的事发生了,将是非常可怕、非常糟糕,甚至是一场灾难的想法。这将导致个体陷入极端不良的情绪体验如耻辱、自责自罪、焦虑、悲观、抑郁的恶性循环之中而难以自拔。糟糕就是不好、坏事了的意思。当一个人说什么事情都糟透了、糟极了的时候,对他来说往往意味着碰到的是最坏的事情,是一种灭顶之灾。心理学家阿尔伯特·艾利斯指出,这种想法是一种不合理的信念,因为对任何一件事情来说,都有可能发生比之更好的情形,没有任何一件事情可以定义为百分之百糟透了的。当一个人沿着这条思路想下去,认为遇到了百分之百糟糕的事或更糟的事情时,他就是把自己引向了极端的、负向的不良情绪状态之中。

因此,在日常生活和工作中,当遭遇各种失败和挫折,要想避免情绪失调,就应多反观自己的认知,看是否存在一些"绝对化要求""过分概括化"和"糟糕至极"等不合理想法,如有,就要有意识地用合理观念取而代之。

第三,通过对非理性观念的认识和纠正,找出合理的观念。

第四，通过建立合理的信念，最后达到情绪感受的改变。情绪反应产生于主体认识到刺激的意义和价值之后，对相同的刺激，不同的评价将会引起不同的情绪反应。所以可以用调整、改变认知的方法调控情绪反应和行为。例如，之所以出现考试紧张，是因为我们认为考试很重要，考不好会被人看不起，担心不及格、补考等可怕的后果。这时我们可以通过自我言语暗示放松紧张情绪，如果认为考差一点关系不大，紧张情绪就会缓解。

知识拓展

11种不合理信念

埃利斯在1962年总结出自认为具有普遍意义的、通常会导致各种各样神经症状的11种主要的不合理信念。20世纪70年代以后，他进一步把这些主要的不合理信念归并为3大类，即人们对自己、对他人、对自己周围环境及事物的绝对化要求和信念。

1. 在自己的生活环境中，每个人都绝对需要得到其他重要人物的喜爱与赞扬。
2. 一个人必须能力十足，在各方面至少在某方面有才能、有成就，这样才是有价值的。
3. 有些人是坏的、卑劣的、邪恶的，他们应该受到严厉的谴责与惩罚。
4. 生活中出现不如意的事情时，就会有大难临头的感觉。
5. 人的不快乐是外在因素引起的，人不能控制自己的痛苦与困惑。
6. 对可能（或不一定）发生的危险与可怕的事情，应该牢牢记在心头，随时顾虑到它会发生。
7. 对于困难与责任，逃避比面对要容易得多。
8. 一个人应该依赖他人，而且依赖一个比自己更强的人。
9. 一个人过去的经历是影响他目前行为的决定因素，而且这种影响是永远不可改变的。
10. 一个人应该关心别人的困难与情绪困扰，并为此感到不安与难过。
11. 碰到的每个问题都应该有一个正确而完美的解决办法，如果找不到这种完美的解决办法，那是莫大的不幸，真是糟糕透顶。

（二）合理疏泄情绪

情绪疏泄法是指个体处于较强烈的情绪状态时，允许其直接或者间接表达情绪体验与反应。情绪疏泄法可以分为直接疏泄法与间接疏泄法。直接疏泄法是在刺激引发情绪反应之后，即时表达自己的内心感受，如遭遇不公平时，可以马上提出来，被人伤害后，直接告诉对方自己很生气。间接疏泄法是在脱离引发强烈情绪的情境之后，向与情境无关的人表达当时的内心感受，发泄自己的愤怒、悲痛等体验。例如，在受到欺侮后，向家人或朋友倾诉，以平息强烈的情绪反应。

情绪疏泄法也有"度"的问题，不能把合理的情绪疏泄理解为激烈的情绪发泄。情绪发泄是指在激情状态下，由于自我控制能力不强，以暴力或其他不恰当的方式发泄情绪，不利于问题的解决，反而会引发新的问题。如大学生之间发生矛盾，可能会打架伤人，即时的痛快招来即时的痛悔。所以情绪疏泄原则和方法都强调其合理性，而不是一味地发泄情绪。大学生应该学会克制、宽容、忍让，情绪的发泄不得损害他人的利益。

> **知识拓展**

会传染的情绪

美国一些心理学家曾对人们的孤独感进行了两项调查:一项调查发现100%的受访者都说常常感到孤独;另一项调查也发现有67%的人时常感到孤独。女性通常会庆幸,当感觉孤单、寂寞、难过的时候,身边还有一位朋友可以倾诉。但是,美国密苏里州大学的科学研究告诉人们,可能你在倾诉的时候会得到心灵上的缓解和舒适,但是长此以往将会造成你和朋友的抑郁倾向。心理学家表示,这种行为在女性特别是年轻女孩当中非常普遍,她们经常聚在一起讨论"为什么他不打电话来?""我该和他分手吗?"之类的情感问题。但是这种讨论常常给她们带来抑郁的后果,因为不健康情绪会"传染",女性原本就比男性容易抑郁和焦虑,而"反复讨论"会将女性困在负面的思维模式中无法自拔。而男性朋友之间这种感性的对话发生得比较少,所以不会加重他们的焦虑或者抑郁情绪。

因此,作为朋友在听取好友诉苦的过程中,也需要重视倾诉的双重作用,如果在耐心听取好友的悲观想法后,和她一起将注意力集中在解决问题的办法上,则能更好地帮助好友重建希望。

(三) 转移法

转移法是指在处于情绪困境时,暂时将问题放下,从事所喜爱的活动以转变情绪体验的性质,达到调控情绪的目的。音乐是调控情绪的最佳方式之一。欢快有力的节奏使情绪消沉者振奋,轻松愉悦的旋律让紧张不安者松弛。大学生可以学习乐器和音乐创作,把内心的体验转化成心灵的曲调,并从中体验成功。体育活动也是转移调控情绪的良好方法。当情绪状态不佳时,跑步、打球、下棋、郊游都是极好的情绪调控手段,体育活动既可以松弛紧张情绪,又可以消耗体力,使消沉者活跃、激愤者平静,达到平衡情绪的目的。

活动转移法按其转移的方向可分为两类:一是消极转移,二是积极转移。消极转移是指情绪不佳时,转而去吸烟、酗酒、打架、自暴自弃,这是大学生应该尽力避免的转移方向。积极转移是指把时间、精力从消极情绪体验中转向有利于个人幸福和未来发展的方向,如勤奋学习、专心读书、参与公益活动等。积极转移是大学生调控情绪应该努力的方向。

转移法之所以有效,其原因有三:一是转移的活动是大学生所喜爱的,从事该类活动,大学生马上可感受到愉悦;二是活动的成功有利于帮助大学生寻找自我价值,获得高自尊;三是每个人的时间、精力有一个限度,用于第一件事多些,用于第二件事自然就少些,无暇再深刻体验负性情绪。

(四) 社会支持

当大学生陷入较严重的情绪障碍时,有必要向社会支持系统寻求支持。大学生应建立自己的社会支持系统,即能够在心理方面给予自己支持、帮助的社会网络,如亲人、朋友,或者是专业的社会工作者、心理咨询师和心理医生。社会支持系统的存在有多方面的意义:一是可以作为倾诉的对象,苦恼向他人倾诉之后,个体会感到轻松解脱;二是提供新的看问题的视角和思路,帮助大学生走出个人习惯的思维模式,重新评价困境,寻找新的出路;三是社会工作者、心理咨询师和心理医生可以提供专业意见、建议,运用心理学手段和方法帮助大学生更有效地解除情绪障碍。

(五)自我安慰

自我安慰也称合理化,指个体遭受挫折后,为了维护自尊,减少焦虑,会找出种种理由为自己辩解,增加自己行为的合理性和可接受性,以减轻心理压力,获得自我安慰。合理化的辩解有助于精神安慰,在社会生活中,人们的需要不可能全部获得满足,进行自我安慰可以使人的内心达到平衡。因此,在某种情况下,它不失为一种有效的心理自我防卫方法。

(六)放松调节

放松调节又称为松弛反应训练,是一种通过机体的主动放松来增强对自我情绪控制能力的有效方法。它的基本原理是通过训练放松所产生的躯体反应,如减轻肌肉紧张、减慢呼吸节律等,以达到缓解焦虑情绪的目的。

具体的操作步骤如下(此方法最好是在老师的指导下进行):

在一个较为安静的环境中,舒适地坐(或仰卧)在沙发上或躺在床上。

步骤一:让自己初步体验肌肉的紧张。操作要领:① 伸直并绷紧双臂,握拳;② 绷紧双臂肌肉,握紧双拳,用力,并保持数秒钟;③ 之后放松双臂,松拳,放松休息数分钟。

步骤二:在上一步骤的基础上进一步绷紧肌肉。操作要领:① 伸直双臂,握拳,同时,伸直并绷紧双腿,双脚脚尖内勾,呈倒勾式;② 上述各部位肌肉同时用力,并保持数秒钟;③ 之后放松上述各部位的肌肉,放松休息数分钟。

步骤三:在前两个步骤的基础上达到全身肌肉的紧张。操作要领:① 伸直双臂,握拳,同时,伸直并绷紧双腿,双脚脚尖内勾,呈倒勾式;② 紧皱前额部肌肉,锁紧眉头,紧闭双眼,皱起鼻子和脸颊,紧咬牙关,紧收下颚,紧闭双唇,紧绷两腮,梗直脖子,胸部、腹部肌肉绷紧,躯干用力挺起;③ 全身各部分用力绷紧,并保持数秒钟;④ 之后放松上述各部位的肌肉,放松休息数分钟。

步骤四:在全身肌肉紧张的前提下,配合呼吸,加强对紧张的体验。操作要领:① 深吸一口气(用腹式呼吸),憋住气;② 伸直双臂,握拳,头向后仰,伸直并绷紧双腿,双脚脚尖内勾,呈倒勾式,同时,胸部、腹部肌肉绷紧;③ 屏住呼吸,全身各部分用力绷紧并保持,直至身体和呼吸的最后极限;④ 放松呼吸,并放松上述各部位的肌肉。

步骤五:紧接步骤四,跟随指导语进行全身肌肉、呼吸乃至身心的放松。操作要领:① 肌肉放松指导语:头部肌肉放松,面部肌肉放松,脖子放松,双肩放松,双臂放松,双手放松,手指放松,胸部放松,腹部放松,双腿放松,双脚放松,脚趾放松;② 呼吸放松指导语:呼吸在放慢,变得越来越慢、越来越深、越来越沉;③ 身心放松指导语:你会感到身体变得很沉、很重,全身感到越来越沉、越来越重;感到全身很累,很疲倦,好像有一种昏昏欲睡的感觉;自己什么都不去想、什么都不愿意想;感到心情很放松。

步骤六:体验此刻的放松感受。

放松训练结束。

小 测 试

(注:测试结果仅供参考,如有疑问请咨询专业人士)

大学生情绪稳定测验

测验说明:
对下列题目做出"是"或"否"的回答。

测验题目:
1. 尽管发生了不快,但仍能毫不在乎地思考别的事情。
2. 不计小隙,经常保持坦率诚恳的态度。
3. 习惯把担心的事情写在纸上并进行整理。
4. 在做事情时,往往具体规定有可能实现的目标。
5. 失败时会仔细反思原因,但不会因此愁眉不展、整天闷闷不乐。
6. 具有悠闲自娱的爱好。
7. 常常倾听众人的意见。
8. 做事有计划地积极进行,遇挫折也不气馁。
9. 无路可走时,能够改变生活方式和节奏,以适应生活。
10. 在学业上,尽管别人比自己强,但仍保持"我走我的路"。
11. 对自己的进步,哪怕只是一点点,都会高兴地表现出来。
12. 乐于一点一滴地积聚有益的东西。
13. 很少感情用事。
14. 尽管很想做某一件事,但在估量后认为不可能时也会打消念头。
15. 往往理智、周密地思考和判断,不过分拘泥于细枝末节。

计分方法:
每题选择"是"记1分,"否"不记分。然后将各题得分相加,算出总分。

评价参考:

0~6分:你的情绪不是很稳定,经常患得患失,又不能很好地处理生活中的一些小事情,无论做什么事情都过分认真,总是忙忙碌碌、耗费心机做决策,一丝不苟反而使自己感觉迟钝。

7~9分:情绪比较稳定。

10~15分:你的情绪很稳定,擅长于处理事务、判断及思考细枝末节,能积极大胆地处理一些事情,在各种困难面前毫不动摇。

训练营

(一) 游戏名称:指手画脚

游戏规则:2人一组。一人用动作比画,不能说词语中出现的字。另一人猜,规定时间内猜中词语多的小组获胜。

设定几种情景,让大家知道(建议5个比较适宜)。

举例:

1. 自己的日记本被妈妈发现,并且翻看。

2. 同学相向而坐或站(单排背向讲台)。

3. 老师依次给出不同的情景,面对讲台的人只能通过面部表情来表达在此种情景中自己的反应,并请背对讲台的一排同学猜表达的是哪一种情景(可以对调做)。

4. 在剩下最后一个情景时,告诉表演者,他们只需要微笑。

5. 老师根据最后一个情景,如果我们用微笑来面对的时候,会有什么不一样的结果,由此引出本次情绪管理的主题。

(二) 游戏名称:"魔王"闯关——坚定意念

游戏目的:让同学们无拘无束地释放出情绪能量,发展其良好的个性,培养开朗的性格(老师可以告诉同学们以后可以用类似这样的方式来调节自己的情绪)。

游戏内容:

1. 让老师扮演"魔王",并做出凶狠残暴的表情(需要逼真),在同学报出口令请求通过时,只有经过"魔王"的同意方能闯关成功。

2. 过关口令:报告"魔王",我是×××,我强烈要求从甲地到达乙地,途中不管有什么困难,我都坚决不放弃目标!坚持到底,永不放弃!请"魔王"允许通过!

3. 过关者报出口令时要求做到声音响亮、表达清晰无误、坚毅有力,眼神不能闪躲、身体也不能表现出退缩的姿态,否则将不予通过。

4. "魔王"根据过关者表现出的意愿的强烈程度决定是否放行(一定要严格要求标准),过关者必须无条件服从,"魔王"无须向过关者解释不能通过的原因(这个一定要让学员自己觉悟),每个过关者皆只有三次过关机会。

5. "魔王"可以适当地拦住一两个意念比较坚定的过关者,目的在于让同学们明白在人生过程中会出现一些故意刁难的人,即使做得很好,仍然得不到他们的肯定。而对于这些人,只有做到更好,做到让他们满意为止。这样做的用意在于让同学们意识到:口号不是只用于喊一喊的,当你这样喊的时候心里还必须得这样想。只有当这句话成为真正的内心愿望的时候才能表现出坚定、勇敢。

6. 每个过关者过关的间歇,"魔王"会倒数5秒,如果在这段时间内仍然没有过关者出现,全组成员将受到处罚。

第七章
恋爱心理

> 如果你爱一个人，首先让自己现在或将来100%值得他的爱。至于他爱不爱你，这是他的事。你可以希望如此，但你不必勉强追求。
>
> ——罗曼·罗兰

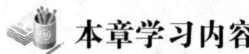**本章学习内容**

1. 掌握爱情的含义和特征。
2. 理解爱情的相关理论和大学生恋爱心理的主要问题。
3. 形成正确的爱情观。

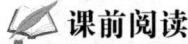**课前阅读**

为了可爱的中国

1927年4月12日，蒋介石在上海发动反革命政变，破坏国共两党合作，大肆屠杀共产党人，白色恐怖迅速波及江西。危难之际，方志敏潜入党的秘密机关——南昌市黄家巷4号，缪敏担任他的交通员。此时，恰逢全国农协秘书长彭湃来江西视察工作，他和方志敏一起住在秘密机关。彭湃得知了方志敏和缪敏之间的恋爱关系，便说："志敏，你和缪敏应该结婚了！"方志敏说，"非常时期，哪能考虑个人婚姻问题！"彭湃答道，"生死离别献真情，只有革命者才能做到，你有这么好的未婚妻，是你的福分。我来得巧，就让我当你们的证婚人吧！"

6月上旬的一个晚上，在秘密机关二楼，以开会的形式，方志敏和缪敏举行了婚礼仪式。方志敏在婚礼上致词：

我俩是世界上最幸福的人！

为了救可爱的中国，

为了美好的明天，

我俩甘愿赴汤蹈火在所不惜！

方志敏牺牲后，缪敏信守与方志敏结婚时的誓言，将子女抚养成人，并将满腔热血献给了中国革命的伟大事业。

131

处于青春期发展中后阶段的大学生,性机能迅速成熟,男女情感上的吸引力大大强化,产生了相互倾慕、热烈的爱情。随着性观念趋向开放,大学生恋爱已成为一种普遍的现象,恋爱行为也已逐渐趋向公开化。

第一节 认识爱情

爱情是人类永恒的话题,跨越文化和历史,千百年来深深地影响着人们的婚姻质量和幸福。心理学家埃里克森认为,人类对于爱情的需求主要出现在成年早期,大学生群体正处于这一年龄阶段。对于很多大学生而言,恋爱已经是大学时代的一门必修课。

从政治家、思想家到心理学家,不同时期的不同专家学者对恋爱的诠释都有着不同的答案。根据《现代汉语词典》的解释,恋爱是指男女依恋相爱。恩格斯认为,"恋爱是人们彼此间以相互倾慕为基础的关系。"英国性心理学家霭理士在《性心理学》一书中说道:"恋爱是一种吸引的情绪与自我屈服的感觉之和,其动机出于一种需要,而其目的在于获得可以满足这需要的一个对象。"我国心理学家黄希庭认为,"男女双方培养爱情的过程称为恋爱,处于恋爱状态的男女会产生特别强烈的互相倾慕。"从古至今,有数不胜数的诗人和作家用美丽、纯洁等一切美好的辞藻讴歌爱情,总结出一个又一个的爱情真谛。

一、爱情的含义

爱情是人类的基本情感之一,如何理解爱情?每个人的心中也许都有一个属于自己的爱情词典。精神分析学派认为爱情是人的一种特殊的情感,是由无意识心理活动推动而产生的反映自我人格孤独和渴望完整的心理状态。在人本主义心理学中,爱情被视为一种积极的情感体验,其中包含了对对方的关注、理解和无条件的接纳。这种观点认为,爱情不仅仅是两个人的相互吸引,更是一种深层次的情感连接和相互理解。认知心理学将爱情定义为一种情感体验,涉及多个维度,包括热恋情感、依恋情感和性吸引等。这种定义强调了爱情不仅仅是情感上的联系,还包括了个体内部的特定感受和意识,以及与他人之间的交往经验和互动。因此,爱情可以被看作个体内心心理状态和外部行为之间复杂关系的一种表现。这些理论提供了对爱情的不同理解和解释,帮助我们更深入地了解爱情的复杂性和多样性。

从某种意义上,爱情的本质是男女双方基于一定的客观现实基础和共同的生活理念,在各自内心形成的最真挚的彼此倾慕,互相爱悦,并渴望对方成为自己终身伴侣的最强烈持久、纯洁专一的感情,是具有生物性、社会性、精神性、审美性和谐统一的人类两性关系。其中,生物性表现为人的性欲、性满足、性行为,是人的生物本能和生理基础;社会性表现为人的交际、尊重、赞同、相互认可、自我价值观等,是个体社会化的重要特征;精神性是人对美好爱情的精神向往和道德追求;审美性是爱情的艺术象征,表现为好感、欣赏、美感、偏好、艺术观念等。因此,爱情的本质是这些特征和谐统一的两性关系,是一种由心理、生理和社会等多方面因素交织而成的现象。

二、爱情的基本理论

爱情的现象可以去理解、去描写、去解释、去研究,但爱情的美只能在过程中得以体会,是一种充满了想象与超越现实的生命体验。

(一) 斯滕伯格爱情三元理论

爱情三元理论由美国著名心理学家罗伯特·斯滕伯格提出,该理论认为人类的爱情虽然复杂、多变,但基本上包括三种成分:亲密、激情和承诺。

亲密是指与伴侣间心灵相近、互相契合、互相归属的感觉,属于爱情的情感成分;激情是指强烈地渴望与伴侣结合,促使关系产生浪漫和外在吸引力的动机,也就是与"性"相关的动机驱力,属于爱情的动机成分;而承诺则包括短期和长期两个部分,短期的部分是指个体"决定"去爱一个人,长期的部分是指对两人之间亲密关系所作的持久性承诺,属于爱情的认知成分。

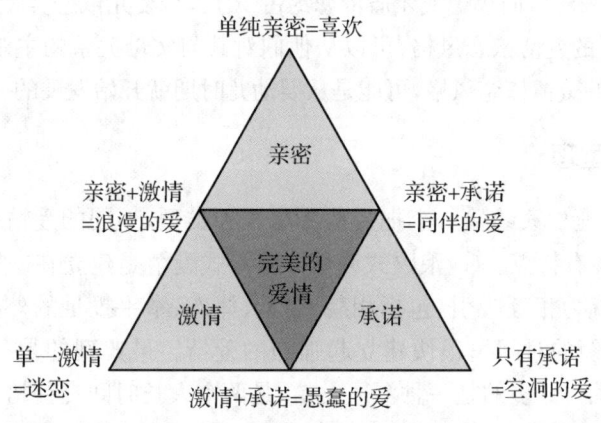

图 7-1 爱情三元理论结构图

随着认识的时间增加及相处方式的改变,上述的三种成分将有所改变,爱情的三角形会因其中所组成元素的增减,其形状与大小也会跟着改变。三角形的面积代表爱情的质与量,据斯滕伯格的说法:"三角形越大,爱情就越丰富。"

斯滕伯格进一步提出,在三种成分下有八种不同的爱情关系组合,其分别为:亲密、激情和承诺都缺失的是无爱;亲密程度高但激情和承诺程度非常低的是喜爱;有着强烈的激情,但缺乏亲密和承诺的是迷恋;只有承诺,没有亲密和热情的是空洞的爱;当程度高的亲密和激情一起发生时,人们体验的就是浪漫的爱;当两性之间的关系有亲密也有承诺,而缺乏激情时,彼此的关系已经升华为亲情式的信任和依赖,仿佛携手走过漫漫人生的银发夫妇的伴侣之爱;缺失亲密,激情和承诺会产生一种愚蠢的体验,叫作愚蠢的爱;当亲密、激情和承诺都以相当的程度同时存在时,人们的体验的是"完全的",称为完美的爱。

(二) 依恋理论

依恋理论的创始人是英国精神病学家、心理学家鲍尔比。鲍尔比受到哈洛和他同事关于恒河猴研究结果的影响,确信婴幼儿期的早期经历能够深刻地影响儿童今后的发展。美国心理学家玛丽·安斯沃思使用标准的"陌生情境测量程序",记录婴儿在设定的陌生环境中与母亲分离和重聚时对母亲的反应、和陌生人相处的表现以及探索行为等,将婴儿的依恋分为四种类型:安全型依恋、反抗型依恋、回避型依恋、紊乱型依恋。早期亲子关系的经验形成了人的"内部工作模式",这种模式是人的一种对他人的预期,决定了人的处世方式。内部工作模式会在以后的其他关系特别是成年以后的亲密关系和婚恋关系中起作用。

Hazan 和 Shaver(1987)对恋爱关系背景中的鲍尔比的观点进行了早期考察。他们认为,成人伴侣间出现的情感纽带,以及在婴儿和其照看者之间出现的情感纽带,都是依恋行为系统这一同样的动机系统所导致的。他们指出,婴儿与其照看者和成人恋爱伴侣之间具有一些共同的特征。研究发现,三种不同爱情依恋风格在成人中所占比例为安全依恋约占56%,回避依恋约占25%,而焦虑或矛盾依恋约占19%,与婴儿依恋类型的调查比例相当接近,而且成人受试者的爱情依恋风格,可以从他们对其与父母关系的主观知觉来加以预测。因此他们认为成人的爱情依恋风格,可能是从婴幼儿时期就开始发展的一种人际关系取向。

(三) 爱情类型理论

加拿大社会心理学家约翰·李把爱情分为六种类型,不同的爱情类型恋爱的方式不同,心理和行为也各有特点。① 浪漫式爱情。浪漫式爱情是建立在"外在美"基础上的爱情,主要是靠外在魅力相互吸引,包括相貌、体型、体态、举手投足的外在行为风格等。浪漫式爱情常常在较短的时间里很快建立起强烈的爱情。最典型的是一见钟情。② 朋友式爱情。朋友式爱情,更多的是一种深厚友谊,是两个人长时间交往培养出来的情谊。它呈现出来的状态是彼此喜欢,彼此牵挂,彼此欣赏。其特点是相互信任、平淡深厚。③ 奉献式爱情。追求奉献式爱情的人往往是爱情至上主义者,把爱情看得十分高尚和伟大,并愿意为爱情奉献,甚至付出生命的代价都在所不惜,而且不要求对方回报,他们宁愿自己受苦,也不让自己所爱的人受苦,只要对方幸福他就高兴。④ 现实式爱情。这种爱情是一种非常理性的爱情,理性和现实是其基本特征。他们会认真考虑对方的现实条件,把对方的现实条件和自己的现实条件进行比较,希望自己在恋爱中得到更多,付出更少。⑤ 占有式爱情。占有式爱情是一种强烈的自私的爱情,这种爱情对情感的需求非常大,有强烈的依附、占有、嫉妒和控制欲望。对爱的需要非常强烈,同时还伴有强烈的不安全感,因此会怀疑和猜忌对方,在恋爱中情绪不稳定,容易嫉妒。⑥ 游戏式爱情。这种人对爱情的态度比较随意,对爱情不是很严肃。在他们看来,爱情像一场异性游戏。在这种游戏中,他们投入的真实情感有限,更多是享受过程中的快乐,而不大在意结果或未来的规划。这种恋爱关系难以持久,因为他们对待爱情如同游戏,可能像更换游戏伙伴一样轻易地更换恋人。

（四）爱情投资模型

爱情投资模型，是 Rusbult 提出的亲密关系公式，具体指的是：Commitment＝Satisfaction＋Investments－Altrnatives，即 C＝S＋I－A，翻译成中文是：承诺＝满意度＋投资－替代项。

其中爱情投资模型中的承诺，是指个人是否希望维系亲密关系，并对此在心理上的依恋程度。承诺包含行为意向和感情依恋，受公式右侧三因素影响。

Rusbult 从社会交换理论的角度研究人类的爱情关系，认为恋爱是一种投资。男女之间的亲密关系中的承诺由满意度、替代性及投资量等因素共同决定。在爱情互动过程中，双方各有得失，个体在与他人发展爱情关系时，会以理性的方式评估自己的得失，根据成本与收益的情况来确定与对方建立何种关系。根据投资模型的预测，个体在亲密关系中，如果满意度较高而替代性的品质较低，随着投资量的增加，会使个体对亲密关系做出较多的承诺，也使得彼此的关系更为稳固。

三、爱情的基本特征

爱情作为男女之间的一种特殊情感，是主观感情和客观义务的统一。因而它有着不同于其他人与人之间关系的显著特征。

（一）互爱性

爱情以双方的互爱为前提，就是双方互相爱慕，自主自愿。首先，尊重对方自愿选择的权利，双方都有爱和被爱的权利，都有对爱选择的权利，所谓"强扭的瓜不甜"，一方强制另一方勉强屈从不是爱情。其次，单相思不是爱情。有句话说得好，"如果你在恋爱，但没有引起对方的反应……没有使你成为被爱的人，那么你的爱就是无力的。"这种缺少被爱的"爱"，不能算爱情。第三，尊重对方人格。双方在人格上是平等的，没有高低之分，不能形成谁依附谁、谁占有谁的心理局面。爱情是男女双方心灵的和谐，是双方共同的意愿。爱情的双方是建立在平等和自主的基础上，没有了平等性，也就无所谓爱情。

（二）无私性

真正的爱情超越了自我，不寻求回报或利益。它源于内心的深处，激发个体对对方的关心和关爱。无私的爱情意味着愿意为对方付出一切，不计较得失或条件。它不是一种交易，而是一种真诚的付出，无条件地接受和支持对方。弗洛姆在《爱的艺术》一书中指出，爱是主动地给予，而不是被动地接受。爱一个人，意味着为他/她的幸福甘愿奉献出自己的一切，只有无私的奉献，才能使爱情更加圣洁和纯真。

（三）排他性

爱情是排他的，爱情使人全身心投入、集中精力爱其所爱，不允许他人介入，彼此成为对方唯一忠诚伴侣，排他性是衡量爱情的重要标尺。真正的爱情需要男女双方基于排他性这一基础,彼此都全身心地投入。既不允许第三者介入他们的爱情关系,也不允许恋爱双方中的任何一方同时与其他人建立恋爱关系。爱情的排他性并不排斥爱人与其他异性的正常交往。

(四) 持久性

所谓爱情的持久性,就是指爱情就其本性而言具有终身的性质,以选择终身伴侣为目的选择和确定恋爱对象。婚姻的缔结,就是用一种社会形式把具有终身性的爱情固定下来,并组成一定形式的家庭。爱情虽然具有持久的属性,但是爱情又是人类精细而脆弱的精神产品。爱情是一种感情,感情不是固定不变的。若要保持爱情的温馨、浪漫、芳香,就必须不断培养、发展、深化这种特殊的感情,正如鲁迅所说,"爱情必须时时更新、生长、创造"。

(五) 严肃性

爱情是一件浪漫的事情,也是严肃而神圣的。恋爱不是儿戏,双方要真诚相待,实事求是地对待自己,也实事求是地对待对方。无数事实证明,用欺骗手段骗取爱情,是不会幸福的。另外,双方一旦建立了恋爱关系,就要忠贞专一、一心一意,不能朝秦暮楚、见异思迁。一段来之不易的爱情只有严肃认真地对待,才能收获美好的结果。

四、爱情产生的生理和心理基础

爱情的产生有其特定的生理和心理基础,生理基础主要包括性器官发育成熟和性机能发育成熟;心理基础主要包括自我认知逐步成熟、自我控制力进一步增强、心理韧性进一步提高。

(一) 爱情产生的生理基础

青年期是个体生理发育的成熟期,包括性发育的成熟,为爱情的产生提供了生物学基础。

1. 性器官发育成熟

女性的性器官在8到10岁发育加快,以后的发育速度则直线上升。子宫的发育从10岁始到18岁止,长度增加了1倍,其形状及各部分的比例也有所改变。男性的性器官发育比女性要晚些,在10岁前,发育很慢,进入青春期后,发育加速。随着性器官的发育,男性和女性均出现第二性征。处在青年期的大学生性器官基本已发育成熟。

2. 性机能发育成熟

在青春期,由于性机能的迅速发展和成熟,引起了青年男女生理上的重大变化,对有关性的问题反应比较敏感、体验比较深刻。具体表现为由于性能的发育成熟,青春期的学生对性的刺激反应特别敏感,如俊美的容貌、柔和的声音等。

随着性机能的逐渐成熟和性感知的不断积累,青春期的大学生会自觉或不自觉地经常思考一些异性的问题,从而对这些问题有所认识。如在思维过程中把过去所得到的一些自我性感知与现实中的异性对象联系起来,因而对两性的关系和意义有所认识;又如青年想象异性对象,考虑如何追求异性对象等。

由于在日常与异性的接触中,个体逐渐地认识了两性的差别及关系,对异性开始怀有一定的态度,如对异性的好感、思慕、爱情和嫉妒等。

(二)爱情产生的心理基础

生理的发育受遗传的影响比较大,所以不同个体生理发育的年龄范围通常在10~18岁,生理从发育到成熟只需短短的几年便能完成。但生理的成熟并不意味着心理的成熟,心理的成熟更多受社会文化、教育、个人经历等多种因素的影响,个体之间心理成熟的年龄和历经的时间都相差很大。爱情的产生不仅需要以生理成熟为前提,更需要以一定的心理发展水平为条件。

1. 自我认知逐步成熟

在爱情中的年轻人容易迷失自我,当一个人在爱情中没有了自我,他们倾向于把自己的力量、欲望和希望投射到所爱之人身上。这种失去自我的状态可能会带来短期内的愉悦感和幸福感,但从长期来看,它却可能导致自我认同的混淆和焦虑。在一段健康的爱情关系中,个体应该保持自我的独立性和自主性,同时与伴侣建立深刻的情感联系。这样的关系有助于个体的自我发展和成熟。所以,自我认知发展水平较高的大学生,在爱情中能够保持自我的独立性,不因过分迷恋对方而丧失自我,也不因失去对方而降低对自我的认知与评价;自我认知发展水平低的大学生,在爱情中容易丧失自我,过度在意对方的评价,过度依赖这段感情,以至于在失恋时,容易自我怀疑、自我否定,甚至自我抛弃。

2. 自我控制力进一步增强

爱情的发生有时候可能是自然而然的,可自我控制在爱情中又是必要的。情感需要管理,在爱情中,设定合理的情感边界至关重要,这意味着个体需要明确自己与对方的关系,以及在这段关系中自己的位置和角色,当个体设定了合理的情感边界后,就能更好地控制自己的情感投入,避免过度依赖或过度付出。自我控制力较高的大学生,在爱情中能够控制好自己的言行和情感,不做过分或失当的举动,失恋时也能克制不良情绪,体面分手;自我控制力弱的大学生,在爱情中不能较好把握自己的言行,失恋时可能无法控制自己的消极情绪(如愤怒、伤心等),甚至有过激言行,伤人伤己。

3. 心理韧性进一步提高

心理韧性是一种在面对丧失、困难或逆境时能够有效应对和适应的心理机制。当个体太爱一个人时,可能会因为对方的拒绝或冷漠而感到痛苦和失落。大学生具有较高的心理韧性,就能更好地应对爱情中的这些挫折和困难,保持情感的稳定和平衡;心理韧性低的人,情感比较脆弱,难以承受爱情中的打击,可能会因此陷入低谷。较高的心理韧性不仅意味着大学生能在遭受重大创伤或应激后恢复到最初状态,更强调在挫折后实现成长和新生。它是一种在压力下复原和成长的心理机制,帮助大学生在面对困难时保持积极的态度,有效应对挑战,促进个人的心理健康和适应能力。

五、恋爱的心理发展阶段

（一）异性敏感期

初中阶段的青少年处于异性敏感期，由于身体的迅速发育，初中生经历了男女性别上的不同生理和心理方面的急剧变化。尤其是第二性特征的出现和性意识的觉醒，使他们对异性之间的性别差异非常敏感，在异性面前时常会感到羞怯和不安。在此阶段，往往男女学生之间界限分明、彼此疏远、相互回避，甚至恢复到小学阶段的性疏远期。

（二）异性向往期

高中阶段的青少年处于异性向往期，高中生随着性生理上的发育成熟，性心理开始发展，男女生情窦初开，产生了异性之间的相互吸引，出现彼此希望接触的意愿。处于此阶段的青年男女，开始特别注意自己的容貌和风度，希望引起异性的注意和兴趣，博得他（她）们的好感和青睐。生活中，他们开始关心周围发生的爱情方面的趣闻轶事，喜爱阅读和观看以爱情为主题的文学作品和影视音乐作品。经常与同龄人谈论男女爱情问题，并利用各种机会与异性接触交往。部分高中生开始递纸条、写情书，明确地向对方求爱。但是，这一时期的青少年，由于其生理和自我意识的不成熟性，他们向往的异性对象，基本上是泛化的、不稳定的，缺乏专一性，是一种不成熟的恋爱心理。所以，有人又称此阶段为泛爱期。

（三）恋爱择偶期

成年早期的青年处于恋爱择偶期。青少年期个体所萌发的对性及异性的好奇，到了成年早期逐渐发展为一种强烈的愿望。进入大学的男女青年，性心理已逐步成熟，社会阅历不断丰富，恋爱观开始形成，对异性的向往逐渐专一，开始相互寻求和选择自己的配偶对象，建立和培育双方的爱情，进入成熟的恋爱心理。目前的高校大学生，年龄一般在17~24岁，正处于"异性向往期"向"恋爱择偶期"的过渡时期，也是一个人的恋爱心理开始形成和逐步走向成熟的重要时期。

第二节　大学生健康恋爱心理培养

埃里克森认为成年早期（18~25岁）的发展任务是获得亲密感以避免孤独感，体验着爱情的实现。他认为发展亲密感对是否能满意地进入社会有重要作用。

大学生谈恋爱在大学校园非常普遍，恋爱成了许多大学生生活的重要组成部分，恋爱的经历和感受对大学生的学习、生活、个人发展和成长产生重要影响，所以大学生形成正确科学的恋爱观非常必要。

一、大学生恋爱的心理问题

爱情是一件美好的事,但也会带来不少烦恼,大学生在恋爱中出现这样那样的问题是非常普遍的。

(一) 恋爱的非理性动机

从总体上说,大学生的恋爱动机分为理性动机与非理性动机。理性动机是指出于爱情与婚姻的动机;非理性动机是指除了爱情与婚姻以外的其他动机。

大学生恋爱的理性动机是指在充分了解爱情真谛的基础上,基于对美好爱情的向往,以恋爱双方共同促进、共同发展为目标,以婚姻家庭为目的的恋爱交往动机。大学生恋爱的理性动机是一种积极动机,它有助于大学生正确处理恋爱中的问题。

非理性动机是一种消极动机,它不仅影响大学生的心理健康水平,也影响大学生的学业。

(1) 从众心理:大学生在共同的校园里学习、生活和交往,加上思想观念的相似性,促使他们在恋爱问题上表现出明显的从众趋向。

(2) 逆反心理:心理学中有一个有趣的现象——"罗密欧与朱丽叶"效应,就是当出现干扰恋爱双方爱情关系的外在力量时,恋爱双方的情感反而会加强,恋爱关系也因此更加牢固。学校和家长对大学生恋爱的阻力有时候反而会成为促使大学生追求爱情的推动力。

(3) 排遣寂寞:部分大学生因孤独感与寂寞感,将恋爱当作排解内心孤独寂寞的途径。这属于"情感寄托型"的恋爱动机,缺乏独立意识和自立能力,易受挫。

(4) 炫耀心理:有些大学生会将拥有一位理想的男或女朋友当作炫耀的资本,或者把恋爱中富有挑战意味的大胆行为当作彰显个性和标示成熟的标志。

(5) 补偿心理:由功利型的恋爱动机所引发,即希望从恋爱对象那里获得社会地位、经济等方面的补偿。

(二) 恋爱和学业的失衡

恋爱和学业是大学生生活中重要的两件事,它们之间的关系往往会对个体的成长和发展产生深远的影响。恋爱可能对学业产生正面或负面的影响,具体取决于大学生如何处理这两者的关系。恋爱关系如果处理得当,可以成为双方学业进步的动力,双方可以互相鼓励、支持,共同进步;另一方面,如果平衡不了两者的关系,恋爱也可能成为学习分心的因素,导致双方在学业上投入的时间和精力减少。大学生恋爱消耗了彼此的时间和精力,对学业的影响因人而异。恋爱中的大学生大多难以正确处理好学业与爱情的关系,部分大学生坠入情网不能自拔,当学习与感情要做出时间与行为上的让步时,在恋爱中的学子会情不自禁地把感情放在首位,学业和自身发展受到影响。互相鼓励、共同进步的情侣为数不多。

(三)恋爱行为失当

《2019—2020年全国大学生性与生殖健康调查报告》显示,大学生对婚前性行为的态度,64.58%的大学生表示可以接受,随着年级的增长,大学生对婚前性行为、偶遇性行为的接受度不断提高,大一学生接受婚前性行为的比例是47.68%,大四学生接受婚前性行为的比例为86.56%。大学生发生婚前性行为具有轻率性和盲目性,出现这一现象的主要原因是缺少性健康教育,2019—2020年全国大学生性与生殖健康调查问卷中设置了9道性知识题,5万多名大学生的平均得分只有4.16分(满分9分),低于及格线。性知识的缺乏使部分大学生面临未婚先孕、人工流产和性病等生殖健康问题的威胁。这些伤害让部分大学生特别是女学生承受着巨大的心理压力,甚至产生轻生的念头。大学生在校期间迎来性活跃时期,也可能会经历第一段恋爱关系和性关系,学校面向大学生开展科学的性与生殖健康教育尤为重要。

(四)恋爱道德失范

大学生恋爱道德是指大学生在恋爱过程中所持有的道德观念和行为准则,它涉及对爱情、责任、尊重、诚实等方面的理解和态度。大学生树立正确的恋爱观,培养良好的恋爱道德,将恋爱视为严肃的情感关系,理解恋爱的道德责任,对个人的成长、成才至关重要。当代大学生的恋爱行为不仅受到一定社会道德的制约,同时也应承担对伴侣、家庭、社会的道德责任。恋爱双方要具有相互的道德责任感,但现实生活中,有些恋爱者既不对自己负责,也不对对方负责,道德意识薄弱、庸俗。有的学生恋爱目的并不十分明确,很少考虑恋爱的责任和义务。

大学生在恋爱中应做到:尊重对方的感受和权利,不能任意干涉对方的生活;应该注意保护双方的隐私,不能随意传播对方的信息;应该保护双方的健康,不能进行有害健康的行为;应该诚实对待对方,不能欺骗对方,认真对待对方的感情。

小 测 试

(注:测试结果仅供参考,如有疑问请咨询专业人士)

斯腾伯格爱情量表

美国心理学家罗伯特·斯腾伯格提出的爱情理论,认为爱情由三个基本成分组成:激情、亲密和承诺。这三种成分构成了喜欢式爱情、迷恋式爱情、空洞式爱情、浪漫式爱情、伴侣式爱情、愚昧式爱情、完美式爱情、无爱等八种类型。

请你仔细阅读以下45个题目,在读每个题目的时候,想象横线处就是你现在恋人的名字,请判断每条描述关系的句子有多符合你和恋人的关系特征,请按照符合程度进行选择。

计分标准:一点也不符合,计1分;有点符合,根据程度计2～4分;中度符合,计5分;很符合根据程度,计6～8分;极其符合,计9分。

1. 我将一直对_____有一种强烈的责任感。
2. 我与_____关系融洽。
3. 我与_____关系温馨。
4. 我与_____沟通得很好。
5. 我不能想象另一个人能够像_____那样使我幸福。
6. 我希望在有生之年对_____的爱不会消退。
7. 我不能想象结束和_____的关系。
8. 没有什么事比我与_____的关系更重要了。
9. 我与_____的关系是非常浪漫的。
10. 我与_____深入分享关于我自己的个人信息。
11. 我不能想象没有_____的生活。
12. 我仰慕_____。
13. 我把我和_____的关系看成是长期的。
14. 我认为我和_____发展关系是个不错的决定。
15. 我从_____那里得到了相当多的情感支持。
16. 在我需要的时候我能够依靠_____。
17. 我发现自己在白天经常想到_____。
18. 我知道自己是关心_____的。
19. 我确信我对_____的爱。
20. 只要一见到_____,我就会很激动。
21. 在需要的时候_____能够依靠我。
22. 在我的生命中,_____非常重要。
23. 我发现_____很有个人吸引力。
24. 由于我对_____的承诺,我对_____有一种责任感。
25. 我承诺要维持与_____的关系。
26. 我对_____有些理想化。
27. 我愿意与_____分享我自己和我的财产。
28. 与_____在一起我感到非常幸福。
29. 在我与_____的关系中有一种类似于"神奇"的东西。
30. 我不能允许别人在我们之间插一杠子。
31. 我不能允许任何事妨碍我对_____的承诺。
32. 我想和_____在一起的愿望超过了和任何其他人在一起的愿望。
33. 我沉溺于对_____的幻想之中。
34. 我感到情感上与_____贴近。
35. 我对我与_____关系的稳定性有信心。
36. 我对_____给予了相当多的情感支持。
37. 我感到我真的了解_____。
38. 当我看爱情电影或阅读爱情书籍时,我会想到_____。

39. 即使在很难处理我们的关系的时候,我仍然忠于我们的关系。
40. 我认为我对_____的承诺是坚定不移的。
41. 我特别喜欢与_____进行身体接触。
42. 我感到_____真的理解我。
43. 我感到我真的能信任_____。
44. 我与_____的关系是充满激情的。
45. 我打算继续与_____之间的关系。

评分标准:

1～15 题为亲密部分,16～30 题为激情部分,31～45 题为承诺部分,最后分别算出 1～15、16～30、31～45 题的平均分。

① 完美之爱:亲密＋激情＋承诺;② 迷恋之爱:激情;③ 浪漫之爱:亲密＋激情;④ 愚昧之爱:激情＋承诺;⑤ 喜欢:亲密;⑥ 伴侣之爱:亲密＋承诺;⑦ 空洞之爱:承诺;⑧ 无爱。

亲密:1～15 题(实际感觉得分)平均分≥7.4;

激情:16～30 题(实际感觉得分)平均分≥6.5;

承诺:31～45 题(实际感觉得分)平均分≥7.2。

二、大学生健康恋爱心理的培养

弗洛姆认为,爱情不是一种与人的成熟程度无关,只需要投入身心的感情。如果不努力发展自己的全部人格并以此达到一种创造倾向性,那么每种爱都会失败,如果没有爱他人的能力,如果不能真正谦恭地、勇敢地、真诚地和有纪律地爱他人,那么人们在自己的爱情生活中也永远得不到满足。恋爱成功与否,与爱人的能力有关,不主动培养爱人能力的人,大多有着恋爱失败的经历。

(一) 树立正确的爱情观

爱情观是人们对爱情问题的根本看法和态度,爱情观是人生观的反映。如何在纷繁复杂的情感世界中树立正确的爱情观,是大学生情感成长的必修课。这不仅关乎个人的幸福,更是对自我认知、价值观塑造以及社会适应能力的一次深刻考验。

1. 认识自我,理性对待爱情

树立正确的爱情观,大学生首先要认识自我。深入了解自己的个性、需求及情感边界,明确自己在爱情中的期望与底线。在追求爱情的过程中,保持理性思考,不被一时的激情而迷失。学会区分"喜欢"与"爱",理解爱情不仅仅是心动与浪漫,更包含着责任、尊重与包容。当面对情感的诱惑与挑战时,能够冷静分析,做出符合自己内心真实情感的选择。

2. 相互尊重,共同成长

爱情的本质是互相尊重和关心,情感共鸣和分享,责任和承诺,共同成长和进步,自由和尊重,信任和诚实,包容和宽容。在恋爱关系中,双方应秉持相互尊重的原则,尊重彼此的差异,包括性格、生活习惯、兴趣爱好等。通过有效的沟通,增进理解,减少误解与冲突。同时,爱情也是一段共同成长的过程。双方应鼓励对方追求个人梦想,支持彼此的成长与发展,共同面对生活中的困难与挑战,携手前行共同成长。

3. 平衡爱情与学业,追求全面发展

大学是学业与人生规划的关键时期。在享受爱情甜蜜的同时,大学生更应保持对学业的重视,把学业放在主导地位,合理安排时间,确保学业不受影响。通过制定合理的学习计划,培养高效的时间管理能力,既能在爱情的滋润下茁壮成长,又能在学业的道路上稳步前行。此外,在恋爱中,不要日日只在两人世界里,要积极与外部世界打交道,参与社团活动、志愿服务等实践活动,拓宽视野,丰富人生经历,实现个人全面发展。

4. 正视情感挫折,培养坚韧品质

爱情之路并非一帆风顺,情感挫折在所难免。面对失恋、背叛等情感困境,大学生应保持积极的心态,正视挫折带来的痛苦与教训。通过自我反思,总结经验,提升自我认知与情感处理能力。同时,在挫折中培养坚韧不拔的品质,学会在逆境中崛起,将情感挫折转化为成长的动力。

5. 树立健康爱情观,传递正能量

在社交平台上,大学生应自觉抵制低俗、负面的爱情观念,积极参与健康向上的情感讨论,传递正能量。通过分享自己的情感经历与感悟,引导身边的同学树立正确的爱情观,共同营造一个和谐、健康的情感环境。

总之,树立正确的爱情观是大学生情感成长的必修课。通过这些努力,大学生不仅能够收获真挚的爱情,更能在爱情中成长为一个更加成熟、自信、有担当的人,在青春的舞台上,以正确的爱情观为指引,共同书写属于自己的精彩篇章。

(二) 培养大学生爱的能力

大学生爱的能力是指和他人建立亲密情感关系的能力。弗洛姆认为,爱是人的一种主动的能力,一种突破把人和其他同伴分离的围墙的能力,一种使人和他人相联合的能力,爱使人克服了孤独和分离的感觉,但他允许他成为他自己,允许他保持他的完整性。爱的能力是一种综合素质,大学生爱的能力可以从以下几方面进行培养。

1. 判断爱的能力

是喜欢还是爱?是友谊还是爱情?友谊和爱情,都是人所特有的社会感情,是人与人之间关系的反映,在一个集体中,异性之间常常要相互帮助、相互支持,在支持与帮助中会产生友谊,这是自然的现象。所以大学生要正确区分友谊和爱情。喜欢不是爱情,异性吸引不等于爱情,大学生要学会判断是不是爱。在不确定的情况下,不要轻易和对方建立恋爱关系,等一等、静一静、想一想、仔细观察、充分了解之后再慎重地做出决定。

2. 表达爱的能力

在确定了真的爱对方之后,如何恰到好处地表达爱呢?最重要的是要准确地把握对方的个性特点和心理状态,并根据自己的特点,选择最佳的表达时机和恰当的表达方式。

选择最佳时机,首先要选择对方和自己都轻松愉悦的时候;然后再选择合适的地点,应是一个能私下面谈的地点,一个不会给对方和自己造成心理紧张和不适的地点。

选择恰当的方式,即选择自己最擅长、对方又最容易接受的表达方式。求爱的表达方式多种多样,如面对面的语言表达、书信表达、电话表达、网上聊天表达、信物表达等。

男女间的爱情达到一定程度,渴望用语言、行为,尤其是身体的接触来表达自己的感情。马克思说过:"在我看来,真正的爱情是表现在恋人对他的偶像采取含蓄、谦恭甚至羞涩的态度,而绝不是表现在随意流露热情和过早的亲昵。"含蓄而文明的爱的表达方式,不仅符合社会道德要求,而且有助于爱情的健康发展。距离产生美,过分亲昵的行为,粗俗甚至野蛮的示爱,反而会引起对方的反感,给纯洁的爱情蒙上一层阴影,甚至造成恋爱挫折。

3. 接受和拒绝爱的能力

大学生不仅要善于追求爱,掌握表达爱的能力,还要学会接受和拒绝爱的能力。当爱突然来临时,很多人没有充分的心理准备,不知所措,不敢接受属于自己的爱,以致造成终生的悔恨。爱是双向的,不仅仅是付出,同时也是收获。一个人只有领悟到他人的爱,才有可能给他人以更多的爱。面对异性的爱情表白时,一个人需要及时准确地做出判断,并做出接受、谢绝或再观察的选择,这也是一种爱的能力。大学生要具备接受爱的能力,就应该懂得爱的真谛,拥有健康的恋爱价值观,清楚自己喜欢什么、需要什么、适合什么,坦然地做出选择,并能承受拒绝求爱所引起的心理波动。

每个人都有爱和被爱的权利,每个人又都有拒绝被爱的权利。当面对别人的追求,如果觉得对方不是心仪的人,要果断地加以拒绝,以免陷入更深的痛苦。拒绝爱要注意两个方面:一是在一段不合适的爱情到来时,要果断、勇敢地说"不",因为爱情来不得半点勉强和将就。如果优柔寡断或屈服于对方的穷追不舍,发展下去对双方都不利。二是要掌握恰当的拒绝方式。虽然每个人都有拒绝爱的权力,但应尊重每一份真挚的感情。不顾情面、处理方法简单轻率,或将对方的情书公开,甚至恶语相加,会使对方的感情和自尊心受到伤害。如何适当拒绝也是对一个人道德情操的检验,恋爱关系结束后,不说对方的坏话,不损坏对方的名誉,都是恋爱道德的表现。

4. 经营爱的能力

罗伊·克里夫特在自己的诗中写道:"我爱你,不光因为你的样子,还因为,和你在一起时,我的样子。"恋爱是彼此促进、共同成长、不断磨合的过程。在恋爱磨合期,过去对方最吸引人的特质,现在可能无法接受。过去曾欣赏的理智特质,现在看来却是沉默无趣、不解风情。如果过去他被她的活泼伶俐所吸引,现在巴不得她闭上嘴巴停止唠叨。在蜜月期,人人都以为找到了完美的人,在磨合期中才发现自己曾经忽略了对方的缺点。恋爱中的情侣长时间相处,难免会有冲突,不要轻易说分手。理解和宽容是恋爱中必备的品质,爱意味着付出,两个人在一起并不是简单的组合,需要理解对方的难处,包容对方的缺点。爱情也需要经营,大学生应该理性面对恋爱中的矛盾和冲突,用实际行动解决在恋爱中遇到的困难和挫折,同时学会宽容,降低期望,改善自身缺点。

5. 处理恋爱中矛盾冲突的能力

恋人之间的矛盾冲突是不可避免的,必须妥善处理。处理不好,伤害感情;若处理得好,可以增进相互的了解和彼此的感情。

首先应当从内心确立这样的观念:人与人之间的矛盾、冲突不是无法解决的,可以依靠理智加以调和、消除。因此,当恋人之间发生矛盾时,要尽量局限在以理智为主导的争论范围内,避免演化为以情绪为主导的争吵。能够冷静地倾听对方、让对方充分地表达,并且能设身处地地理解对方的看法、情感与动机,将有利于矛盾的解决。在争吵中,可以既坚持自己正确的想法,又承认自己确实存在的局限与谬误之处。在言语上尽量准确、具体地描述自己的见解、动机、情感体验,批评对方时有理有据,对事不对人。这样才可能创造出一种平等的、互相尊重的解决问题的气氛,双方才能尽快沟通,达成和解。

其次要学会主动妥协。双方在经过一番争论之后,要提出可行的解决办法。这个办法应当最大限度地有利于双方并被双方所接纳。当然双方的所有要求与愿望并不能总是全部得到满足,这时就需要双方学会放弃,本着务实的态度容忍小部分利益或优势的丧失,保证大部分的利益在新的关系中得以保存。这种相互间的妥协十分必要,要学会主动妥协,这样对方便会心软,争吵可能很快就平息了。

再次要注意保密。既然两人相爱,争吵是在"二人世界"进行的,争吵后就应注意保密。不要到同学朋友中去炫耀以满足自己的虚荣,这样容易引发对方的不满。

6. 提高失恋的承受能力

恋爱不一定都能成功,有恋爱就有失恋,失恋是恋爱过程的中断、结束,即爱情挫折。根据《2019—2020年全国大学生性与生殖健康调查报告》,71.28%的大学生经历过失恋的痛苦,43.60%的大学生感到比较痛苦或非常痛苦。男生感到痛苦的比例和程度都高于女生。无论是什么原因产生的爱情挫折对大学生的心理、生活、学习都将产生严重的影响。越是热恋,越是看重爱情的位置,失恋就越痛苦,挫折感越强。失恋对每个人来说都是一件痛苦的事,有人一旦失恋就灰心丧气,整天愁眉苦脸,精神不振,有的甚至痛不欲生,走上自杀的道路;有的人在一次恋爱失败后,就心有余悸,再也不敢谈恋爱了,甚至不愿或不敢再与异性接近,封闭自我;还有心理变态者在失恋后,会采取卑劣的手段去威胁或迫害对方,如写信进行人身攻击、恶意诽谤,更甚者使用武力或化学药品毁损对方容貌,甚至行凶杀人。虽然心理变态者在大学生中较为少见,但应引起高度关注。

当爱情受挫后,要用理智来驾驭感情,分析原因,总结经验教训,寻找解决问题的方法和途径,在新的追求中确认和实现自己的价值,从而提高自己的心理承受能力和思想水平。要做到失恋不失德、失恋不失态、失恋不失志。失恋不失德,即失恋后要保持恋爱道德。失恋是不幸的,但恋人做不成,还可做朋友。谩骂、殴打、在网上恶意攻击、造谣诬蔑或者将两个人之间的隐私公之于众的做法是极其错误的,有的还需承担法律责任。面对恋爱挫折,要冷静分析、理智处理、尊重对方的选择。失恋不失态,即恋爱受到挫折后,保持一种平和、理性的心态,不能一蹶不振,总想着被异性拒绝的悲伤情景而整天垂头丧气,更不能做出自残、自杀等伤害自己的行为。失恋不失志,即失恋不能丢掉理想和志向,应当把人生的主要精力投入学业上,不要因失恋而荒废了学业。对于大学生来说,树立"留得青山在,不怕没柴烧"的观念,尽早从痛苦中解脱出来,在追求学业中寻求新的乐趣,提高承受挫折的能力,会使人生更加丰富、充实和有意义。其次,一旦爱情受挫,可尝试以下办法释放痛苦:

(1)感情宣泄。不要过分地隐藏或压抑失恋带来的痛苦,要找适当的方式进行宣泄。通常宣泄的方法有:第一,眼泪缓解法。在悲痛欲绝时大哭一场,可以使情绪平静。有专家认为,眼泪能把有机体在应激反应过程中产生的某种毒素排出去。第二,运动缓解法。适当的体育运动有助于释放激动情绪带来的能量。第三,转移注意。心情不佳时,可以做些自己感兴趣的事,主动置身于欢乐、开阔的环境,或有意识地潜心于自己感兴趣的事情中,用新的兴趣来冲淡、抵消郁闷。第四,倾诉。向可信任的父母、亲友、同学、老师等诉说自己心中的烦恼,也可以写日记或写信。如果感觉心中的积郁实在太深,无法排解时,也可以找心理咨询师进行心理咨询。

(2)自我说服。失恋时可以通过自己说服自己的方式,有意识地在头脑中强化理性的信念,说服自己失恋并没有失去所有。如失恋不等于我整个人都是失败者,我仍具有爱的能力;一个人不爱我不等于其他人都不会爱我;爱情并不等于人生的全部;痛苦并非一无是处,痛苦的经验可以帮助人成熟;等等。

(3)正视现实。爱情是双向的、相互的,以互爱为基础,失去任何一方,恋爱即告终止。作为一个有理智的大学生,应勇敢地正视这个残酷的现实,爱情不是同情、怜悯,不能强求。爱情不是生活的唯一内容,不必为之耗费所有精力甚至放弃宝贵的生命,在生活中还有远比爱情更重要更有意义的事。

(4)换位思考,宽容对方。一般说来,恋爱关系的终止双方都负有一定责任。如果认清并勇于承担自己的那部分责任,就不会怨天尤人,而是平心静气地面对现实。设身处地为对方着想,将有助于理解对方终止恋爱关系的原因,有助于接受失恋的现实。即使确实是对方的错,但不理智的报复不能挽回早已消逝的爱情,不仅毁掉了别人,同样毁掉了自己的毕生幸福!真正爱对方,就应当为对方着想,尊重对方的选择。爱一个人,并不一定要得到对方,默默地把这份感情埋在心底,化作真诚的祝福,这也是高尚美好情怀的表现。

(5)化挫折为动力。当把爱的痛苦转化到对事业、学业上的追求时,就是无比巨大的力量,就会创造辉煌的业绩,实现自身价值,获得心理的快慰。任何时代都有人饱尝失恋的痛苦,甚至大部分人都要经历失恋的痛苦才能获得真正的爱情。其实,经过失恋的洗礼,个体会变得更加坚强与成熟,更加懂得如何去追求真正的爱情。居里夫人正是在初恋失败的痛苦中,毅然走上赴巴黎求学的道路,成为科学巨匠,因此她的初恋失败被后人称为"一次幸运的失恋"。

时间是治愈心理创伤的良药。过往不能回头,那么就微笑地接受。当心里实在不舍从前情深意浓的美好感觉时,不必着急,也不必绝望,痛苦会随时间的流逝不知不觉地慢慢消散。

爱情的失败是人生的一次挫折,但人不能被爱情击败。生活中还有比爱情更值得追求的东西,比如学业、理想和抱负。在奋斗中大学生将会忘却失恋的痛苦,实现他们的人生价值。

总之,失恋是痛苦的,但只要失恋不失志,从失恋中奋起,那么,不仅可以避免失恋后的心理失衡,还可以使自己成长得更好。

小 测 试

(注:测试结果仅供参考,如有疑问请咨询专业人士)

恋爱态度测试

指导语:下列题目均有 A、B、C、D 四个选项,每个选项后的括号内有项目的得分(0～3分),请在每题中选择一项你认为最适合的填在题后的括号内。

1. 你对未来妻子的最主要要求是(　　)。(男性选择)
A. 善于理家做活,利落能干(2)
B. 容貌漂亮,婀娜多姿(1)
C. 人品不错,能体贴帮助自己(3)
D. 顺从你的意思(1)

2. 你对未来丈夫的最主要要求是(　　)。(女性选择)
A. 潇洒大方,有男子风度(1)
B. 有钱有势,社交能力强(1)
C. 为人诚实正直,有上进心,待人和善(3)
D. 只要他爱我,其他都可以不考虑(2)

3. 你认为完美的结合应是(　　)。
A. 门当户对(1)
B. 郎才女貌(1)
C. 心心相印(3)
D. 情趣相投(2)

4. 你对最佳恋爱时间的考虑是(　　)。
A. 自己已经成熟,懂得人生的意义和爱情的内涵,并且确定了事业上的主攻方向(3)
B. 随着年龄的增大,自有好伴侣光临,"月老"不会忘记每个人的(2)
C. 先下手为强,越早越主动(0)
D. 还没想过(1)

5. 你希望自己是怎样结识恋人的?(　　)
A. 青梅竹马,感情深厚(2)
B. 一见钟情,难舍难分(1)
C. 在工作和学习中逐渐产生恋情(3)
D. 经熟人介绍(1)

6. 你认为推进爱情的良策是(　　)。
A. 极力讨好取悦对方(1)
B. 尽力使自己变得更完美(3)
C. 百依百顺,言听计从(2)

D. 无计可施(0)

7. 你希望恋爱的时间是(   )。
A. 越短越好,最好是"闪电式"(1)
B. 时间依进展而定(3)
C. 时间要拖长些(2)
D. 自己无主张,全听对方的(0)

8. 谁都希望完整全面地了解对方,你觉得了解他(她)的最佳途径是(   )。
A. 精心布置特殊场面,连连对恋人进行考验(0)
B. 坦诚相待地交谈,细心地观察(3)
C. 通过朋友打听(2)
D. 没想过(1)

9. 你十分倾心的恋人,随着时间的推移,暴露出一些缺点和不足,这时候你(   )。
A. 采取婉转的方式告知并帮助对方改进(3)
B. 无所谓(1)
C. 嫌弃对方,犹豫动摇(0)
D. 内心十分痛苦(2)

10. 当你初步踏进爱河之中,一位条件更好的异性对你表示爱慕时,你(   )。
A. 说明实情(3)
B. 对其冷淡,但维持友谊(2)
C. 瞒着恋人和其来往(0)
D. 听之任之(1)

11. 当你倾慕一位异性并发出爱的信息时,你忽然发现他(她)另有所爱,你怎么办?(   )
A. 静观待变,进退自如(2)
B. 参与角逐,继续穷追(1)
C. 抽身止步,成人之美(3)
D. 不知道(0)

12. 恋爱进程很少会一帆风顺,而你对恋爱中出现的矛盾、波折怎样看?(   )
A. 最好平顺些。既然已经出现了,也是件好事,双方正好趁此了解和考验对方(3)
B. 感到伤心难过,认为这是不幸(2)
C. 疑虑顿生,就此提出分手(1)
D. 没对策(1)

13. 由于性情不合或出于其他原因,你们的恋爱搁浅了,对方提出分手。这时候你(   )。
A. 千方百计缠住对方(1)
B. 到处诋毁对方名誉(0)
C. 说声再见,各奔前程(3)
D. 不知所措(1)

14. 当你十分依赖的恋人背信弃义,喜新厌旧,甩掉你以后,你怎么办?(　　)

A. 当自己眼瞎认错了人(2)

B. 你不仁,我不义(0)

C. 吸取教训,重新开始(3)

D. 痛苦的难以自拔(1)

15. 你爱途坎坷,多次恋爱均告失败,随着年龄增长进入"老大难"的行列,你(　　)。

A. 一如从前,宁缺毋滥(1)

B. 讨厌追求,随便凑合一个(1)

C. 检查一下选择标准是否实际(3)

D. 叹息命运不济,从此绝望(0)

16. 你认为恋爱作为人生中一个极其重要的环节,其最终所达到的目的应当是(　　)。

A. 找到一个情投意合的爱侣(3)

B. 成家立业,抚养子女(2)

C. 满足生理需求(0)

D. 只是觉得新鲜有趣儿,没有明确的想法(1)

结果说明:将你所选字母后的数字相加,总分在42分以上说明你的恋爱观正确,总分在33～41分说明你的恋爱观基本正确,总分在32分以下说明你的恋爱观需要调整。

 训练营

善良地拒绝他人的求爱

每个小组分别由两名同学轮流扮演表达爱情的人(角色A)与谢绝爱情的人(角色B),其他同学做观察员,来评比扮演角色B的同学的表达能力,并弥补他(她)的不足。

(1) 一个男生、一个女生为一组,以便角色扮演时效果最佳。

(2) 小组内的每一个同学都至少扮演一次角色A,也扮演一次角色B。

(3) 小组内的评比标准:是否可以有效地、并在不使角色A感到尴尬的前提下,谢绝爱情的表达。

谢绝他人的求爱时,一定要牢记:

(1) 尊重对方,不用带有伤害或刺激性的语言。

(2) 言行一致,不要嘴上拒绝,而在行动上仍保持亲密的接触,如单独吃饭、看电影等。

(3) 态度要坚决果断,语气干脆,以避免让对方误以为你的拒绝只是一种矜持的表示。

第八章

学会交往

> 人生离不开友谊,但要得到真正的友谊很是不容易;友谊总需要忠诚去播种,用热情去灌溉,用原则去培养,用理解去呵护。　　——马克思

 **本章学习内容**

1. 掌握人际交往的概念和原则。
2. 理解大学生人际交往的意义和特点。
3. 学会提高人际交往的方法。

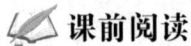 **课前阅读**

伟大的友谊

马克思和恩格斯的友谊是人类历史上的一段佳话,他们的友谊不仅深厚,且对共产主义事业产生了深远影响。

1844年,马克思和恩格斯在巴黎正式见面。在此之前,他们通过文章已对彼此的观点产生共鸣。这次会面后,两人迅速建立了深厚的友谊和合作关系。马克思和恩格斯在思想上高度一致,共同为共产主义事业奋斗。他们共同研究学问、领导国际工人运动、办报编杂志、起草文件,其中最著名的成果是《共产党宣言》。恩格斯在经济上给予了马克思无私的支持。在马克思生活困难时,恩格斯省吃俭用,将节省下来的钱寄给马克思,确保他能专心于理论研究和革命活动。

他们的友谊超越了个人利益和世俗偏见,是志同道合的战友。即使在异地相望的20年里,他们通过书信密切联系,谈论哲学、政治、军事等各种问题,彼此交换对政治事件的意见和研究工作的成果。他们合作了40年,共同创造了伟大的马克思主义。在马克思去世后,恩格斯继续整理并出版了《资本论》的第二卷和第三卷,完成了马克思未竟的事业。

他们各自都为自己有志同道合的战友而自豪。恩格斯说:"马克思是和我相交40年的最好的、最亲密的朋友,他给我的教益是无法用语言表达的。"马克思说:"我们之间存在的友谊是何等的珍贵!"列宁对他们的友谊给予高度评价:"他们的关系超过了古人关于人

类友谊的一切最动人的传说。"这段友谊不仅见证了两位伟人的深厚情谊,更是共产主义事业史上的璀璨篇章。

第一节　大学生人际关系

人际关系是人与人之间最基本的交往活动,是大学生成长发展的主要外部环境,是大学生活的重要内容,良好的人际关系有助于大学生的心理健康。

一、大学生人际关系概述

随着社会的发展,人与人之间的关系越来越密切,人际关系在人们生活中的地位愈加重要。良好的人际关系能使大学生在人际交往活动中团结互助、平等和睦地友好相处。

(一)大学生人际关系的基本含义

大学生人际关系是大学生通过交往互动而形成的一种心理关系。大学生人际关系可以分为广义和狭义两种,广义的大学生人际关系是指大学生在校期间通过交往互动形成的一切关系的总和,包括但不限于同学关系、师生关系、朋友关系、与家庭的关系、与校外社会成员所形成的关系等;狭义的大学生人际关系是指大学生在大学期间通过与他人或群体的交往互动,与同学、朋友、老师等形成的人际关系,主要包括同学关系、师生关系和朋友关系。人际沟通一般指人与人之间的信息交流过程,积极的交流能增进相互之间的了解和信任,促进彼此之间良好人际关系的建立。

(二)大学生人际交往的意义

纪伯伦说过:"在友谊里,不用言语,一切的思想,一切的愿望,一切的希冀,都在无声的欢乐中发生而共享了。"人际交往对大学生的成长有特别重要的意义。

马斯洛需求层次理论是人本主义科学的理论之一,其主要内容是将人类需求像阶梯一样从低到高按层次分为五种:生理需要、安全需要、交往需要、尊重需要、自我实现需要。其中交往需要、尊重需要、自我实现需要为人类所独有。交往需要是指一个人愿意与他人接近、合作、互惠,并发展友谊的需要,它是精神需要的重要内容。在大学生成长过程中,交往需要是个体心理正常发展的必要条件。

青年期的大学生希望被人理解和接受的心情尤为迫切。德国学者斯普兰格说:"在人的一生中,再也没有像青年时期有那样强烈地渴望被理解的时期了。没有任何人像青年那样渴望着被人接受和理解。"人际交往是心理健康发展的必要前提,良好的人际交往是大学生肯定自我价值,促进身心健康的一种需要。大学生在不断扩大自己的社会生活范围,接触更多的人和事物的同时能正确认识自己、接受自己。只有在交往中,大学生才能更好地认识自己和他人,通过他人的反应、态度和评价,发现自己的长处与不足,找出自己与他人的差距，才能合理定位自己，才能扬长避短、取长补短，从而发展自己，完善自己。一个人与人交往越多，生活经验越丰富，接触的方面越广泛，对自己的了解和评价就会更客观全面。同时，人只有置身于活动中，在不断与人交往中，才会动脑思考解决问题，从而锻炼和提高记忆力、思维力和创造力。

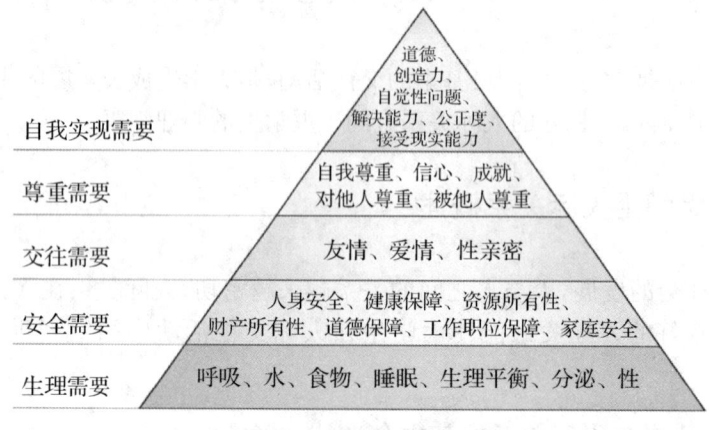

图 8-1　马斯洛需求层次理论

大学生在人际交往中存在不敢交往、不愿交往、不善交往的情况，严重影响了大学生的心理健康，进而影响他们综合素质的提高。如果长期缺乏交往，过于自我封闭，或常有不正常的交往，都会引发大学生的心理问题，严重的会导致心理障碍，极不利于大学生的成长。

1. 人际交往有助于大学生形成正确的自我认知

大学生在人际交往过程中，通过他人对自己的态度、反应和评价来了解自己的优势与不足，增进对自我的认知，从而更加客观地评价自己。大学生要积极地与优秀的同学交往，在交往中学习他人的优秀品质，取长补短，发展自我。

2. 良好的人际关系有益于大学生积极情绪的产生

人际关系的重要特点是情绪性，人际关系中情绪以满足的程度为基础。人际关系的好坏可产生两大类情感：第一是结合性情感，表现为人际关系的肯定、接纳、积极的态度，有利于人际关系的发展；第二是分离性情感，表现为否定、排斥、消极的态度，会削弱人际关系。大学生人际关系彼此兼容，双方都会感到心情愉快；人际关系相互排斥，则彼此都会感到孤独寂寞，心情抑郁，以至损害身心健康。因此，良好的人际关系有益于大学生积极情绪的产生。

3. 人际关系有利于大学生形成正确的人生态度

积极的人际交往，可以使人精神愉快，情绪饱满，形成积极、自信、乐观的人生态度。人际关系良好的大学生，大多能保持开朗的性格、热情乐观的心理品质，从而正确对待各类现实问题，化解生活中的各种矛盾，形成积极向上的品质，能更好地适应生活和发展自己。相反，缺乏积极人际交往的大学生，不能正确对待自己和别人，心胸狭隘，目光短浅，则容易造成精神上、心理上的巨大压力和难以化解心理矛盾，从而形成消极的人生态度。

4. 人际关系有助于大学生保持心理健康

大学生出现各种各样心理问题的主要原因是人际关系失调。研究表明，如果大学生长期缺乏与别人的积极交往，缺乏稳定良好的人际关系，往往会形成交往障碍，长期发展就会导致心理健康问题。人际关系紧张的大学生，不但会使他们学业受阻，而且长期心情不好，会令大学生陷入极大的痛苦之中；而拥有良好人际关系的大学生，会有归属感和社会支持力量，有助于他们保持心理健康水平。

二、大学生人际关系的种类

大学是人际关系走向社会化的一个重要转折时期，在大学，个体才开始真正地脱离父母独自生活。大学生在校园里接触的是来自不同地域、拥有不同文化习俗和不同性格的人，能否处理好人际关系取决于他们的人际交往能力。大学的人际关系包括：室友关系、同学关系、师生关系、同乡关系，以及个人与班级、个人和学校之间的关系等。

（一）亲密似家人的室友关系

室友关系即大学生与同宿舍其他成员之间的关系，是大学生人际关系中在空间上最密切的关系。目前，中国大陆地区高校的学生宿舍格局普遍是4人、6人或8人一间。大学生与同宿舍其他成员之间的关系是大学生课余生活的主要关系。室友矛盾在大学校园是常见的多发的矛盾，这种关系处理不好将直接影响大学生的学习和生活，甚至由于矛盾激化而引发恶性事件。因此，这种关系的处理是大学生人际交往的关键部分。与室友建立亲密的关系，把他们当家人一样看待，对大学生的心情和生活品质极为有益。

（二）学习上的共同体——同学关系

同学关系即大学生与同班或同年级同学之间的人际交往关系，这种关系建立在共同学习的基础之上。主要包括同性同学之间的关系、异性同学之间的关系以及学生干部与普通同学之间的关系三种类型。其中异性同学之间如何得体交往成为困扰许多大学生的问题。除此之外，学生干部与普通同学之间的关系处理问题也是大学生在人际交往方面比较容易出现的问题。同学是共同学习的伙伴，与同学之间良好的关系有助于学习的进步。

（三）平等尊重的师生关系

师生关系是指大学教师与在校大学生之间的关系，主要师生关系有任课教师与学生的关系和辅导员/班主任与学生的关系，还有校内其他老师与学生的关系。其中，任课教师主要担任课程教学工作，这种师生关系范围比较窄，交往内容较为简单，主要以学习为交往内容。辅导员/班主任是从事大学生思想政治教育的骨干力量，是高校学生日常思想政治教育和管理工作的组织者、实施者和指导者，辅导员/班主任的工作直接影响大学生思想、学习、生活的方方面面。因此，辅导员/班主任与学生的关系相对于任课教师来讲范围要宽泛得多，内容也比较复杂。

(四)亲友关系

大学生的父母,与大学生关系亲密、对其个人成长发展具有举足轻重影响的长辈和同辈,这一群体与大学生之间的关系即为亲友关系。这种关系在大学新生阶段保持得比较密切,随着大学生逐渐适应大学生活,其密切程度会有所下降,到大四毕业期,由于大学生面临就业、升学等问题,亲友关系又会密切起来。

(五)网络虚拟关系

互联网时代,上网成了大学生学习和课余生活的重要组成部分,通过网络游戏、聊天、交友、网购、互助等多种渠道,形成了大学生与其他网络虚拟领域用户之间的交往关系。这种关系是当代大学生人际交往中非常重要的部分。

三、大学生人际交往的特点

与人交往和相处的问题在大学生中具有特殊性。大学生渴望成才,但成才受各种因素的影响,人际交往是影响大学生成才十分重要的因素。大学生在获得知识、运用知识和创造新知识的过程中都离不开人际交往。

(一)人际交往的迫切性

大学生进入大学校园,学习及生活环境发生很大改变,使他们迫切需要结识新朋友和适应新环境。大学生人际交往的愿望比中小学生更为迫切,他们力图通过交往开阔视野、丰富知识、学会处世,也通过展现自己各方面的才能,获得他人的认可,以保持足够的自尊心和自信心。大学生思想活跃、精力充沛、兴趣广泛,有充裕的时间去交往。

(二)人际交往的社会性

大学生人际关系的社会性越来越明显,他们参与社会交往,可以增长见识和经验。在中学阶段,学生的注意力集中在学习上,没有时间和精力进行太多的人际交往;进入大学后,他们走出家门,认识、结交了更多的朋友,交流更多的信息,接受更多的新思想,与社会的接触比中学时代更加频繁与密切,人际交往呈现出前所未有的开放式交往趋势。大学生有一个共同目标,即掌握专业知识,提高自身素质,争做德智体美劳全面发展的社会主义建设者和接班人,因此与他人的人际交往必须符合这个共同目标,社会道德规范的调节作用显得特别有力。

(三)人际交往的团体性

按马斯洛的需要层次理论,人有归属的需要,大学生在进入大学校园后渴求融入新的团体,希望有一群志同道合的朋友。大学有丰富多彩的正式社团和非正式团体,大学生可以根据自己的需要和兴趣选择申请加入。学生社团是正式社团,是学生根据成长成才需要,结合自身兴趣特长,在学校的指导下开展活动的群众性学生团体。学生社团一般分为思想政治类、学术科技类、创新创业类、文化体育类、志愿公益类、自律互助类等多种类别。除了正式的社团,大学校园还存在各种非正式团体,大学生因共同的兴趣、爱好或基于学习等其他需求,自发组成各种长期稳定或短期临时性的学生团体。团体的成员之间有共同兴趣和爱好,人际交往会更加顺畅,他们在团体活动中互相关心、互相帮助、共同进步。

(四)人际交往的独立性

大学生的独立意识普遍增强,他们关心社会,批判地接受知识,批判地看待其他事物,有着强烈展现个人见解和疑问的愿望。在自我意识和社会关系相互协调的基础上,大学生开始树立自我的个性,支持自己的主张,以独立的人格和态度处事,积极自主地开展人际交往活动。这个时期,大学生的抱负与志向鲜明,对于家庭已逐渐不再依赖,而是以成人的角色参与和处理家庭事务,充分体现个人的意志和个性。

(五)人际交往的丰富性

大学生人际交往内容丰富多彩,交往的内容除了专业知识,还涉及文学、艺术、体育、政治、外交、人生、理想、爱情和社会问题等各个方面。大学生交往频率提高,由偶尔的相聚、互访发展到较为经常的聊天、社团活动、聚会、体育活动、娱乐、结伴出游以及其他一些集体活动。

(六)人际交往的开放性和时代性

大学生的交往随着科技和文化的发展发生了改变,表现出开放性和时代性。他们较少受社会经验和传统思想的束缚,力图突破现有的交往圈,不断以新的眼光和标准去扩大交往范围,寻求更多更合适的伙伴。交往对象由同班同学到老师再到社会各类人员;交往范围由班级扩大到其他班、系、院校,有着广泛的交际圈;交往内容也随之丰富多样。随着计算机网络的飞速发展,网络交往成为人们交际的一种新型人际互动方式。大学生在网络空间进行人际交往,反映出交往的时代性。

四、网络时代的大学生人际交往

大学阶段是提升人际交往能力的黄金阶段,互联网时代大学生利用互联网交际的优势,拓展自己的人际交流圈,建立一种更加和谐的人际关系。但是互联网是一把双刃剑,互联网的高速发展为大学生的人际关系带来便利的同时,也带来了一系列的负面影响。因此大学生在积极享用互联网带来的交往便利的同时也应该识别互联网社交存在的弊端,不在虚拟世界发表不当言论和不实信息,也不能对互联网提供的信息全盘接受和信任。

2024年,第一财经、中国广电5G以及东方有线联合推出《大学生上网行为观察报告》,通过对上千名在校大学生的调研发现,超六成大学生每日使用手机在5小时以上,其中使用5到8小时占比最高,为32.48%。大学生最常使用排名前五的手机App类型分别是社交、音视频、游戏、学习以及购物五大类,其中,音视频类应用和社交类应用的使用比例基本持平,均超过62%,这反映了大学生在社交和娱乐需求上的平衡。

(一) 大学生网络人际交往现状

1. 网络人际交往的人数增多

大学生在建立和发展人际关系时,除了直接面对面的交流方式,网络人际交往逐渐成为在校大学生生活的重要部分。大学生善于运用网络进行人际交往,他们常常跨班级、跨年级、跨专业、跨学校进行多方面交往。与此同时,大学生还借助实习、实训及社会实践的机会逐步将交往范围扩大到社会层面。网络人际交往的便利性以及各种社交软件的功能性,促使进行网络人际交往的大学生人数越来越多。

2. 多样化的网络人际交往的工具

大学生网络人际交往的工具很多,短视频平台类、虚拟社区类、网络游戏类、电子邮件类等工具在大学生的人际交往中使用比较普遍。运用这些工具可以轻松地进行协作学习、休闲娱乐和信息交换,也可以提高大学生的网络人际交往能力。

3. 对网络人际交往的心理依赖性增强

目前在校大学生相当一部分是独生子女,他们渴望与人交流,有自己的交友空间,但现实世界的交往常常给他们带来许多苦恼,越来越多的大学生更愿意用一个代号、一个化名在网上广交朋友,与网友交谈既可以推心置腹,又可以恣意调侃,他们在虚拟的世界抒发情感、交流思想、排遣寂寞。大学生对未曾谋面的朋友充满好感,对虚拟世界人际交往的心理依赖性越来越强。

4. 内容丰富的网络交流话题

大学生进行在线交流的话题涉及网络游戏、热点话题、网络学习、个人情感、兴趣爱好、电商微商、体育运动等各个方面,并且对兴趣爱好和学习生活关注最多,这与年轻人追求个性、思维活跃等特点有关。其交流对象大部分是以前的同学和现在的同学,陌生人也占有相当比重,与老师的交流明显比其他交流对象少。

(二) 网络对大学生人际交往的积极影响

网络人际交往相较于线下人际交往,除了交往方式的不同,还有其他积极的意义。

1. 拓宽了大学生人际交往的方式

社交媒体不断发展的过程就是大学生互动方式不断增加的过程。随着社交媒体技术的不断发展,互联网为大学生提供了新的人际交往媒介,有即时通信(微信、QQ等)、网络论坛、网络游戏、微博、E-mail、短视频平台(抖音、快手等)等,网络社交媒体使大学生人际交往方式更加多元化。

2. 扩大了大学生人际交往的范围

基于六度空间理论所建立的社交媒体在大学生人际交往中的作用越来越大,通过同学、同学的同学等都可以建立联系,形成人际关系网。六度空间理论认为两个陌生人之间,最多通过6个人便可使他们相识,又称小世界理论。网络的互通性使世界上各个国家、各个民族、各个地区的人联系在一起。网络社交平台,如微信、QQ等社交媒体都是以六度空间理论为基础,使人际交往在时间和空间上更加便捷。世界范围内的人通过网络,成了大学生潜在的交往对象。同学、家人、教师已不能满足大学生人际交往的需求,大学生人际交往的范围在不断扩大。

3. 丰富了大学生人际交往的内容

网络使大学生人际交往的内容越来越广泛,如学习方面的探讨、生活经验的分享、情感上的倾诉、国家大事的关注、社会事件的评论、未来发展前景的讨论等。网络时代,海量的信息不断丰富大学生人际交往的内容。

4. 提高了大学生人际交往的互动频率

随着社交媒体互动方式的多样和简便,以及社交媒体种类和功能的不断发展、完善,大学生使用社交媒体的时间越来越长,大学生网络互动的频率更加频繁。

(三)大学生网络社交的安全防范

我们处在信息爆炸的时代,网络已经渗透人们生活的各个方面,成为大众获取信息、交流思想、娱乐休闲的重要平台。特别是对于大学生这一群体,网络更是他们学习、社交不可或缺的一部分。然而,网络空间并非一片净土,各种安全威胁潜伏其中,稍有不慎,就可能陷入困境。因此,作为大学生,必须增强网络社交安全意识,学会自我防范,保护自己的合法权益。

1. 充分认识网络社交安全的重要性

认识到网络社交安全的重要性是大学生网络社交安全防范的基础。网络社交安全关乎每个人的切身利益。在网络社交中,大学生的个人信息、隐私、财产安全都可能受到威胁。一旦这些信息被不法分子获取,就可能被用于诈骗、身份盗用等违法活动,给大学生的生活带来极大的困扰。因此,大学生必须时刻保持警惕,不给不法分子可乘之机。

2. 充分了解网络社交安全的主要威胁

网络社交安全的主要威胁有:① 个人信息泄露。在网络社交中,大学生经常会填写一些个人信息,如姓名、年龄、性别、身份证号、电话号码、学校、专业等,这些信息如果被不法分子获取,就可能被用于诈骗或其他违法活动。② 隐私侵犯。有些人在网络社交中过于随意地分享自己的生活细节,如家庭住址、电话号码、日常行程、个人或家庭成员照片等,这些信息一旦被泄露,不仅可能引发安全问题,还可能对大学生的生活造成干扰。③ 网络诈骗。网络诈骗是网络社交中常见的安全威胁之一,不法分子通常会利用人们的情感需求、贪婪、好奇或恐惧心理,通过虚假信息、诱饵等手段骗取个人感情、个人信息和钱财等。④ 恶意软件攻击。有些不法分子会通过网络社交平台传播恶意软件,如病毒、木马等,这些软件一旦侵入个人的电脑或手机,就可能窃取个人的信息或破坏系统,从而使个人遭受损失。

3. 学习运用网络社交安全的自我防范策略

大学生在网络社交时,需要掌握一些自我防护的方法:① 个人信息保护。在网络社交中,不轻易透露个人真实信息。在使用社交软件或网络交友时,尽量使用虚拟的昵称和电子邮件,避免使用个人信息,特别是敏感信息;限制个人信息公开,不要轻易在社交平台上公开自己的详细个人信息,不要随意透露自己的家庭住址、电话号码、身份证号码、银行账号等重要信息。同时,要定期检查和更新自己的隐私设置,确保只有信任的人能够查看自己的个人信息。② 谨慎交友。在网上交友不轻易相信对方、不轻易见面、不轻易接受对方的财物、更不要轻易借钱给对方。即使与网友在网上相识已久,也不要急于见面,如果决定见面,应选择公共场所,并告知同学、朋友或家人,或由同学、朋友陪同见面,见面时不要接受对方提前准备的食物或饮料,并确保全程保持通信畅通。特别注意的是,避免参与色情聊天及反动宣传活动,以免身心受损。③ 提高对来历不明链接的警惕性。面对网络社交中对方发来的未知链接,大学生要保持高度警惕。不要轻易点击来历不明的链接或下载未知软件或附件,以免感染病毒或泄露个人信息。对于陌生人的好友请求或信息,也要谨慎处理,避免陷入诈骗陷阱。④ 安装安全软件,加强密码管理。为了保护个人的电脑和手机免受恶意软件的攻击,要安装来源可靠的安全软件。密码是大学生保护个人信息的第一道防线。因此,要设置复杂且独特的密码,并定期更换。同时,不要使用相同的密码登录多个账号,以免一旦一个账号被盗用,其他账号也面临风险。⑤ 学会辨别信息真伪。在网络社交中,大学生要学会辨别信息的真伪。对于未经证实的信息,不要轻信或传播。特别是关于转发就能赚钱、免费领取礼品等诱饵信息,更要保持头脑清醒,避免上当受骗。⑥ 增强法律意识。作为大学生,要增强法律意识,了解网络社交中的法律法规。在享受网络社交带来的便利的同时,也要遵守相关规定,不发布违法信息,不参与网络暴力等行为。这样,才能在网络社交中保护自己和他人的合法权益。

网络社交安全是大学生必须重视的问题。只有提高自我防范意识,采取自我防范的策略,才能在网络社交中收获知识、友谊和快乐,同时远离安全威胁的困扰。

第二节 大学生常见人际交往困惑

大学时期是人际关系走向社会化的一个重要转折时期,大学生的人际关系也日益复杂。大学生人际交往时常会遇到各方面的人际关系困惑和挫折,由此引发各种不愉快的心理体验,进而影响大学生的学习效率和生活质量,对大学生成长成才也会产生较大的负面影响。因而大学生及时认识到自己的人际挫折,并积极通过自己的努力调适和外部的帮助去解决困惑,对于提高大学生的学习效率和生活质量十分必要。

一、大学生人际交往的困惑

每一位踏入大学校园的大学生,都怀揣着对未来的憧憬与好奇,同时也面临着人际交往中的种种困惑与挑战。

(一)环境变化带来的社交挑战

初入大学,对于许多大学生而言,最大的挑战莫过于突然置身于一个完全陌生的社交圈。室友、同学、社团的伙伴和课堂上的老师……每一张新面孔都代表着一段未知的关系,需要时间去磨合、去适应。在这个过程中,部分大学生可能因为性格内向、不善言辞而感到难以融入新的群体;有的则可能因为文化差异、生活习惯的不同而和他人产生摩擦;还有的或许在尝试建立新友谊时遭遇了拒绝,从而产生了自我怀疑。这些困惑,如同一道道门槛,横亘在大学生社交的路上,让他们倍感迷茫。

(二)理想与现实的落差

大学是梦想与现实交织的舞台,在这里,每个人心中都怀揣着对未来的美好愿景,渴望与人建立真挚的友谊,找到志同道合的朋友。然而,当理想遭遇现实,当期待中的温暖与理解并未如期而至,困惑便如影随形。即便是在看似亲密的室友或朋友之间,也难以找到完全的共鸣,孤独感和失落感随之而来。这种理想与现实之间的差距,让不少大学生在人际交往中陷入了更深的迷茫。

(三)社交恐惧症

社交恐惧症是影响大学生学习和生活的一种心理障碍。有些大学生在与人交往时,会不自觉地感到紧张、害怕以致手足无措、语无伦次,有些甚至发展到害怕见人的地步。患有社交恐惧症的大学生往往表现出明显的焦虑和回避行为。有些大学生的社交恐惧常常以与异性交往的情境为恐惧对象,随着症状的加重,恐惧对象还会从某一具体的异性或情境泛化到其他异性,甚至其他无关的人或情境。一般人能够轻而易举办到的事,社交恐惧症患者却望而生畏。他们可能会认为自己是个乏味的人,并认为别人也会那样想,于是就会变得过于敏感,更不愿意打搅别人。而这样做,会使得他们感到更加焦虑和抑郁,从而使社交恐惧的症状进一步恶化。

面对人际交往的困惑,虽然过程艰难,但正是这些挑战,促使大学生在迷茫中不断探索,学会了如何在复杂的人际关系中保持自我,如何在困惑中寻找方向,最终逐渐走向成熟。

二、大学生人际困惑的成因

同学之间的不信任,人际关系时有激化,使大学生对如何构建一个和谐的人际关系存在巨大的困扰。对于大学生而言,他们对人际关系的追求往往带有较多的理想化色彩,无论是对同龄朋友,还是对师长,往往以理想色彩看待彼此的交往,希望交往不带任何杂质,同时他们也常常以理想的标准要求对方,但是现实生活中很难存在理想化的人格,这就导致很多大学生一旦发现对方某些不好的品质就深感失望,拒绝深度交往,甚至丧失交往的信心。

导致大学生人际困惑的原因很多,分析起来大体有以下几方面的因素。

(一)自我认知与社交技能的缺失

大学生人际交往的困惑,很大程度上源于自我认知的不足和社交技能的欠缺。在自我认知方面,许多学生尚未形成稳定的自我形象,不清楚自己在社交中的角色定位,导致在交往中显得无所适从。而在社交技能上,由于缺乏有效的沟通技巧和情绪管理能力,往往在处理人际关系时显得笨拙，容易引发误会和冲突。此外，随着网络社交的普及，面对面交流的减少，也使得一些学生在真实社交场合中感到不自在，加剧了人际交往的困惑。

（二）家庭教育的影响

目前在校大学生大多是独生子女，部分大学生在长辈的宠溺中长大，从小没有学会为他人着想，缺乏换位思考的能力。有些家长自身人际关系不良，致使孩子也不擅长与人交往。正所谓父母是孩子的第一任教师，家长应当为孩子提供人际交往的正确范式，让他们真正感知社会、了解社会，进而习得人际交往的技能。

（三）学校教育的影响

新时代我国的教育方针强调德、智、体、美、劳五育并举，但也有部分学校存在重智育的现象，忽略培养学生的人际交往能力。有的学校把学生的思想品德教育形式化，致使很多学生缺乏人际沟通技巧，在与人交往时，不懂得变通和换位思考。

（四）社会对大学生处事理念的影响

随着时代的发展，社会信息日益复杂，有的媒体刻意放大社会不良现象，忽视正能量的传播，以至于部分学生形成了一种对他人不信任的心理基础，在人际交往中偏向保守，不敢开放自我，不敢与他人深交。市场经济的发展，一方面带动了经济社会的发展与进步，另一方面也助长了一些功利思想，这种思想意识也会影响大学生的处世理念和行为方式。

（五）自我中心的价值取向

部分大学生由于成长环境的影响可能存在自我中心价值取向，在人际交往中过于追求个人利益，只和对自己有利的人交往，为人处世中缺乏真诚，或者人际交往中只顾个人得失，不能换位思考，体会不到他人的情绪情感，因而难以与他人保持良好的人际关系。

心理电影

温情的需要

电影《我们俩》讲述的是一位老人和一个小女孩的故事。一位孤独老人住了一辈子空荡荡的简陋四合院。在一个风雪交加的冬天，闯进来一个寻求住处的女孩。她的到来给这个空间带来变化，老人的生活开始有了戏剧色彩。可老人需要秩序，在老人面前，眼前这个女孩是一个常犯规的人，老人有很多禁忌，让女孩每一步皆有障碍。时间一天天过去，在生活过程中，两个人的关系似乎升华了，从互相排斥、警惕到互相关怀，产生友谊，到最后甚至有种相依为命的感觉，可是女孩注定要走的，要继续自己的生活，她必须离开这个四合院，她只是一个短暂的过客，在老人眼里，希望、活的色彩也随着小女孩的离开而荡然无存了。老人病了，很快就离开了人世。老人想抓住的未必是小女孩的关心，而是对温情的需要。

第三节 大学生人际交往能力的培养

每个成长中的大学生,都期望自己生活在良好的人际关系氛围中。有研究表明,对大学生活满意度低的学生,列在第一位的影响因素是人际关系不适。大学生掌握一定的人际交往与沟通技能有助于他们建立和谐的人际关系,促进他们在交往中创造更好的人际交往艺术。

一、掌握良好人际关系的原则

为促进良好人际关系的建立,在人际交往中,大学生必须遵循以下基本原则。

(一) 真诚相待原则——人际交往的基石

真诚,是人际交往中最基本也是最重要的原则。真诚相待能够消除人与人之间的隔阂与猜疑,建立起信任与理解的桥梁。在真诚的基础上,个体才能敞开心扉,分享彼此的想法与感受,从而深化友谊,增进理解。真诚不仅是对他人的尊重,也是对自己内心的忠诚。大学生在人际交往中,要以诚相待、信守诺言。在与人交往时,一方面要真诚待人,既不当面奉承人,也不在背后诽谤人,要做到肝胆相照、襟怀坦荡。另一方面,言必信、行必果,承诺的事情要尽量做到,这样才能赢得别人的信任,彼此建立深厚的友谊。马克思把真诚、理智的友谊赞誉为"人生的无价之宝"。古人云"精诚所至,金石为开",真诚才能换取友谊的钥匙。

(二) 平等尊重原则——人际交往的核心

交往中的平等是双方人格上的平等,包括尊重他人和保持自我尊严两个方面。彼此尊重是友谊的基础,是两心相通的桥梁;交往务必平等,平等才能深交,这是人际交往成功的前提。贯彻平等尊重原则,就是要求大学生在交往中尊重别人的合法权益,尊重别人的感情。古人云:"欲人之爱己也,必先爱人;爱人者,人恒爱之;敬人者,人恒敬之。"尊重不是单方面的,而是取决于双方,既要自尊,又要彼此尊重。平等尊重他人是维护人际关系和谐,避免冲突与误解的核心。

(三) 宽容理解原则——人际交往的关键

在人际交往中,会遇到意见不合、利益冲突的情况。此时,宽容理解就显得尤为重要。宽容意味着能够接纳他人的不足与错误,不苛求完美,不轻易责备。理解则要求个体站在对方的角度思考问题,尝试感受对方的情感与处境。宽容理解能够化解矛盾,减少冲突,使人际关系更加和谐融洽。同时,它也是个人修养与成熟度的体现,有助于提升个体的社交魅力与影响力。俗话说,"金无足赤,人无完人。"交往中,对别人要有宽容之心,若斤斤计较,苛刻待人,或者得理不让人,最终将会成为孤家寡人。另外,要有宽容之心,还需以诚换诚、以情换情、以心换心,善于站在对方的角度去理解对方。

(四)互补互助原则——人际交往的密钥

互补互助是大学生人际关系处理的一种心理需要,也是人际交往的一项基本原则。互补性原则主要体现在大学生的精神领域,包括大学生的气质、性格、能力等个性特征方面。不同气质、性格和能力的人由于个性互补,能够相处得较好;而个性接近的两个人并不一定相处得很好。从心理学上讲,每个人都是天生的自我中心者,都期望别人能承认自己的价值,支持自己、接纳自己、喜欢自己。由于这种寻求自我价值被确认和情绪安全感的倾向,在社会交往中,个体更重视自己的自我表现,希望吸引别人的注意,期望别人能接纳自己、喜欢自己。阿伦森的研究证明,人际关系的基础是人与人之间的相互重视、相互支持。对于真心接纳喜欢我们的人,我们也更愿意接纳对方,愿意同他们交往并建立和维持良好人际关系。

(五)持续学习原则——人际交往的秘诀

人际交往是一门艺术,也是一门学问。它要求大学生不断学习、实践与反思,以提升自己的交往能力。持续学习意味着大学生要关注人际交往的最新理念与技巧,勇于尝试新的交往方式,同时不断反思自己的交往行为,总结经验教训。通过持续学习,大学生可以更好地应对人际交往中的挑战与变化,不断提升自己的社交智慧与魅力。

人际交往的原则是构建和谐社会的基石,不仅指导着大学生的个人行为,也影响着社会的整体氛围与发展方向。在快节奏的现代生活中,大学生更应珍视这些原则,将它们融入日常的交往之中。让我们以真诚相待、尊重差异、平等互利、有效沟通、宽容理解为指导,共同努力,构建一个更加和谐、美好的社会。

知识拓展

管鲍之交

管仲曰:"吾始困时,尝与鲍叔贾,分财利,多自与,鲍叔不以我为贪,知我贫也;吾尝为鲍叔谋事而更穷困,鲍叔不以我为愚,知时有利不利也。吾尝三仕三见逐于君,鲍叔不以我为不肖,知我不遭时也。吾尝三战三走,鲍叔不以我为怯,知我有老母也。公子纠败,吾幽囚受辱,鲍叔不以我为无耻,知我不修小节而耻功名不显于天下也。生我者父母,知我者鲍子也!"(选自《史记·管晏列传》)管仲和鲍叔牙是春秋时期著名的政治家,两人都是安徽阜阳颍上县人,一个才华横溢,一个诚恳厚道,两人意气相投,来往非常密切。鲍叔牙很赏识管仲的才学,也很了解他的所作所为。两人曾一同做买卖,他们在分利的时候,管仲总要多得一些,鲍叔牙知道管仲家里贫困,从来不因他多得了钱而说他贪心。管仲曾替鲍叔牙办过几件事,可是事情没办好,反而弄得更糟糕,鲍叔牙也并不认为管仲无能,因为他知道事情总有不顺利的时候。管仲曾三次当官,三次都被罢免,鲍叔牙并不认为他没有才干,因为鲍叔牙知道管仲只是没遇到赏识他的人,没有得到发挥才干的机会。管仲曾三次参加作战,每次都逃跑了,鲍叔牙也不认为他胆小怕死,因为鲍叔牙知道他家有老人要奉养。鲍叔牙对管仲了解得如此深透,管仲感慨地说:"生我的是父母,知我的是鲍叔牙啊。"

后来他俩还一起做了齐国公子的老师,管仲辅佐公子纠,鲍叔牙辅佐公子小白。齐僖公死后,襄公继位,可当时齐国发生内乱,公子纠逃到鲁国,公子小白逃到莒国。后来襄公死去,纠和小白都赶忙回国争夺王位。最终,小白争夺了王位,也就是后来的齐桓公。齐桓公继位后,拜鲍叔牙为相,并想处死管仲。可鲍叔牙极力举荐管仲为相,齐桓公最后采纳了鲍叔牙的意见。在管仲的辅佐下,齐桓公成为春秋时期的霸主。"管鲍之交"也被传为了佳话。常言道:"人生得一知己足矣。"人的一生可能会有很多朋友,但是真正的知己却可遇不可求。管鲍之交的故事被传为千古佳话。特别是管仲当年说的那句"生我者父母,知我者鲍子也",如雷贯耳,发人深思而又催人奋进,也带给人们恒久的启示。无论别人如何评论管仲,鲍叔牙都不为之所动,依然一如既往地给予其包容、谅解与协助。他们二人既能同甘,更能共苦,是对友情的最好诠释。他们之间的友谊经得起时间的考验,也经得起空间的考验,更经得起名利的考验。宽容是一种强大的力量,它能化敌为友。宽容往往能够使对方从中吸取教训,重新审视自己的行为。不计较个人私利,有宽以待人的胸怀,有至真至诚、甘愿吃亏的精神,与人相处时要学会宽容。

二、克服社会知觉偏差

在人际交往中,在一定条件下,会产生对人的不正确的知觉,称为对人的错觉。知人者智,自知者明,能否正确地认识和了解他人,同样关系到人际交往能否顺利进行。走出对他人认知的心理误区,要注意克服以下社会知觉偏差。

(一) 首因效应

首因效应是指在对人的知觉中,最早获得的第一印象产生的影响最大。这种印象主要体现于对象的外部特征。第一印象,也就是第一次对他人知觉时构成的形象,它往往最深刻,而且常会成为一种基本印象而影响对他人各方面的评价。俗话说,先入为主,讲的就是这个道理。人们很重视给别人的第一印象,但第一印象得之于较短时间的接触,又无以往的经验作参照,主观性、片面性较强。所以,必须注意其消极的一面,既不能因第一印象不好而全盘否定,又要防止被表面的堂皇所迷惑。所以应在长期的相处中全面、正确认识和了解他人。如一位大学生刚入大学,出色的自我介绍在同学的头脑中留下强有力的第一印象,即使以后他的表现不如以前,同学会认为不是能力问题,而是他不够努力;相反,有的同学在刚入学时给同学留下不诚实的第一印象,要转变这种印象需要很长时间。

(二) 近因效应

近因效应是指对一个人近期的印象影响人们对他人长期形成的看法的现象。与首因效应相比,在总的印象构成上,新近获得的信息比原先获得的信息影响更大。信息前后间隔时间越长,近因效应越明显。原因在于前面的信息在记忆中逐渐模糊,从而使近期信息在短期记忆中更清晰。近因效应不仅影响着我们的记忆,更在无形中改变着我们对他人的印象和评价。有时候,一个人长期的良好表现可能因一次不当的行为而被大打折扣,而一次意外的善举也可能瞬间提升其在他人心中的地位。这种力量,既是对个体行为的考验,也是对人际交往动态性的体现。它提醒我们,在与人交往中,要时刻注意自己的言行举止,因为最近的每一次互动,都可能成为他人评价我们的重要依据。

(三)光环效应

在人际知觉中,人们常以所具有的某个特性而泛化到其他有关的一系列的特性,也就是以所知觉到的特征推及未知觉到的特征。在人们的头脑中,总有一些潜在的、得之于各种途径的观念,并常常以此来评价和决定他人,因为这样做所耗费的心理能量最少,也就是说,它最省事。但是,图省事往往会造成一些认知偏差。某人的一种优点、优势放大变成了笼罩全身的"光环",甚至原先的缺点也被掩盖或者蒙上了一层夺目的光彩,"爱屋及乌""情人眼里出西施"都是光环效应的体现。这种对他人认知的最大失误就在于以偏概全。"窥一斑而知全豹"并不总是适用于所有人和事,个别和局部情况并不能完全反映整体。

(四)社会刻板印象

社会刻板印象是指社会上对某一类人所持的固定的、概括而笼统的看法。一般来说,社会刻板印象有利于知觉者对某一群体做出迅速的概括的了解,但有时又容易对个别成员造成误解,形成偏见,忽略个体差异性。人们往往把某个具体的人或事看作是某类人或事的典型代表,把对某类人或事的评价视为对某个人或事的评价,因而影响正确的判断,若不及时纠正,进一步发展或可扭曲为歧视。有些人习惯于机械地将交往对象归于某一类人,不管他是否表现出该类人的特征,都认为他是该类人的代表,而总是将对该类人的评价强加于他,从而影响正确认知,损害人际关系。如有的大学生认为家庭社会地位高的学生傲气、不好相处等,这种刻板印象容易造成先入为主的定势效应,妨碍大学生正常的人际交往。

(五)投射效应

精神分析理论认为,投射是个体将自己的过失或不为社会认可的欲念加诸他人(又称为否认投射),这种投射发生在潜意识。心理投射是一种心理防御机制,用于减轻焦虑的压力及保卫自我以维持内在的人格。投射效应是指将自己的特点投射到其他人身上的倾向。在认知和对他人形成印象时,以为他人也具备与自己相似特性的现象,把自己的感情、意志、特性投射到他人身上并强加于人,即推己及人的认知障碍。比如,一个心地善良的人会以为别人都是善良的;一个经常算计别人的人就会觉得别人也在算计他。投射效应还表现为"以小人之心,度君子之腹",指与人交往时把自己具有的某些不讨人喜欢、不为人理解的观念、性格、态度或欲望转移到别人身上,认为别人也是如此,以掩盖自己不受人欢迎的特征。如自私的人总认为别人也很自私;而那些慷慨大方的人认为别人对自己也应大方。由于投射作用的影响,人际交往中很容易产生误解。

三、建立良好人际关系的方法

(一) 建立健康的人际交往心理模式

美国著名心理学家艾瑞克·伯恩依据对自己和他人所采取的基本生活态度,提出了四种人际交往心理模式:

(1) 我不好—你好,我不行—你行:心理模式表现为自卑,甚至是社交恐惧,根源于童年的无助感,这种态度如果没有随着年龄的增长而改变,长大以后就容易放弃自我或顺从他人。他们喜欢以百倍的努力去赢得他人的赞赏。

(2) 我不好—你也不好,我不行—你也不行:心理模式表现为不喜欢自己也不喜欢别人,看不起自己,也看不起别人,常放弃自我、陷入绝境、极端孤独和行为退缩。

(3) 我好—你不好,我行—你不行:心理模式表现为以自我为中心,自以为是,总认为自己是对的,而别人是错的,把人际交往中失败的责任归因于他人,常导致唯我独尊,固执己见。

(4) 我好—你也好,我行—你也行:是一种成熟、健康的人际交往心理模式,这种心理模式的特点是充分体会到自己拥有一种强大的理性能力,并对生活价值有着恰当的理解,相信自己与相信他人、爱自己与爱他人统一。虽然他们并非十全十美,但他们能客观地悦纳自己和他人,正视现实,善于发现自己和他人的优点与长处,从而使自己保持一种积极、乐观、进取的心理状态。指导大学生建立"我好—你也好,我行—你也行"的人际交往模式,以积极向上、乐观健康的态度处理人际关系。

(二) 优化个人形象,增进人际魅力

在人际交往中,个人形象和人际魅力对促进人际交往有很大影响。每个个体都有其内在的人际魅力,是一个人综合素质在社交生活中的体现。这就要求在校大学生丰富自己的内心世界,从仪表到谈吐,从形象到学识,多方位提高自己。心理学研究证明,初次交往中,良好的社交形象会给对方留下深刻的印象,而随着交往的深入,学识渐占主导地位。所以,优化个人形象,使自己在人际交往中更具魅力,大学生可以从以下方面努力:首先,主动学习,获取广博的知识。"腹有诗书气自华",具备真才实学的人浑身充满书香的魅力。其次,通过参与社团活动、志愿服务等,发现自己的兴趣与特长,建立自信,同时学会欣赏他人的优点,促进相互理解。这样,会有更多的人愿意接近并接纳自己。第三,提升沟通技巧,学习如何有效表达自己的想法,同时倾听他人的意见,培养良好的反馈机制,减少与他人的误解和冲突。当一个人具备高尚的素质,焕发出的人格魅力一定是令人无法抗拒的。

(三) 培养真诚热情交往的态度

大学生对外在世界的观察和思考已接近成熟,但对内在自我的反省能力仍有待提高。在人际交往中,有的大学生觉得别人不真诚对待自己、不尊重自己,却很少反省自身,问问

自己是否真诚待人、尊重别人。这种单向性思维容易导致交往中一厢情愿的倾向,并容易对挫折做出错误的归因。

心理学家发现,主动热情是最能打动人、最具吸引力的特质之一。一个充满热情的人很容易把自己的积极情绪传染给别人,一个面带微笑的人很容易被他人接纳。每个人在生活中都会遇到烦恼的事,但大学生不应被它们所困扰,而应学会愉快地应对生活,能够从行动入手,让自己高兴地去学习和生活,以微笑待人。

小 测 试

(注:测试结果仅供参考,如有疑问请咨询专业人士)

人际关系行为困扰的诊断量表

这是一份大学生人际关系行为困扰的诊断量表,一共有28个问题,请你根据自己的实际情况,逐一对每个问题做出"是"或"否"的回答。为了保证测验的准确性,请你认真作答。

1. 关于自己的烦恼有口难开。
2. 和陌生人见面感觉不自然。
3. 过分地羡慕和嫉妒别人。
4. 与异性交往太少。
5. 对连续不断的会谈感到困难。
6. 在社交场合中,感到紧张。
7. 时常伤害别人。
8. 与异性交往时感觉不自然。
9. 与一大群朋友在一起时,常感到孤寂或失落。
10. 极易受窘。
11. 与别人不能和睦相处。
12. 与异性交往不知道如何适可而止。
13. 当不熟悉的人对自己倾诉他(她)的生平遭遇以求同情时,自己常感到不自在。
14. 担心别人对自己有什么坏印象。
15. 总是尽力使别人赏识自己。
16. 暗自思慕异性。
17. 经常避免表达自己的感受。
18. 对自己的外表(容貌)缺乏自信。
19. 讨厌某人或被某人讨厌。
20. 瞧不起异性。
21. 不能专注地倾听。
22. 自己的烦恼无人可申诉。
23. 受到别人排斥,感到冷漠。

24. 被异性瞧不起。

25. 不能广泛地听取各种意见和看法。

26. 常常因为受到伤害而暗自伤心。

27. 常被别人谈论、愚弄。

28. 与异性交往不知如何更好地相处。

计分标准:选择"是"的计1分,选择"否"的计0分。

结果解释:

如果你的总分在0~8分,那么说明你在与朋友相处上的困扰较少。你善于交谈,性格比较开朗、主动,关心别人。你对周围的朋友都比较好,愿意和他们在一起,他们也都喜欢你,你们相处得不错。而且,你能从与朋友的相处中,得到许多乐趣。你的生活是比较充实且丰富多彩的,你与异性朋友也相处得很好。总之,你不存在或较少存在交友方面的困扰,你善于与朋友相处,人缘很好,能获得许多人的好感与赞同。

如果你的总分在9~14分,那么,你与朋友相处存在一定程度的困扰。你的人缘一般,换句话说,你和朋友的关系并不牢固,时好时坏,经常处在一种起伏之中。

如果你的总分在15~28分,那就表明你同朋友相处的行为困扰比较严重。分数超过20分,则表明你的人际关系行为困扰程度很严重,而且在心理上出现较为明显障碍。你可能不善于交谈,也可能是一个性格孤僻的人,不开朗,或者有明显的自高自大、讨人嫌的行为。

宿舍人际关系训练

(一) 改善宿舍人际关系

如果大学生在宿舍能做到以下几点,将有助于改善与舍友的人际关系:

1. 尽量与舍友统一作息时间,不要太早或者太晚,影响别人休息。

2. "君子周而不比,小人比而不周",应当以平等的态度对待每一个人,不要和一部分人打得火热,而对另一部分人疏远不理。

3. 不触犯舍友的隐私,未经舍友同意,不乱翻别人物品。

4. 积极参加宿舍集体活动,和宿舍成员一起上课和娱乐。

5. 良好的人际关系是以互助为前提的,多给予别人关心,当舍友有困难时要主动提出帮助,自己有困难也要求助舍友。

6. 学会赞美,不吝啬对别人的夸奖,除非万不得已,尽量不要批评别人。

7. 不要夸夸其谈、自以为是,越想处处表现得比别人聪明的人越容易引起别人反感。

8. 维护共同的生活环境,完成该做的宿舍杂务,遵守宿舍成文或不成文的各项规定。

9. 用合理的方式解决宿舍矛盾。

以上9点,虽是日常生活中的小事,倘若都能做到,对处理好宿舍关系能起到事半功倍的作用。反之,宿舍成员不但形同陌路,严重的还会吵架、打架,甚至出现致伤、致死事件。

（二）制定宿舍各项规章制度

"国有国法，家有家规"，宿舍也应该有成文或不成文的规定，大家有规可依、有规必依，就能减少很多麻烦。

1. 宿舍全体成员一起协商制定宿舍作息时间制度：

（1）_____；

（2）_____；

……

2. 宿舍卫生需要大家共同尽义务，大家一起协商排一份值班表，并写出值日同学应该完成的项目和每位同学自己每天应该完成的项目，最后，还要注明如果不值班应该受到什么样的惩罚等。

周次	周一	周二	周三	周四	周五	周六	周日
1							
2							
3							
4							

第九章

积极心理

> 乐观是希望的明灯,它指引着你从危险峡谷中步向坦途,使你得到新的生命、新的希望,支持着你的理想永不泯灭。——达尔文

本章学习内容

1. 掌握积极心理学的主要内容。
2. 理解积极人格特质的内涵。
3. 学会培育积极心理的方法,形成积极的心理品质。

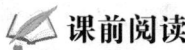

巴尔扎克:只有乐观才能造就卓越

巴尔扎克,法国小说家、剧作家,被称为现代法国小说之父、欧洲批判现实主义文学奠基人。

在巴尔扎克的作品中,随处可体味到浓郁的浪漫情调。巴尔扎克年轻的时候经商失败,欠下了很多债务,因此,尽管他的收入还算可观,但因为债务问题,他经常面临经济上的窘迫。

一天晚上,巴尔扎克被一阵声音吵醒,他睁开眼睛后,发现有一个小偷正在翻他的抽屉,他忍不住哈哈大笑。

小偷不解地问道:"你笑什么?"

巴尔扎克说:"我在白天翻也翻不出一毛钱来,难道你在晚上还能找到什么吗?"

小偷转身就想走,巴尔扎克接着对他说:"请你顺手帮我把门关上。"

小偷说:"你家这么穷,关不关门有什么区别呢?"

巴尔扎克笑着说:"我家的门不是用来防盗的,是用来挡风的。"

乐观而坚定的巴尔扎克曾经说过:"我要成为文学上的拿破仑,他的剑不能做到的事情,我的笔能完成。"

巴尔扎克一直用以苦为乐的精神面对生活。悲观只能导致平庸,如果因为生活不如人意就自暴自弃,那么人生将会很失败;要知道,只有乐观才能造就卓越。

第一节 积极心理学概述

　　积极心理学是一门从积极角度研究传统心理学主题的新兴学科,是心理学领域的一场革命,也是人类社会发展史中的一个新里程碑。积极心理学的形成是以 Seligman 和 Csikszentmihalyi 在 2000 年 1 月发表的论文《积极心理学导论》为标志,它采用科学的原则和方法来研究幸福,倡导心理学的积极取向,以研究人类的积极心理品质、关注人类的健康幸福与和谐发展。

一、什么是积极心理学

　　积极心理学是心理学的一个分支,是一门研究人类积极心理和个人成长的理论,积极心理学的代表人物有马丁·塞利格曼、芭芭拉·弗雷德里克森。积极心理学是相对于消极心理学而言的。所谓的消极心理学主要以人类心理问题、心理疾病诊断与治疗为研究中心,如在过去一个世纪的心理学研究中,我们所熟悉的词汇是病态、幻觉、焦虑、狂躁等,而很少涉及健康、勇气和爱。消极取向的心理学模式,缺乏对人类积极品质的研究与探讨,由此造成心理学知识体系上的巨大"空档",限制了心理学的发展与应用。在这种背景之下,积极心理学研究人员呼吁:心理学应该转换为研究人类优点的新型科学,必须实现从消极心理学到积极心理学模式的转换,研究人类的积极品质,关注人类的生存与发展。

　　积极心理学家希冀"发现和培养天才和能力",并"使正常的生活更充实"。人本主义心理学家亚伯拉罕·马斯洛、卡尔·罗杰斯和埃里希·弗洛姆倡导过与人类幸福有关的理论和实践。他们关于人类繁盛的理论从积极心理学家的研究那里找到了实验支持。

　　积极心理学强调个体的自我成长和自我实现的重要性,鼓励人们发挥他们的优势、培养积极的情感、寻找生活的意义和目标,并与他人建立积极的关系。与传统心理学不同,后者主要关注问题、异常和心理疾病,被称为消极心理学。而积极心理学则更注重个体的优点、积极情感和心理健康。

> **知识拓展**
>
> ### 塞利格曼:让心理充满阳光
>
> 　　塞利格曼当上美国心理学会主席后的一天,与五岁的外孙女尼奇在园子里玩耍。他看到尼奇将种子抛向天空,手舞足蹈地假装在播种。塞利格曼虽然写了大量有关儿童的著作,但实际生活中他与孩子并不亲密,他平时很忙,有许多任务要完成。塞利格曼正想制止外孙女,女儿看到了这一切,对他说:"爸爸,我能与你谈谈吗?"塞利格曼问:"想谈什么?"女儿说:"爸爸,你还记得我的 5 岁生日吗?我从 3 岁到 5 岁一直都在抱怨,每天都要说这个不好那个不好。但当我长到 5 岁时,我决定不再抱怨了,这是我从来没做过的最困难的决定。如果我不抱怨了,你可以不再那样经常郁闷吗?"

塞利格曼感到一阵突如其来的震撼，仿佛得到了某种启示。他对女儿的成长非常了解，也对自己的职业有深刻的了解。他认识到，是女儿自己改正了自己的抱怨习惯。培养女儿意味着看到她心灵深处的潜能，发扬优秀品质，培养她的力量。培养孩子不是盯着孩子身上的短处，而是认识并塑造孩子身上的最强部分，即孩子拥有的最美好的东西，将这些最优秀的品质变成他们幸福生活的动力。

这一天也改变了塞利格曼的生活。他过去的五十年都在阴暗的气氛中生活，心灵中有许多不高兴的情绪，而从那天开始，他决定让心灵充满阳光，让积极的情绪占据心灵的主导。塞利格曼将这种关心人的优秀品质和美好心灵的心理学，定位为积极心理学。

二、积极心理学的核心理念

积极心理学的核心理念为：人类具有与生俱来的积极力量与潜能，这些力量是推动个体成长与进步的重要源泉。积极心理学强调通过培养积极认知、积极情绪、积极意志与积极行为，个体可以更好地应对生活中的挑战，提升个人的幸福感与生活质量。

（1）积极认知。积极认知是指个体在面对问题时，能够采取一种乐观、积极的思维方式，鼓励个体关注问题的积极面，寻找解决问题的可能性与机会，而不是沉溺于消极情绪与自我否定中。有时候对待问题的态度比问题本身更重要，对问题有积极的认知，理性地看待问题，问题才能得到妥善的解决。

（2）积极情绪。积极情绪是积极心理学的基石，包括快乐、满足、自豪、感激等正面情感体验。这些情绪不仅能够让个体感到愉悦与幸福，还能激发个体的创造力与积极性，使个体更加勇敢地面对生活中的困难与挑战。大学生拥有积极的情绪不仅有利于他们在学习和生活中保持良好的状态，更有益于他们在面对挫折和困难时能采取正确的应对方法。积极的情绪建立在积极的认知基础之上，大学生有积极的认知才会有积极的情绪。

（3）积极意志。意志是人自觉地确定目的，并根据目的支配调节行动，克服困难，以实现预定目的的心理过程。积极意志是指个体在面对困难时表现出的自觉、坚持、果断、自制等优良的意志品质。大学生在生活和学习中总会遇到各种各样的困难，能否克服困难最终达到预定目标，需要他们有坚强的意志力与强大的应对挫折的能力。大学生把每一次的困难和挑战当作淬炼意志的良机，必然会战胜困难，个体因此也在磨炼中得以成长。

（4）积极行为。积极行为是指个体在日常生活中表现出的积极、主动、有益的行为。这些行为不仅能够促进个人的成长与进步，还能对他人与社会产生积极的影响。例如，乐于助人、积极参与社会活动、追求个人目标等。所谓知、情、意、行相统一，积极认知是基础，积极情绪起调节作用，积极意志是巨大的精神力量，积极行为是关键，积极认知、积极情绪和积极意志都在行动中得到体现。

积极心理学关注人软弱一面的同时，也看重人独特的优点与长处；在致力于疗愈生命伤口的同时，也竭力培养生命中美好的特质；努力帮助受心理困扰的人的同时，也关心怎样使普通人生活得更幸福。

> 知识拓展

想更幸福吗？留在那一刻

（马特·科林斯沃斯在 TED 的演讲节选）

众所周知，人类为了各种各样的理想而奋斗。但是我认为，归根到底，人们想要的是幸福。亚里士多德把幸福称为"至高无上的精神享受，所有奋斗和追求的终极目标"。根据这个观点，我们之所以渴望一间大房子或一辆豪车，或者一份好工作。本质上讲，并不是因为这些东西对我们特别有价值，而是我们期待这些财富能给我们带来幸福。在过去的 50 年里，人们的物质生活达到了前所未有的高度，我们更幸福了，平均寿命更长了。仅仅几年时间，廉价而又实用的科技产品使我们的生活看起来像科幻小说一般，虽然客观上我们的物质生活水平有了极大程度的提高，但是我们的幸福感却一点儿也没有增加，也许是传统意义上增加幸福感的方法其实对幸福感并没有什么大的影响。

近年来，越来越多的人对幸福感产生了浓厚的兴趣。很长一段时间，大家都在争论到底是什么带给人们幸福感，事实上这场争论已经持续了数千年之久，但是看起来这些争论都没有得出令人信服的结果。如同生活中的很多领域一样，科学研究是可以回答这个问题的。其实，在过去的数年里，关于幸福的研究取得了一些突破性进展。比如，我们通过人口统计学了解到，外界因素比如收入和教育、性别和婚姻状态对幸福感有一定的影响。但是，令人感到矛盾的是，上面提到过的这些都不是决定性因素。的确，多挣些钱是好事，大学毕业肯定比辍学好很多，但是这些对幸福感的影响都微乎其微。

这不禁让我们陷入思考中，什么才是幸福感的决定性因素呢？我觉得关于这个问题我们还没有百分之百肯定的答案，但是我认为我们已经找到很可能是答案的观点，就是也许幸福感是取决于生活中各式各样的瞬间感受。这就好像日常生活中，我们正在做的事情，我们和谁在一起，我们正在考虑什么，对我们的幸福指数有很大影响。不仅如此，还有很多因素，事实上几乎是不可能作为研究的素材。

几年前，我找到一种研究幸福感的方法，可以随时随地地研究人们的日常生活，并在全世界范围内开展。它的工作原理是什么呢？基本上，我会随机联系他们，问他们一些关于即时感受的问题。这么做的原因是，如果我们可以观察到他们的幸福指数，在这一天之内的上升或下降，并且尽量找出大家在做什么，他们和谁在一起，他们在想什么，和其他所有能描述我们生活的因素，这些因素是如何跟幸福指数联系在一起的，我们也许能通过它去发现那些真正能对幸福感产生重大影响的因素。我们很幸运地通过这种方式收集到了大量的资料，来自超过 15 000 名志愿者的超过 65 万条的即时信息。不但人数众多，而且分布广泛。志愿者分布在不同的年龄层，从 18 岁到 80 岁，有着不同的收入水平、教育层次、婚姻状态等，这些志愿者来自超过 80 个国家的 86 个不同行业。

……

我希望，随着时间的流逝，通过追踪人们的即时幸福指数和他们的经历。在日常生活中，我们可以找出那些真正影响幸福感的因素。最后，我相信，对幸福的科学理解将会为我们创造一个美好的未来,不仅仅是更富有、更健康,也更加幸福。

第二节 积极心理学的主要内容

积极心理学旨在帮助个体实现更高的幸福感、心理健康和个人发展,其内容包括三大主题:积极主观体验、积极人格特质、积极社会环境。

一、积极主观体验

积极情绪是积极心理学研究的一个主要方面,它主张研究个体对待过去、现在和将来的积极体验。在对待过去方面,主要研究满足、满意等积极体验;在对待现在方面,主要研究幸福、快乐等积极体验;在对待将来方面,主要研究乐观和希望等积极体验。

事实上,对幸福研究的独特性在于它超越了时间与地域的限制。任何时代,任何地方,所有人都在不断地追求幸福。柏拉图为开讲"美好生活"而建立学院,而他的杰出弟子亚里士多德则为了表达自己对生命繁荣的观点而开设讲堂。孔子周游列国去传播他追求的理想。无论是现在还是过去,所有宗教和哲学无不涉及关于幸福的问题。

虽然研究如何获得幸福的实践在世界各地从未停止过,而对积极心理学的需求却从未像当今社会这般迫切。在物质生活水平不断提高的同时,抑郁症的蔓延也在加剧。人民日报健康客户端发布的《2022年国民抑郁症蓝皮书》用户调研结果显示,62.36%的人经常感到抑郁,情绪压力和亲子关系是引发抑郁症的主要社会环境因素,其次为亲密关系和职业发展。而且,抑郁症发病群体呈年轻化趋势。蓝皮书调查数据显示,18～24岁的抑郁症患者比例高达35.32%;在抑郁症患者群体中,50%为在校学生,其中41%曾因抑郁休学。蓝皮书还透露,有一半的抑郁症学生患者会通过朋友倾诉、父母沟通或其他渠道进行求助,但仍有46%的学生没有寻求任何帮助,近30%从未想过寻求专业心理医生的帮助。

积极心理学家米哈伊·契克森米哈伊,问过这样一个问题:"我们这么富有,为什么我们还不开心呢?"当人们的基本物质需要未得到满足的时候,解释为什么不幸福是非常容易的。但在当今的社会中,大多数人不幸福的原因已经不能用基本物质需要没有得到满足来解释了。越来越多的人想解决一个悖论——财富带给我们的好像并不是幸福,而他们都开始在积极心理学中寻找答案。

幸福是什么
(Robert Waldinger 的 TED 演讲稿)

在我们的生命进程中,是什么使我们保持健康和快乐的?要是现在打算对未来最好的自己进行投资,你会把你的时间和精力放在哪里呢?

最近有一个对"千禧一代"的调查，询问他们最重要的生活目标是什么，超过80%的人认为，对他们来说一个重要的生活目标是变得富有。在那些同样年轻的成年人中，另外有50%的人还有一个重要的生活目标，是变得有名。我们始终如一地被告知要去工作，更加努力来获得更多成功。给我们的印象是，我们需要这样做，为了过上好的生活。

整个生活图景，人们是如何选择以及那些选择是如何起作用的，我们几乎不可能了解到。大多数我们对人类生活的了解是通过询问大家对过去的记忆，而且据我们所知，这绝不是事后诸葛亮。我们遗忘了生活中很多发生过的事情，而且有时候记忆是完全富有创造性的。然而，当生活随着时间的流逝而呈现出来时，要是我们观察整个生活，要是我们可以对人们做一下研究，从他们青年一直到老年，来看一下什么是真正使人们保持快乐和健康的？我们这样做了。

哈佛大学对成人发展的研究，可能是历史上对成人生活研究中时间跨度最长的一个。75年间，我们跟踪了724位男性的生活。年复一年地询问他们的工作、家庭生活、健康状况，当然是在对他们的生活发展不知情的情况下询问的，像这样的研究是非常罕见的。不过这类研究几乎都会在10年内失败，因为许多人退出研究，或者研究经费用完了，或者研究者分散了精力，或者是他们去世了。然而，幸运的来临以及几代研究者持之以恒的精神使这项研究得到了继续。我们最初的724名男性中大约有60位还活着，仍然参与在研究中，他们大多已经九十几岁了。而且现在我们开始研究2 000多名这些男性的孩子。我是这项研究的第四任主管。

自从1938年以来，我们追踪调查了两组男性的生活。在研究开始时，第一组被试者是哈佛大学二年级的学生，在第二次世界大战期间他们都完成了学业，然后大多数人离开了大学服役于战争；我们所追踪的第二组被试者，是一群来自波士顿贫民区的男孩。他们被选中做研究，主要是因为他们来自一些有问题的和贫困的家庭，在20世纪30年代的波士顿，大多数人住出租房，许多房屋没有冷热水供应。当他们参与研究项目时，所有这些青少年都接受了访谈。他们进行了健康检查，我们去了他们家，对他们的父母也做了采访。然后这些青少年长大成人了，进入到社会的各个领域。他们成了工人、律师、砖匠和医生，还有一位成了美国总统。一些人酗酒成瘾，一些人得了精神分裂症。有些人一路从社会的最底层走向了最高层，而有些人是在相反的方向上发展。这项研究的发起人在他们最疯狂的梦想中也不会想象到75年后的今天我会站在这里，来告诉你们这项研究仍然持续进行着。

每两年，我们这项研究的工作人员会打电话给被试者，询问是否可以发送给他们另一份关于他们生活的调查问卷。许多波士顿市中心的被试者问我们："为什么你们要坚持研究我？我的生活并不那么有趣。"哈佛大学的被试者没有问这类问题。为了可以很清楚地了解他们的生活，我们不仅仅是发送给他们调查问卷，还在他们的起居室采访他们，从他们的医生那里得到了健康记录。对他们进行抽血化验，做脑部扫描。与他们的孩子交谈，在他们与妻子谈论内心最深的关注点时我们进行了录像。在大约十多年前，我询问他们的妻子，是否愿意加入我们成为研究中的一员，许多人回答说："你知道吗，终于轮到我了。"

因此，从这些成千上万的关于这些被试者生活的信息中，我们可以学习到什么呢？我们所学习到的不是关于财富、名誉或工作是否努力。从75年的研究中我们可以很清楚地了解到：好的人际关系可以使我们更快乐和健康。

关于人际关系我们学到了三大课题：第一个课题是社会联系真的会对我们有益,而且孤独是有害的。相较于那些有较少社会联系的人群,与家庭、朋友、团体有更多社会联系的人会更开心、身体更健康、寿命也更长。而且孤独感是有毒的,人们与想联系的人越是隔离就会越不开心。他们的健康状况在中年早期就会走下坡路,脑功能会很快减退,而且会比那些不孤独的人寿命更短。令人悲伤的是,在一段给定的时间里,5位美国人中就有1位认为他们是孤独的。

而且我知道在人群中的你可能也会孤独,在婚姻中也会孤独。因此,我们所学到的第二个课题是孤独不关乎你交友的数量,也不关乎你是否在恋爱或婚姻中,而重要的是亲密关系的质量。生活在冲突中确实对我们的健康有害。有严重冲突的婚姻,比如没有足够爱的婚姻,会对我们的健康非常有害,可能比离婚更糟。生活在优质、温暖的人际关系中是具有保护作用的。有一次,我们追踪调查了被试者直到他们80多岁,我们想回顾一下他们的中年生活来看一下我们是否能预测哪些人将成为一名健康快乐的老人,而哪些人则不能。当我们收集了所有关于他们在50岁时的资料,不是他们的胆固醇指数预示了他们会如何变老,而是他们对人际关系的满意程度。50岁时最满意他们人际关系的人在80岁时是最健康的。而且健康、亲密的人际关系似乎可以为我们缓冲掉一些由于变老而带来的"明枪暗箭"。调查中最幸福相伴的男性和女性在他们80多岁身体上有更多疼痛的时日里,他们的心态仍保持同样开心。然而那些处于不开心人际关系中的人,当他们表示有更多身体上的疼痛时,这种疼痛被不良情绪加重了。

我们学到的关于人际关系和健康的第三个课题是好的人际关系不只是保护我们的身体,它还保护我们的大脑。结论是,当你在80多岁时与另一人保持在一个安全的人际关系中是具有保护作用的,当有需求时人们在人际关系中能真实感觉到可以依赖另一个人,这些人的记忆会保持更清晰和长久。有一些人在人际关系中真切感受到不能依赖另一个人,这些人的记忆会较早衰退。然而那些好的人际关系,不需要始终平稳不变。调查中有些八十多岁的老年伴侣会相互斗嘴,日复一日,然而只要他们感觉到是可以真正依赖对方的,那么当他们困难时,那些争论对他们的记忆并不会造成伤害。

所以,亲密的人际关系对我们的健康和幸福是有益的。但为什么这很难做到而且很容易被遗忘呢？嗯,因为我们是人类,我们真正喜欢的是一种快速修复,一些得到后可以使生活变好和一直维持下去的东西。人际关系是凌乱而复杂的,是处理家人和朋友关系的繁重工作,它并不性感或迷人,它也是终其一生的课题,永无休止。在我们75年的研究中退休时最幸福的人,是那些积极帮助新员工来接替老员工的人,就如最近那个调查中的"千禧一代",我们被试中的许多人当他们年轻时,真的相信名誉、财富和高成就是他们过上好生活需要追逐的。然而,我们的研究表明,过得最好的人是那些依赖于家庭、朋友、团体之间人际关系的那些人。那么你是怎样的呢,比如说在你25岁、40岁或60岁时,依赖于人际关系究竟是怎样的呢？事实上,可能无极限,可能简单得就像用面对面的时间来代替看视频的时间,或者一起做些新鲜的事情来激活一段生锈的关系,长距离散步或者夜间约会,或与数年未说过话的亲属取得联系,因为那些再平常不过的家庭战争会给心怀怨恨的人带来很大的伤害。

一个多世纪以前,马克·吐温回顾自己的一生,写下了:生命如此短暂,我们没有时间去争吵、道歉、伤心、斤斤计较。我们只有时间去爱,一切稍纵即逝。好的人际关系为你创造好的生活。

二、积极人格特质

积极人格特质是积极心理学得以建立的基础,因为积极心理学是以人类的自我管理、自我导向和适应性为理论假设的。积极心理学家认为,积极人格特质主要通过对个体各种现实能力和潜在能力加以激发和强化,当激发和强化使某种现实能力或潜在能力变成一种习惯性的工作方式时,积极人格特质也就形成了。积极人格有助于个体采取更有效的应对策略,积极心理学具体研究了24种积极人格特质。

(一) 智慧和知识:创造力、好奇心、开放的思想、热爱学习、有视野(洞察力)

1. 创造力

创造力是一种产生新思想,发现和创造新事物的能力。创造力代表一种能激发新想法和产生创新性解决方案的能力,而且这种想法或做法既有用又有价值。大学生处于创造性思维上升阶段。罗晓路研究发现,大学生有较强的创造潜能,其创造性人格突出表现为富有挑战性,创造性思维核心品质的新颖性表现突出。

2. 好奇心

有强烈的求知欲,爱提问,爱探究,对各种事情都很感兴趣,对事情的来龙去脉感到好奇;对任何事物无偏见、具有开放的好奇和对事物的兴趣;对新事物敏感,也非常愿意接受新事物。

3. 开放的思想

喜欢用不同的方法解决问题;做出一个决定时,会考虑每个选择的好处和坏处;愿意听取别人的意见,做决定前喜欢征求别人的意见,做最后决定前会考虑所有的可能性,经常能想到令所有人都满意的解决问题的办法;善于依靠证据做决定,面对证据能够改变观点。

4. 热爱学习

每当有机会学习新事物时都会积极参加,阅读或学习新东西时总是废寝忘食;当想学习新事物时尝试找出有关它的资料;喜爱图书,喜欢阅读,善于从报刊、电视、网络等媒体上获取信息,喜欢参观博物馆类的地方和任何有学习机会的地方;善于从日常生活中学习知识、掌握技能、增长见识、积累经验。

5. 有视野(洞察力)

善于透过现象看本质,能够清楚看清事实、讲通道理、找到意义;即使在困难的情况下,都可以做出正确的判断,知道什么事情是重要的;常能提出较好的建议,善于找到解决冲突的办法,很少做出错误的选择;能够对事物的走向给出准确判断,善于了解和解决生活中重要和复杂的事情。

(二) 勇气:真诚、勇敢、坚持、热情

1. 真诚

总是信守诺言,不会为了摆脱麻烦而说谎,诚实待人;自己做错了事,即使很尴尬也会承认错误;诚恳正直,对自己的言行负责;努力使自己真实的需要和情感不被误解。

2. 勇敢

遇到挑战、威胁、挫折时不退缩,意志坚定;在面对困难时,尽管感到害怕和恐惧但依然勇敢面对;遇到重大事件或面对顽固病魔时,能坚忍、镇定地应对,甚至乐观和阳光地面对;即使存在反对意见也为自己认为正确的事情辩护;即使不被大多数人支持也按自己的信念行动。

3. 坚持

说到做到,坚持完成已经开始的事;接纳有挑战性的工作或事项,有信心并成功完成它;勤奋、用功,做事锲而不舍;十分有耐心,一旦制定了锻炼或学习计划就会坚决执行;做事时不分心,有恒心,享受学习过程的愉悦感和满足感。

4. 热情

做每件事情都带着激情和灵感,这种热情状态很富有感染力;善于与各种类型的人相处,总是感到精力充沛,总是很活跃,很容易与别人亲近,认为生命是令人激动的;无论做什么都会全心全意、竭尽全力,不三心二意或半途而废。

(三) 仁慈与爱:友善、爱、社交智力

1. 友善

当朋友不开心时,会聆听和安慰朋友;当知道有人生病或遭遇困境时,会为他们担心;当别人有困难时,会很关心别人,经常帮助别人,即使很忙也不会停止帮助那些需要帮助的人,即便别人不向自己求助也会常常帮助别人;一向对人友善、仁慈。

2. 爱

珍惜与别人的亲密关系,特别是那些互相分享和关怀的关系;拥有爱和被爱的能力;内心拥有爱,同时,自己也被别人接纳、喜欢、亲近、需要。

3. 社交智力

在大多数社交场合中,谈吐和举止十分得体,能够了解和理解自我,准确地找到自己的位置,知道如何才能适应不同的社会情境,能充分地把自己的优势和兴趣利用起来;能够了解和理解他人的动机和感受,接受别人的思想和情感,很容易感受到他人心情的变化;主动与人交往,朋友多;与他人建立信任,别人不会因为自己的权威而害怕自己,也不会因为别人反对而觉得自己被挑战;善于欣赏、赞美、激励他人,有良好的社交技巧,能够很好地协调人与人之间的关系。

(四)正义:公平、领导力、团队精神

1. 公平

对人一视同仁,对事公正,不会让自己的偏见影响任何决定;当在团队工作时,会让每个人都有平等的机会,即使不喜欢某些人,也会公平地对待他们,即使某件事情做得很好,也会让别人有机会去尝试,认为每个人的意见都同样重要,即使是朋友,也要求他像其他人一样遵守规则。

2. 领导力

有宏观决策能力和筹划能力,善于从大局出发,制定长远发展规划和终极目标;能够坚持信念,有雄心、有信心、有精力、有毅力;善于鼓励团队成员参与决策和管理,从不批评和打击团队队员的积极性和工作热情;善于协调关系、化解矛盾,善于营造良好的氛围和组内关系。

3. 团队精神

融入团队,有凝聚力,有归属感,为团队建设尽心竭力;忠于团队,自觉维护团队利益,并积极、主动、认真、负责地做好本职工作;尊敬领导,但不会愚昧而自动地顺从他人,有自己的想法和思维,但会考虑大局;尊重团队目标,虽然有时大团队目标会与自己的目标不同,但仍然尊重并重视团队的目标。

(五)修养与节制:宽容、谦虚、谨慎(审慎)、自律

1. 宽容

宽容那些犯错误的人,原谅别人的过失,给他人第二次机会;宽恕那些得罪过自己或欺负过自己的人;在原谅了欺负自己的人后,心理会从负面消极(如报复或回避)转移至正面积极(如友善、宽宏大量或乐善好施),心中不存怨恨。

2. 谦虚

为人低调,不招摇,不寻求成为他人关注的焦点;做事低调、不张扬、不炫耀,比较喜欢用自己的成就说话;不认为自己特别,常常虚心向别人请教。

3. 谨慎(审慎)

做事之前考虑周到,深思熟虑,仔细评判利弊得失,小心地做出选择;做事过程注重细节,认真细致,确保准确无误;小心慎重,不随意冒险,不做自己认为以后会后悔的事,也不说将来会令自己后悔的话。

4. 自律

自觉控制自己的欲望和冲动直到恰当的时机;自觉控制、调节自己的情绪;守纪律,自觉规范自己的情感与行为,自觉遵守法律法规,自觉遵循道德规范,注重礼仪。

(六)心灵的超越:审美(欣赏美和完美)、感恩、希望、幽默、信仰

1. 审美(欣赏美和完美)

善于发现美,善于发现周围环境及日常生活中美好的人和事;欣赏美,懂得欣赏大自

然、艺术、科学等各领域的美。

2. 感恩

花时间表达自己的感谢,如感谢父母的养育抚育之恩,感谢老师的辅导教育之恩,感谢别人的支持帮助之恩;意识到美好的事物并心怀感激,这种感激可能是对非个人或非人类的,如感谢自然界赐予阳光、空气、水以及花草树木、鸟兽鱼虫之恩,感谢祖国、组织、团体的接纳护佑之恩;会欣赏他人的优点和品德;留意到发生在自己身上的好事,但不会视为理所当然。

3. 希望

有远大理想和切合实际的目标;有追求,知道自己要什么并做好充分准备;乐观积极,以积极心态看待现实生活;认为好事总会发生,对未来充满信心,相信幸福掌握在自己手中。

4. 幽默

在工作和生活中总看到积极和轻松的一面,认为生活充满乐趣和有趣的事;善于用自嘲、滑稽、俏皮、笑话等方式逗大家笑,善于营造轻松、愉悦、欢快、开心的氛围;善于有分寸地开玩笑,但绝不嘲笑、侮辱、戏弄他人,不是攻击性幽默。

5. 信仰

至少有一种信仰,使自己有所追求、有所寄托;有信念,有人生理想和人生目标,相信每个人每件事都有更高、更深奥的目的和意义,这种信念能够塑造一个人的行为,让一生过得精彩而有意义。

2009年孟万金、官群编制《中国大学生积极心理品质量表》,量表涵盖认知维度(创造力、好奇心、热爱学习、思维力)、人际维度(真诚、勇敢坚持、热情)、情感维度(感受爱、爱与友善、社交认知)、公正维度(团队精神、正直公平、领导能力)、节制维度(宽容、谦虚、审慎、自制)、超越维度(心灵触动、希望与信念、幽默风趣)6个维度、20个积极心理品质。

三、积极社会环境

马斯洛、罗杰斯等人指出,当孩子周围的教师、同学和朋友提供最优的支持、同情和选择时,孩子就最有可能健康成长和自我实现。相反,当父母和权威者不考虑孩子的独特观点,或者只有在孩子符合一定的标准才给予被爱的信息,那么这些孩子就容易出现不健康的情感和行为模式。

不同文化对人的生活满意度的判断有很大的差别。在个人主义文化为主的国家,当判断自己有多快乐时,会理所当然地参照他们的情感,经常感受到快乐是生活满意度的一个预测因子。相反,集体主义文化下的人们则倾向于参照一定的社会标准来判断他们是否快乐,并且在评估生活满意度时,会考虑家人和朋友的社会取向。因此,在不同文化中,人们认为的与生活满意度相关的因素也是有差别的,这或许源于文化对人们的价值观和目标产生的影响。

> 知识拓展

关于积极

积极一词很容易令人产生误解,其实积极的意义是相对的,它不是一个固定结果和最后结局,积极是一个行为过程,包括过程的体验。

积极与个人处境有关,是个人选择的一种最能适应的环境和能发挥最高潜能的行为,是一个人把所有力量都运用到了极限而问心无愧的人生态度。一个身患绝症的人和一个处于创作状态的作家,虽然面临的人生状态不同,但在积极状态上是一样的,他们都可能是积极的。只不过前者是与疾病作斗争而感受到生命的勇气,后者是陷入创作高峰体验而感受到生命的激情。两者在质的规定上是一样的。

积极只能与消极相比,或者与心理不健康相比,而不能与另一个积极评价相比。积极是指主观上的感受,包括一个人的认知、情绪和行为。积极只能与自己的过去感受相比,我们不能比较两个人的积极,科学家和工人都有自己的积极,前者是在实验室中对科学的献身,后者可能体现在对工作的敬业。积极是一个带有价值导向的概念,而不是一个科学的概念。某一文化进程中对于积极品质会有不同的看法。一个优秀的人在什么方面表现出色,是一个复杂的问题。过去,我们认为节约、谦卑、沉默是积极的品质,而现代社会则更注重创新、自主、主动和外向。

大多数人对积极理解有偏差。人们倾向于认为,积极是指一个人通过努力取得了成功,取得了显赫社会地位或经济地位。当谈到积极时,人们首先会想到社会精英,如知名演员、企业家、体育明星等。然而这种积极更多地表现为外在的成功,而非内在的积极心态。我们所说的积极是人的一种出色的心理素质和生活态度。

积极状态不排除外在的指标,一个处于积极状态的人可以拥有外在的高成就,但积极状态主要不是指这些外在的东西,这只是一个人奋斗和抓住机遇的结果,是一些与人性无关的数字。积极状态是指一个人所具有的出色的综合心理素质,是积极的人生态度。这种心理素质促使一个人热爱自己,热爱他人,热爱这个世界,拥有快乐和幸福。

积极也不总是指一个人征服外部世界,积极地办好每一件事情。神经症的人有时过于追求完美,他们的欲望超越了自身能力范围,在需要和改造世界面前过于有为,用主观意愿取代现实的客观。比如,当一个患有强迫症的病人屡屡为是否关闭家中的煤气而焦虑不安时,他觉得事事都是有为的,只要我把事情做到尽善尽美,就一定会万无一失。可是,这种脱离现实的有为,恰恰可以理解为过分的欲望,是不合理的,它不是真正的积极,而是导致矛盾和冲突的消极。真正的积极有时包括一种无为,即面对现实时保持客观,接受该接受的,做自己能做的。虽然这看起来有些无奈,但实际上这是最佳的积极方式,因为在特定的情境下,没有比这更好的主动了。

第三节 大学生积极心理品质的培育

一、大学生积极心理品质培育的意义

(一) 促进大学生全面发展

马克思认为,人的发展是"人以一种全面的方式,也就是说,作为一个完整的人,占有自己的全面的本质。"积极心理品质是新时代大学生全面发展的重要内容,更是新时代大学生全面发展的心理表现。因此,高校在开展心理健康教育时应以积极心理学相关理论为指导,为大学生成长成才和全面发展注入积极的正能量。

(二) 促进大学生知、情、意、行协调发展

积极心理学所涉及的内容主要涵盖情感情绪体验、自身人格优势及组织系统建立三个方面。大学生积极心理品质的培育包括引导大学生构建积极的自我认知,养成积极的意志品质和积极的行为。只有具备积极心理品质,大学生才能做到从认知上认同到情感上认同,最终实现由"知"到"行"的转化。高校心理健康教育要重视大学生积极心理品质的培育,促进大学生知、情、意、行协调发展。

(三) 促进大学生认同社会主义核心价值观

大学生积极心理品质中包含的仁爱、友善、正义、谦虚、谨慎等心理表现,与社会主义核心价值观对个人的要求一致。对一个民族、一个国家来说,最持久、最深层的力量是全社会共同认可的社会主义核心价值观。新时代大学生要立志成为实现中华民族伟大复兴中国梦的强大力量,必须加强对社会主义核心价值观的认同,并做到内化于心、外化于行。

(四) 促进大学生学习效果的提高

积极心理学通过塑造积极学习心态、培养自主学习能力和发展创造性思维,对学生的学习效果产生积极的影响。首先,积极心理学认为,学生应该以一种乐观、自信和内控的态度去面对学习,这样才能取得更好的学习效果。其次,积极心理学提倡培养学生的自主学习能力,通过激发学生的内在动机和兴趣,使他们更加主动地参与学习。最后,积极心理学关注学生创造性思维的发展,通过引导学生进行问题解决和创造性的学习,帮助他们更好地应对未来的挑战。

(五) 促进大学生人际关系的发展

积极心理学通过培养积极沟通与交往能力、提供积极的解决冲突的策略和促进班级与团队建设,有助于学生建立自信和自尊,对学生人际关系的发展具有重要的影响。首

先，积极心理学关注学生积极沟通与交往能力的培养，倡导使用积极的沟通方式来增强人际互动的效果。通过倾听、表达和理解他人的感受，学生能够建立更加良好的人际关系。其次，积极心理学提供积极的解决冲突的策略，鼓励学生以合作和建设性的方式处理冲突。通过学会倾听对方的观点、表达自己的需求和寻求共同解决方案，学生能够更好地化解冲突，维护良好的人际关系。最后，积极心理学促进班级与团队建设，通过组织多样化的集体活动和合作项目，培养学生的团队合作精神和领导能力。在团结互助的班级和团队氛围中，学生能够建立更加深厚的友谊和互信关系。

知识拓展

你知道乐观的奇妙吗？

世界上悲观的人倾向于认为别人比自己乐观。乐观的人寿命更长，心理学家马丁·塞利格曼曾对70名心脏病患者进行研究，发现17名被测试为最悲观的患者中，有16人没有经受住第二次心脏病发作而去世了，而19名被测试为最乐观的患者中，只有1人因第二次心脏病的病发去世。乐观是抵抗疾病的第一道防线。研究表明，在保险公司销售人员中，具有乐观性格的人往往是销售业绩冠军。乐观的小学生将来很少得抑郁症，走向社会后，在工作成绩和社会地位方面均超过悲观的人。

乐观与悲观的对比：

现代竞争社会，虽然比较的是一个人的能力和动机，但同时也是一个人乐观精神的较量。

即便是将动物和人置于绝望的环境中，人为地让他们无法逃脱失败或惩罚，仍然有四分之一的个体永不放弃，这就是说，群体中天生地存在乐观差异，少数个体是最为乐观的。

如果父母悲观，孩子通常也具有悲观的性格。乐观可以通过教育而形成，一个悲观的人通过心理训练可以转化为乐观的人。

我们的学校和社会倾向于认为一个人的成功取决于其能力和动机欲望，如果一个人拥有天分并且很努力地投入学习或工作，他就一定会成功。但塞利格曼的积极心理学研究表明，当一个人的天分、意愿都很充足时，失败也可能发生，这仅仅因为这个人是一个悲观的人。

悲观的人的特征是相信坏事都是自己的过错，发生的坏事一定会持续很久，并且会毁掉一切。而乐观的人遇到同样的厄运时，会认为现在的失败是暂时的，每次失败都有它的原因，不是自己的错，可能是环境、坏运气或其他因素带来的后果。比如，面对考试失败，悲观的人往往认为都是自己不好好复习，能力差，这次考不好意味着永远考不好了，自己不是上大学的料。你可不要小看这个小小的区别，它往往可以决定一个人的成功、身体与心理健康，甚至寿命。

塞利格曼的一个博士研究生给老鼠注射了癌细胞，将老鼠安排于不同环境中。第一组老鼠可以通过逃避（如触碰开关）而成功地摆脱电击（乐观组），第二组则在第一组成功逃避电击时被电击，因为前者碰到开关则同时接通了它们的电击线路，它们无论如何也逃避不了电击。第三组老鼠在没有危险的环境中。结果第一组老鼠中患癌症的比例大约只有四分之一,第二组为四分之三,而最后一组有二分之一的老鼠得癌症,这说明积极有效地应对危险可以提升免疫力。

二、大学生积极心理品质培育的途径

(一)大学生积极心理品质的自我构建

大学生积极心理品质的自我构建包括积极的自我认知、积极的情绪体验、积极的意志品质和积极的行为养成。

一是构建积极的自我认知。大学生积极的自我认知源于积极的自我意识、高自我效能感以及自我"性格优势"。大学生可以在与他人对比、他人评价、自我反省的过程中更好地认识自己,通过挑战分心任务、转移注意力等方法训练自控力,以培养积极的自我意识。同时,通过分解任务、观察学习、积极的自我对话循序渐进地提高自我效能感。积极心理学强调对人的全面理解,用接纳的思维思考自身的性格特点,尤其是性格内向的大学生,要学会发现自身的性格优势,如善于倾听、认真细心、专注等。

二是构建积极的情绪体验。积极的情绪体验能开阔大学生的视野,激活他们的积极行动,提高他们的主观幸福感,并且改善他们的身体机能。大学生积极的情绪体验可以通过不合理信念的修正、适当的宣泄、自我放松的练习等途径来实现。

三是构建积极的意志品质。在挫折、激励和实践活动中培养大学生积极的意志品质。大学生要树立正确的挫折观,当挫折发生时,要面对它、正视它、解决它,并坚信挫折是可以克服的。同时,大学生可以运用多种激励方法激发自己的需求动机,提高自己的意志水平;可以通过积极参加社会实践,培养自立自强、艰苦奋斗、责任与担当的意志品质。

四是积极的行为养成。大学生是否具有积极的心理品质最终通过积极的行为来体现。大学生积极的行为养成有赖于家庭、学校、社会的合力,有赖于大学生个人知、情、意等积极心理品质的综合促成。

(二)构建积极的社会支持系统

积极的社会支持系统包括家庭、学校和社会等充满积极力量的外部支撑体系,为新时代大学生积极心理品质培育提供良好的社会环境氛围。

一是家庭。家庭是社会最微小最基本的社会细胞,父母是子女的首任教师,也是终生教师。父母对子女所负的责任是多方面的,不仅要给予子女物质支持,还要给予情感支持。积极的教养方式有利于子女形成积极的情绪、健康的人格和良好的人际关系。同时,积极的家庭环境还需要建设良好的家庭文化,家庭成员之间平等、互助,彼此尊重和理解,多采用非暴力沟通的方式进行交流,才能促进子女养成诸如仁慈与爱、自信、乐观、创新等积极的心理品质。

二是学校。学校是大学生接受系统教育的场所,也是培育大学生积极心理品质的主阵地。高校在进行积极心理品质培育的过程中,要充分运用育人因素和优良的校园环境,形成教育合力。高校要利用好教学课堂这一主要场所,有计划、有目的地帮助大学生树立正确的三观,并根据不同年级大学生的心理发展特点,制定差异化的心理品质培育目标,培养创造力、好奇心、热爱学习、开放思想等积极心理品质。同时,高校还应创设良好的校园环境,良好的物理环境和文化环境对大学生积极心理品质的形成有着潜移默化的作用。

三是社会。社会环境是大学生积极心理品质培育的宏观环境,建立高校和社会协同育人机制,共同推动大学生积极心理品质的形成。

培养大学生积极的心理品质,既需要家庭、学校和社会等外部因素的通力合作,更需要调动大学生自身的主观能动性,进行自我构建。

小 测 试

(注:测试结果仅供参考,如有疑问请咨询专业人士)

总体幸福感量表(GWB)

*① 你的总体感觉怎样(在过去的一个月里)?
1 好极了　　　　　2 精神很好　　　　　3 精神不错
4 精神时好时坏　　5 精神不好　　　　　6 精神很不好

② 你是否为自己的神经质或"神经病"感到烦恼(在过去的一个月里)?
1 极端烦恼　　　　2 相当烦恼　　　　　3 有些烦恼
4 很少烦恼　　　　5 一点都不烦恼

*③ 你是否一直牢牢地控制着自己的行为、思维、情感或感觉(在过去的一个月里)?
1 绝对的　　　　　2 大部分是的　　　　3 一般来说是的
4 控制得不太好　　5 有些混乱　　　　　6 非常混乱

④ 你是否由于悲哀、失去信心、失望或有许多麻烦而怀疑还有任何事情值得去做(在过去的一个月里)?
1 极端怀疑　　　　2 非常怀疑　　　　　3 相当怀疑
4 有些怀疑　　　　5 略微怀疑　　　　　6 一点也不怀疑

⑤ 你是否正在受到或曾经受到任何约束、刺激或压力(在过去的一个月里)?
1 相当多　　　　　2 不少　　　　　　　3 有些
4 不多　　　　　　5 没有

*⑥ 你的生活是否幸福、满足或愉快(在过去的一个月里)?
1 非常幸福　　　　2 相当幸福　　　　　3 满足
4 略有些不满足　　5 非常不满足

*⑦ 你是否有理由怀疑自己曾经失去理智,或者对行为、谈话、思维或记忆等失去控制(在过去的一个月里)?
1 一点也没有　　　2 只有一点点　　　　3 有些,不严重
4 有些,相当严重　5 是的,非常严重

⑧ 你是否感到焦虑、担心或不安(在过去的一个月里)?
1 极端严重　　　　2 非常严重　　　　　3 相当严重

4 有些   5 很少   6 无

*⑨ 你睡醒之后是否感到头脑清晰和精力充沛(在过去的一个月里)？
1 天天如此   2 几乎天天   3 相当频繁
4 不多   5 很少   6 无

⑩ 你是否因为疾病、身体的不适、疼痛或对患病的恐惧而烦恼(在过去的一个月里)？
1 所有的时间   2 大部分时间   3 很多时间
4 有时   5 偶尔   6 无

*⑪ 你每天的生活中是否充满了让你感兴趣的事情(在过去的一个月里)？
1 所有的时间   2 大部分时间   3 很多时间
4 有时   5 偶尔   6 无

⑫ 你是否感到沮丧和忧郁(在过去的一个月里)？
1 所有的时间   2 大部分时间   3 很多时间
4 有时   5 偶尔   6 无

*⑬ 你是否情绪稳定并能把握住自己(在过去的一个月里)？
1 所有的时间   2 大部分时间   3 很多时间
4 有时   5 偶尔   6 无

⑭ 你是否感到疲劳、过累、无力或精疲力竭(在过去的一个月里)？
1 所有的时间   2 大部分时间   3 很多时间
4 有时   5 偶尔   6 无

*⑮ 你对自己健康关心或担忧的程度如何(在过去的一个月里)？
不关心   0 1 2 3 4 5 6 7 8 9 10   非常关心

*⑯ 你感到放松或紧张的程度如何(在过去的一个月里)？
松弛   0 1 2 3 4 5 6 7 8 9 10   紧张

⑰ 你感觉自己的精力、精神和活力如何(在过去的一个月里)？
无精打采   0 1 2 3 4 5 6 7 8 9 10   精力充沛

⑱ 你忧郁或快乐的程度如何(在过去的一个月里)？
非常忧郁   0 1 2 3 4 5 6 7 8 9 10   非常快乐

说明：

总体幸福感量表由美国国家统计局制定，共33个题目。本量表是国内学者段建华对美国量表的修订，即采用该量表的前18项对被试进行施测，单个项目得分与总得分的相关在0.48～0.78，分量表与总表的相关在0.56～0.88，内部一致性系数为男性0.91、女性0.95。

计分：

按0至10累积相加，其中带*的选项为反向题。全国常模得分男性为75分，女性为71分，得分越高，主观幸福感越强烈。除了评定总体的幸福感，本量表还可以分为6个因子。这6个因子是：对健康的担心、精力、对生活的满足和兴趣、忧郁或愉快的心境、对情感和行为的控制、放松或焦虑。对应的题项分别为：对健康的担心：⑩⑮；精力：①⑨⑭⑰；对生活的满足和兴趣：⑥⑪；忧郁或愉快的心境：④⑫⑱；对情感或行为的控制：③⑦⑬；放松或焦虑：②⑤⑧⑯。

知识拓展

丹麦人的幸福密语

在遥远的北方，有这样一个国家：住在那里的人们冬天会被大风吹到"口眼歪斜"，半年见不到太阳，要一直吃维生素D，个人收入的一半还要交所得税。你会觉得这种生活和"幸福"有关吗？可是，该国的人民享有春夏秋冬的长假，公立学校上学学费全免，女性生育可以享受多种休假。

这个国家，就是丹麦！关于"做个丹麦人有多幸福"这个传说，可不是空穴来风。在联合国的《世界幸福报告》中，丹麦的幸福指数，连续四年位居榜首，丹麦人，也因此成为公认的全世界最幸福的人。

一直很奇怪，在一个天气极其糟糕，甚至承担了全球最高税率的国家，"本有可能成为一个连狗都会抑郁的地方"，丹麦人为什么幸福？这是全世界很多人心中的疑问，一本席卷全球的幸福小书——《丹麦人为什么幸福》解决了我们的疑问。这本书常年位居全球各国图书畅销排行榜，在英国刚一上市就冲进亚马逊总榜第三，是英国各大书店的畅销冠军。

作者名叫迈克尔·维金，是丹麦哥本哈根幸福研究院的首席执行官。他花费数年时间，探究了丹麦人的幸福原因，并道出了他们如此幸福的秘密。它只有一个字，严格说来是一个词，一个超神秘的词：HYGGE。这个词虽然神秘，却堪称当年全球最热的词汇之一。它不仅是英国柯林斯词典2016年度热词，还入选了牛津年度词汇。"HYGGE"这个词，来自北欧语言，原意是"福祉"。

现在，作为形容丹麦人幸福秘密的词语，它没有明确的解释，更像是丹麦人生活方式的统称，是丹麦人享受生活中每一件美好小事的情怀。所以，为了让大家了解丹麦人为什么幸福，迈克在书中总结了HYGGE理念的要素，从饮食、家居等多个角度，为读者介绍了幸福感的秘诀。"这并不是丹麦人独有的，HYGGE属于每个人，全世界的人都有机会感受到。"

提升幸福感的秘诀之一：有温暖的光。"HYGGE是寒冷冬天和阴冷雨天的解药，是冰冷黑暗中的光亮和温暖。"对于丹麦人来说，最能让他们感觉到幸福的，要属温暖的光了。这是因为，在丹麦，从十月份到次年五月份，日照时间都非常短，光照极度匮乏。所以，他们最迷恋的东西，就是蜡烛和灯具。作者在书中，举了一些令人震惊的数据："当丹麦人被问到，是什么最能让他们感觉到HYGGE时，超过85%的人都提到了蜡烛……根据欧洲蜡烛协会的数据，丹麦人均燃烧的蜡烛超过欧洲其他所有地方。"而丹麦人也愿意在家中，营造最舒适的灯光氛围，无论他的生活是富裕，还是拮据。

那么，我们又该如何营造具备幸福感的照明空间呢？作者在书中分享了一些小方法：① 点蜡烛。想要HYGGE，再没有比点燃蜡烛更快的方式了。若有需要，也可以选择香薰蜡烛。但是记得在用后，要给房间通风换气。② 布置暖光的小角落。可以在房间的合适角落，布置一些别致的灯带，或是放置几盏小灯，让整个空间都被暖暖的灯光占满。现在市面上也有很多造型别致的小灯具，都可以成为增加我们幸福感的发光小装饰。

提升幸福感的秘诀之二：吃好多好多甜食。一提到甜食，大家的第一反应肯定是：发胖！然而，幸福的丹麦人超爱它们。"HYGGE是指善待自己、宠爱自己、纵容自己，给自己一个逃离健康生活需求的时刻。糖果很HYGGE，蛋糕很HYGGE，香脆的爆米花也很HYGGE，尤其是我们共享一碗的时候……那些会让你有点罪恶感的食物才是HYGGE的组成部分。"作者在书中指出，根据《糖果欧洲》发布的报道，丹麦人每年人均消费8.2千克糖果，是欧洲人均消费的2倍。

那么，我们又该如何美美地享受到HYGGE式的一餐呢？作者给出了几个小建议：① 奖励自己一份甜食。"你不能买到幸福，但是你可以买走蛋糕，这两者几乎是一样的。"所以，如果你感觉不开心，不妨奖励自己一块美味的蛋糕，一颗甜甜的糖果，或者一杯香气四溢的热奶茶。这不仅符合科学依据——甜食会使脑中的血清素增加，因此产生愉悦感，更是全人类的本能："当我们出生时，首先尝到的是甜甜的母乳。因此，喜欢甜食是与生俱来的，它对我们的生存有益。"② 尝试一下"慢食"。所谓慢食，是指享受缓慢制作一道食物的过程。花上一个周末的下午，试着亲手为自己、为家人、为朋友，慢慢做一顿饭吧。作者还说，我们可以创办自己的"美食俱乐部"：约上三五好友，大家分工合作，一起准备一顿饭。无论最终的成品如何，最重要的是，好好享受做饭的过程。"花几个小时去炖一锅香气扑鼻的肉……锅在炉子上煨着，汤咕嘟咕嘟作响，肉香四散，而你在角落看书，仿佛时间已静止不动。这就是HYGGE的本质。"

提升幸福感的秘诀之三：有一个布置温馨的家。"70%的丹麦人，说他们最HYGGE的体验是在家里。"因此，丹麦人也倾向于把钱和时间花在装饰家居上。不难想象，如果有一个温馨的家，即使不大，即使是租来的，就算宅着，也能享受到满满的幸福。

在书中，作者也提供了一个让我们的家秒变"北欧风"的物品清单：① 一个"舒适角"。"这个舒适角，是房间的某个特定的地方，在那里，你可以舒服地裹着毛毯，喝着咖啡，看一本书。"这个舒适角也许很小，但小小的空间，却让我们很有安全感，很安心踏实。作者说，这可以追溯到人类早期的洞穴时代。小空间更保暖，对于躲避大型动物也更加合适。而现在，我们可以用温暖的灯光、自己喜欢的摆件，让房间的某个角落，成为豪华版的"洞穴"。② 植物。"丹麦人觉得有必要把整个大自然都请进室内。任何你能找到的纯天然的物件，叶子、坚果、树枝……都有可能是很HYGGE的。"所以，可以在家中摆上几盆绿植，现在流行的琴叶榕，小小的多肉植物，都是不错的选择。③ 书架。"谁会拒绝一个摆满了厚厚的书的书架呢？读一本好书能够陶冶身心，这是HYGGE这种生活方式的基石。"④ 毛毯和靠垫。"在任何HYGGE的家庭，毛毯和靠垫都是必备品。蜷缩在毛毯里是非常HYGGE的。"在夏天，开着空调或者吹着电扇，纵使不冷，也要轻轻盖着毛毯看书，这样会感到很温馨。而且，不妨准备几个自己喜欢的花色的靠垫，"没有什么比把头靠在一个舒服的垫子上更安逸的了。"

提升幸福感的秘诀之四：为自己准备一个幸福"急救箱"。作者说，当我们能量不足，情绪低落，懒得做计划，也不想出门，只想一个人静静地待着的时候，可能会用得上这个HYGGE式的幸福"急救箱"。这个急救箱里，装着那些能让我们产生幸福感的物品。

为此,作者也提供了一个参考清单,我们也可以根据自己的情况进行增删:① 蜡烛。② 美味可口的巧克力。每天或者每周如仪式般品尝一点点。③ 你最喜欢的茶。④ 你最喜欢的书。可以让我们慢慢品读的那一本。⑤ 果酱。最好是自己亲手做的。⑥ 旧时信件。重温旧信,能让人回到过去的时光。⑦ 一个笔记本。上面写着我们经历过的难忘瞬间,以及以后渴望拥有的美好。⑧ 纸和笔。想想生命中感恩的人,手写一封信给他们。⑨ 音乐。还记得自己曾经单曲循环无数遍的那张 CD 吗?⑩ 相册。选择自己最喜欢的 100 张照片,打印出来,放入相册。

正如作者所说,HYGGE 可以被品尝到、听到、触摸到、看到和嗅到。它可能是窗外的一阵风,嘴角上的糖霜,老房子熟悉的木质气味,或是摸起来让人踏实的粗布质感。最重要的是,我们要敞开心扉,感受生活中微小的幸福。

优点大轰炸

每个人都具有积极的心理品质,只是很多时候,我们更容易看到自己身上的缺点,本活动通过一系列的环节,使同学们发现自身的优点,发掘别人身上的优点,培养和强化积极心理品质。

1. 活动分组。每 6~8 人分为一个小组,组内成员可以随机挑选,准备好纸和笔。

2. 热身活动。请每位组员在纸上书写自我介绍,字数不少于 100 字,然后读给全组同学听。

3. 优点"轰炸"。每次选出 1 名组员,请剩下的人用优点+事例的形式,对该组员进行"轰炸",注意在说优点时,一定要举一个"轰炸"对象的真实事迹。例如,我认为小 A 的优点是有爱心,因为她经常和同学们一起去福利院帮助残障儿童和老人,给他们关心和温暖。如此类推,直至每个组员都被"轰炸"。

4. 重新认识自己。结合自己的自我介绍和组员对自己的评价,请每位组员重新认识自己,重新写一个自我介绍,然后向大家重新介绍自己,并分享自己的心得体会。

第十章
大学生心理素质拓展训练

> 钢是在烈火与骤冷中铸造而成的,只有这样它才能成为坚硬的钢,什么都不惧怕。我们这一代人也是在这样的斗争中,在艰苦的考验中锻炼出来的,并且学会了在生活面前不颓废。
>
> ——奥斯特洛夫斯基

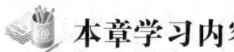

本章学习内容

1. 理解心理素质拓展训练的内涵与特征。
2. 了解心理素质拓展训练的基本过程。

第一节　心理素质拓展训练概述

一、心理素质拓展训练的基本内涵

《现代汉语词典》中素质包含三层意思:事物本来的性质;素养;心理学上指人的神经系统和感觉器官上的先天特点。《辞海》对素质一词的定义为:人的生理上生来具有的特点;事物本来具有的性质;完成某种活动所必需的基本条件。我国有学者认为,素质即人所具有的维持生存、促进发展的基本要素,它是以人的先天禀赋为基础,在后天环境和教育的影响下形成并发展起来的内在的、相对稳定的身心组织结构及其质量水平,主要包括身体素质、心理素质和社会文化素质等。

心理素质是人在先天素质基础上,经过后天的教育、环境的影响而形成的一个人心理品质的综合。广义的心理素质包括智能素质、动机品质、气质与性格、自我意识等,表现为个人的适应能力、自控能力和交际能力。

所谓拓展,即指能够强烈影响人的素质成长的四个互动过程:激发、调整、升华和增强。素质拓展活动就是要拓展大学生所需要的各种心理和身体素质。

心理素质拓展训练是一种以体验为基础、以情境为背景、以参与为主体、以反思为核心的教育活动方式。心理素质拓展训练通过设计各种富有挑战性和启发性的任务和情境，旨在激发个体的潜能，提高其自我认知能力、自我管理能力、团队合作能力、沟通能力等多方面素质。

21世纪社会所需要的人才素质结构包括独立的人格意识，合理的知识结构，顽强的意志，良好的道德品质，勤奋踏实、积极进取的学习态度，团结协作的精神与协调指挥的能力，优秀的创造思维品质等方面。这些积极品质是高素质人才的主要特征，是高校的培养目标，而这些也正是素质拓展训练的努力方向。

二、心理素质拓展训练的发展历程

拓展培训源于英文Outward-Bound，第二次世界大战时，大西洋上有很多船只由于受到攻击而沉没，大批船员落水，由于海水冰冷，又远离大陆，绝大多数的船员不幸牺牲了，但仍有极少数的人在经历了长时间的磨难后终于得以生还。令人震惊的是，少数幸存者竟不是人们预想的小伙子，大多数是年老体弱的人。人们发现这些人生存的关键在于他们有良好的心理素质。当时德国人库尔特·汉恩提议，利用一些自然条件和人工设施，让那些年轻的海员做一些具有心理挑战的活动和项目，以训练和提高他们的心理素质。之后其好友劳伦斯在1942年成立了一所阿德伯威海上训练学校，以年轻海员为训练对象，是拓展培训最早的雏形。

第二次世界大战以后，在英国出现了一种名为Outward-Bound的管理培训，利用户外活动的形式，模拟真实管理情境，对管理者和企业家进行心理和管理两方面的培训。拓展培训以其非常新颖的培训形式和良好的培训效果，很快就在整个欧洲的教育培训领域流行开来，并在其后的半个世纪中发展到全世界。

心理素质拓展是一种心理训练方法，其目的是给儿童在学校教育课程之外一个自由表现自己的场所。后来，素质拓展被广泛用于军队士兵的训练并产生了良好的效果。

20世纪70年代，美国马萨诸塞州汉密尔顿韦恩哈姆高中校长皮赫将素质拓展纳入学校教育体系，并制定了素质拓展计划，最后发展为体育课程大纲在学校实施。与此同时，素质拓展也被引入其他课程中，现在已经成了美国学校教育的一个重要组成部分。20世纪90年代中期心理素质拓展被引入我国，早期作为商务公司的团队精神及个人能力的提升训练被广泛使用，由专门的人力资源培训公司运作。随着素质拓展训练作用的不断发挥，从20世纪90年代末开始，心理素质拓展基地如雨后春笋般涌现，目前全国大大小小的素质拓展基地不计其数。近些年，学校教育工作者逐渐意识到这种心理素质拓展训练对大学生素质能力提升的良好效果，将素质拓展引入高校，作为大学生素质能力提升的实训课程，对大学生的素质能力提升起到积极作用。

三、心理素质拓展训练的基本特征

心理素质拓展训练具有综合活动性、群体性与个体性的统一、趣味性、反思性、生成性和普及性六大特征。

(一) 综合活动性

没有活动就没有训练,心理素质拓展训练的所有项目都以体能活动为引导,引发出认知活动、情感活动、意志活动和交往活动,有明确的操作过程,要求学员全身心地投入。

活动的综合性体现在两个方面:一个完整的素质拓展训练涵盖开发潜能、认识自我、熔铸团队精神、增强意志力等几方面,由一系列项目有机组合而成;一个项目包含多方面的训练内容,比如穿越电网,可以培养团队精神,也可以磨炼学员的意志,激发潜能。

(二) 群体性与个体性的统一

心理素质拓展训练以团队为活动对象,一般活动人数在10人以上60人以下,分成若干小组,小组成员在10~20人。在培训师之间的团队配合下,也可以组织大型的团队训练,人数可达到几百人。

图 10-1　素质拓展活动

关注群体的同时,拓展训练也关注个体。在非特殊性的情况下,拓展训练更加关注个体的心理行为状态。在训练项目类型上,可分为个人挑战项目、双人协作项目、团队合作项目。在群体性的活动中,个人的参与机会均等。部分存在心理问题的学员可能会羞于表现,这时可以充分利用个体均等参与的原则,以群体的力量支持和鼓励这类学员参与。

(三) 趣味性

心理素质拓展训练活动的一个明显特征是具有趣味性,很多活动带有游戏的色彩。素质拓展中有很多充满趣味的项目,使参与者在训练中产生愉快感,如同返璞归真的孩童,在追逐和嬉戏中充分释放和排解积压已久的心理压力,并且这些活动大多需要团队成员相互协助完成,这也加强了参与者之间的相互联系。

心理素质拓展的很多项目从幼儿游戏延伸而来,与游戏相比,其相同点是都有活动过程中的快乐体验;不同的是,素质拓展训练重在反思和总结。

（四）反思性

心理素质拓展训练注重对活动的反思和总结。在每个活动或整场活动结束后，培训师会组织学员进行总结和交流。对拓展项目过程中的体验进行反思，获得某种感悟。这种总结和交流打破了传统的教育模式，培训师并不灌输某种知识或者训练某种技巧，而是充分尊重学员的主体地位和主观能动性，让学员自己表达和领悟，培训师只是做一些启发。这个过程也促进了学员的自我教育，让学员感悟更加深刻。

（五）生成性

心理素质拓展训练的活动具有生成性。首先，有的活动从幼儿游戏和日常生活中生成而来；其次，活动中会生成对活动的反思，不同的培训个体对相同的活动会有不同的反思；第三，一个既定的活动可以生成不同的玩法，玩法不同，学员的目标就不同，在活动过程中学员可以创意生成新玩法。

（六）普及性

心理素质拓展训练具有很强的普及性。项目内容丰富多彩，很多项目无须借助器材，简便易行；在活动对象上，老少皆宜，各个行业的成员均可以参加；在活动场所上，有室内室外之分，可以根据场地选择不同的项目，灵活便利；可参与人数多，一次活动可以由十几、几十人甚至上百人参加；训练的时间短，一次培训，短则可以只开展一两个活动项目，系统的培训一般也不会超过6天。这些特点有助于心理素质拓展训练的普及。

四、大学生心理素质拓展训练的意义和目标

（一）大学生心理素质拓展训练的意义

大学生心理素质拓展训练是通过精心创设特殊情境中的一系列融合运动、趣味和心理等元素的活动，对大学生身心发展都具有一定的意义。

（1）培养大学生的团队协作能力、领导能力、学习能力、沟通能力以及创新能力等，帮助大学生适应不同的环境，提高适应变化的能力。

（2）通过拓展训练，大学生能够加深对自我的认识，增强自信，改善人际关系，提高社会适应能力。

（3）拓展训练注重挖掘人的潜能，大学生通过训练发掘自己的优点，更加自信，并通过团队协作活动培养团队精神和良好的行为习惯。

（4）拓展训练有助于培养大学生的情绪调控能力，让他们在特定的环境中逐渐克服心理障碍，融入团体，提升心理素质。

（5）拓展训练有助于保障大学生心理健康。大学生要应对学业、就业以及人际关系等方面的压力和挑战，拓展训练能增强抗压能力，降低焦虑、抑郁等心理问题的发生风险，使大学生保持心理平衡和稳定。

(二)大学生心理素质拓展训练的目标

心理素质拓展训练使参训者达到如下目标：

(1) 树立责任意识、自强意识、学习意识、创新意识、成才意识、创业意识,明确人生目标。

(2) 以理想信念教育为核心,感受人性的美好,树立正确的世界观、人生观和价值观。

(3) 树立自信心和自尊心,增强团结合作意识,提高团队工作效率,增强情感沟通和表达能力,建立合作双赢的意识和良好的人际关系,营造和谐的环境。

(4) 树立明确的生涯目标,敢于挑战自我极限,具有克服困难的自信心、勇气、毅力和果断、主动、自制的意志品质。

(5) 增强自我控制与决断能力以适应不断变化的外部环境,培养健康的心理素质、积极进取的人生态度和服务社会的奉献精神。

(6) 突破思维定式,培养创造性思考问题的能力,从书本走向"现实",进入社会、组织、团队,为未来走向社会做积极的人生设计。

第二节 心理素质拓展训练实施过程

一、素质拓展训练人员构成

心理素质拓展训练人员由培训师、裁判员和参训学员共同组成。

(一)培训师

培训师是整个素质拓展训练的领导者,在拓展训练中负责引入项目、解说规则、发出指令并控制现场气氛。

1. 培训师需要具备的素质

(1) 优秀的策划能力。
(2) 善于组织人员开展活动及调动活动气氛的能力。
(3) 能够有效解决突发事件的应变能力。
(4) 普通话标准,具备清晰表达和发出明确指令的能力。

2. 培训师的基本任务

(1) 设计整合拓展训练项目,并确定分享点。
(2) 在训练过程中负责解说规则、发出指令、控制现场气氛,并特别注意掌握项目的进展。

(二)裁判员

裁判员负责协助培训师准备活动道具,维持现场纪律,监督学员行为,记录各参赛组的成绩,并及时将各项成绩反馈给培训师。裁判员需熟悉整个拓展项目和流程,尤其是项目规则。

(三) 学员

学员是心理素质拓展训练的直接参与者。在拓展训练过程中,学员应该认真听从指挥,积极参与拓展项目和分享,在团队中发挥自己的作用。

二、素质拓展训练实施过程

一次完整的心理素质拓展训练一般包含热身游戏、团队组建、破冰项目、主体拓展项目和团队分享五个步骤。

(一) 热身游戏

热身游戏环节通过活动让参训学员放松身心,并且通过集体小游戏带动活动现场的气氛,调动学员的参与度,让学员的注意力集中在正在进行的活动上,为接下来的拓展项目做铺垫。一般选择用时较短、操作简单、集体参与度高的项目。

(二) 团队组建

根据培训学员的人数,采用报数、卡牌、扫码等方法将所有培训学员分成人数均等的若干队伍。团队组建后,在规定的时间内让各队成员集体讨论选出自己队伍的队长、画出带有团队 LOGO 的队旗,形成一个能振奋士气、集中凝聚力的口号,设计一个队形,并选择一首不少于四句歌词的队歌。在规定的讨论时间结束后,让各队进行展示,团队展示的过程中要求所有队员全部参与,并做到整支队伍整齐一致。在团队组建过程中,要注意以下几点:强调个体融入团队,感受团队文化的建设过程,形成归属感和团队意识;鼓励学员发挥集体智慧,推动团队建设进程,使每个成员能适应团队工作的方式并感受团队的凝聚力。

(三) 破冰项目

团队组建好后,为了激励各团队之间的竞争意识,打破团队成员之间由陌生导致的沟通不畅,让团队队长和团队成员有机会观察团队的成员结构,增进团队成员的彼此了解,使团队配合更加默契,一般在正式进行拓展项目前,培训师会组织各队开展破冰项目。破冰又称融冰,目的是打破人际交往中的隔阂和陌生感,就像打破严冬厚厚的冰层。选择破冰项目要注意项目的难度,破冰项目不宜选择难度过大的项目,否则可能会打击学员的信心,影响他们对拓展项目的热情,但破冰项目也不应过于简单,否则难以调动团队成员的积极性,也不利于建立竞争意识。破冰项目的选择还要注意把握时间,一般而言,破冰项目的体验时间不应该比主体拓展项目所需的时间长,只要达到团队成员积极参与、彼此沟通的效果,就可以进行主体拓展项目了。经过破冰项目后,团队凝聚力会显著增长,团队成员间会进一步熟悉,为接下来以团队为单位进行拓展培训奠定基础。

（四）主体拓展项目

主体拓展项目要选择挑战性强的训练项目。素质拓展项目种类众多，有的需要专业的道具设备，有的则可以就地取材；有的属于团队合作项目，有的属于个人挑战项目；有的可以培养和锻炼团队成员的人际交往技能；有的可以促进学员的创新意识……总体而言，素质拓展项目大多是需要学员智力与体力并行，通过团队成员彼此沟通、相互配合、彼此鼓励，进而克服困难，找到解决问题的方法，齐心协力完成项目的挑战。

图 10-2　拓展项目——穿越电网

素质拓展主体项目的选择依据：

（1）可以依据培训目的选择拓展主体项目。培养学员的团队合作能力，可以选择"有轨电车""无敌风火轮"等要求所有队员齐心协力的项目；培养学员挑战自我、勇往直前的勇气，可以选择"信任背摔""高台演讲"等要求成员突破恐惧、战胜自我的项目。

（2）除了依据培训目的，也可以根据学员的特点选择拓展主体项目。如果参训的都是体能较差的女生，就不要选择"穿越电网""重走人生路""毕业墙"等对体能要求高的训练项目，可以选择"高台演讲""你是我的眼""搭桥过河"等对体能要求低的训练项目；如果参训学员之间彼此熟悉、人际融洽，选择拓展项目时，就没有必要再选择以促进沟通为主要目的的培训项目。

（五）团队分享

团队分享是训练完成后的总结、分享、反馈环节。在每个训练项目完成后，队员对参训项目中的协作、沟通、信任情况进行总结，分享每个人在活动中的心理感受，反思在活动中的资源整合利用程度。整合和分享活动本身，会给每位队员带来新的体验和行为模式，并将在项目中获得的所有感悟应用到学习、生活和工作中，达到促进自我成长的目的。团队分享是素质拓展训练中一个非常重要的环节，是素质拓展训练区别于一般游戏的根本特征。

三、心理素质拓展训练实施注意事项

心理素质拓展训练大多为户外项目,在实施过程中要注意以下事项:参训学员听从培训师的指挥;学员要穿着宽松舒适的服装;在进行高空等危险项目时,必须做好安全保护措施,学员不得在培训师不在场的情况下进行危险动作;在进行"毕业墙"等体能消耗较大、身体运动幅度较大的项目前,要进行热身运动,拉伸韧带和肌肉,避免在拓展训练中受伤;素质拓展器材要定期检修以保证安全。根据特定的项目,还需关注特定注意事项。

大学生心理素质拓展训练宣传文案
主题:开启友谊之旅,点亮心灵之光

在大学的象牙塔里,我们追逐着知识的光芒,也渴望着真挚的友谊。为了帮助同学们更好地建立和维护这份宝贵的情感纽带,我们特别策划了一场以"友谊"为主题的大学生心理素质拓展训练。这不仅是一次简单的团建活动,更是一场心灵的洗礼,让我们在欢笑与汗水中,共同书写属于我们的友谊篇章!

一、活动背景

在快节奏的现代生活中,大学生面临着学业、就业、人际等多重压力,友谊成为我们心灵的重要支柱。然而,随着社交方式的多样化,我们是否还能找到那份纯粹而深厚的情感?本次心理素质拓展训练,旨在通过一系列精心设计的活动,帮助同学们打破隔阂、增进了解,共同探索友谊的真谛。

二、活动目标

增进相互了解:通过自我介绍、兴趣分享等环节,让同学们更加熟悉彼此,找到共同话题和兴趣点。

提升团队协作能力:通过团队挑战、合作游戏等项目,培养同学们的团队精神和协作能力,学会在团队中发挥自己的优势,共同面对挑战。

增强信任与沟通:通过"信任背摔""盲人方阵"等活动建立信任,让同学们学会信任他人,同时提高沟通技巧,学会倾听和表达。

培养感恩心态:通过感恩分享、写感谢信等环节,让同学们学会感恩,珍惜身边的朋友,培养积极向上的心态。

三、活动内容

创意破冰:以"友谊的起点"为主题,设计有趣的自我介绍和兴趣分享环节,让同学们在轻松愉快的氛围中打破陌生感,快速融入团队。

团队挑战赛:设置"接力传球""盲人过河"等多个团队挑战项目,考验同学们的团队协作和策略规划能力,同时激发大家的竞争意识和团队精神。

信任建立环节:通过"信任背摔""盲人方阵"等经典信任建立活动,让同学们在相互信任的基础上,建立深厚的友谊和默契。

感恩分享会:组织一场感恩分享会,让同学们分享自己在大学期间遇到的感动瞬间和收获的友谊,同时写下感谢信,向身边的朋友表达感激之情。

四、活动收获

友谊的升华:通过本次拓展训练,同学们将建立更加紧密和深厚的友谊,成为彼此成长道路上的坚实后盾。

能力的提升:在团队协作和信任建立的过程中,同学们将学会如何更好地与他人合作,提高自己的沟通能力和领导力。

心态的转变:通过感恩分享和书写感谢信,同学们将学会珍惜身边的人和事,培养积极向上和感恩的心态。

五、报名方式

请有意参加的同学于××月××日前将姓名、学号、联系方式发送至×××邮箱(或扫描下方二维码)进行报名。名额有限,先到先得哦!

六、活动时间

××月××日(周×)上午9:00—下午5:00

七、活动地点

××大学××校区××操场/××体育馆

让我们在这个充满活力的季节里,一起开启友谊之旅,点亮心灵之光!期待你的加入!

第十一章
素质拓展训练项目

第一节　热身游戏汇编

热身游戏一：钱币抱团

该游戏由培训师主导，培训师把在场的所有同学设置为钱币，比如男生币值5毛，女生币值1块。然后培训师会喊道"今天我要去市场买东西"，所有同学同声问"买什么"，培训师会回答一样东西比如"西红柿"，所有同学再集体问"多少钱"，培训师会回答一个金额，比如"3块5"，所有同学要迅速根据各自的币值组合成一个个3块5的组合，如果有同学没有成功组成3块5，就将受到惩罚。该游戏一般会进行4~6轮，并且培训师喊出的物品越来越贵，金额越来越高，难度也越来越大。该游戏能调动同学们的参与性，每个人都产生危机意识，如果不去和别人配合，就可能受到惩罚。在进行该游戏时，裁判员要配合培训师检查同学们有没有形成正确的组合，并帮助维持现场纪律。

热身游戏二：战略物资

培训师假设一个情境，现场的所有同学是我方军队的后方补给部队，前方大部队如果有什么需要，我方部队需迅速准备好大部队需要的物资，保证军队的供给。培训师会大声说"前方战略物资需要"，同学们同声回应"需要什么"，培训师可以随便说出一样同学们有的东西，让他们迅速准备好交到培训师手里，限定准备时间，比如5秒钟，如果5秒之后没有准备好，集体受罚。比如培训师可以说"需要一双蓝色的袜子"，同学们就要迅速反应，找到穿蓝色袜子的同学，脱下他的袜子，交给培训师。这个游戏中，培训师所要求的物品，必须是同学们能找到的，游戏可以分5~6轮进行，需要的物品越来越难取，比如第一轮需要眼镜，第二轮需要外套，第三轮需要鞋带……该游戏能够促进同学之间的沟通和合作，调动同学们的参与积极性。

热身游戏三：大风吹

该游戏中，培训师会大声说"大风吹"，同学们同声回应"吹什么"，培训师随意说出一位同学或一个东西的特征,所有同学要迅速反应,整齐有序地站到这个标的后面排队,并且要求排在第一个的同学手要触摸到标的,后面的同学依次把手放到前一个同学的肩膀上,比如同学们问"吹什么",培训师说"吹穿白鞋子的同学",那么现场同学就要迅速反应,找到穿白鞋子的同学,并依次在他后面排队,穿白鞋子的同学可能很多,也可以形成以他们为队首的很多支队列。然后培训师会每轮增加难度,标的越来越少,队伍只能越排越长。比如第一轮,吹的是"穿白鞋子的同学",可能有10位同学都穿了白鞋子,都可以成为标的作为队首,所有同学就可以站成10队;而第二轮吹的是"穿红衣服的同学",如果现场只有3位同学穿红衣服,那么就只有3个标的,只能在这些同学后面排成3队;第三轮吹的是"身高超过180厘米的同学",如果现场只有一位同学身高符合要求,那么所有同学都必须在他身后站成一列。培训师会限定时间,比如5秒钟之后,没有按规定站好的要受到惩罚。这个游戏中培训师喊出的标的,必须是同学们能找到的。该游戏能调动同学的参与热情,促进彼此间的互动。

热身游戏四:兔子舞

培训师让所有同学排成若干纵队,并按培训师指定的动作把每支纵队连成整体,比如后面一位同学把双手搭在前面同学的肩膀上,或者前面同学抓住后面同学的一只脚,然后跟着兔子舞的音乐,按照左左、右右、前、后、前前前的节奏一起向前走20~50米,中途纵队不能断裂,否则全队受到惩罚。该项目比较消耗体能,是一个比较好的热身项目,同学们在彼此熟悉的同时,也能拉伸筋骨,相当于运动前的准备动作。培训师要注意控制指定动作的难度和行进距离的长短。

热身游戏五:板凳多米诺

该游戏中,培训师组织同学们站成圆圈,同学们侧身站着,面对前一个同学的背,然后缩小圆圈,所有同学听培训师指挥,向下坐到后一位同学的腿上,然后大声数数,看看大家能坚持多长时间。还可以增加游戏难度,坐下来坚持一段时间后,再让同学向后躺到后面一位同学的身上,再坚持一段时间。这个游戏能让同学们体会到相互支撑的力量,懂得在活动中彼此相互支持的重要性;同时通过游戏也能增进彼此之间的熟悉度,为接下来进行难度更大的任务做准备。

热身游戏六:优点大爆发

该游戏中,培训师组织同学在地上面对面坐成一个圆圈,然后按顺序让同学依次站到中间进行自我介绍,并说出自己的3个优点,其他同学依次来到中间握住该同学的双手,并喊出他的名字,说出他的优点,告诉他"我喜欢你,我欣赏你",比如一位女生站到中间说"我叫李小红,我的优点有善良、自信、乐观",那么其他同学要依次走到她面前,握住她的双手,告诉她"李小红,你是一个善良、自信、乐观的女孩子,我喜欢你,我欣赏你!"所有同学都要经历一遍。这个游戏能够增强同学的自信,促进同学之间的沟通,拉近彼此之间的距离。

热身游戏七:松鼠和大树

该游戏中,同学扮演不同的角色,担任不同角色的任务。培训师首先通过123报数的方式把所有同学分为3组,报到2的人作为松鼠,报到1、3的人作为大树,作为大树的人两两一组对面而立,伸出双手形成一个圆圈作为一棵大树,作为松鼠的人,要站在大树形成的圆圈中间,每棵大树只能容纳一只松鼠。培训师和不够组合的同学作为临时人员。当培训师喊"猎人来了",扮演松鼠的人就必须迅速离开原来的大树,重新选择其他大树,而临时人员这时候要作为松鼠迅速抢占大树,落单的人要受到惩罚。当培训师喊"着火了",扮演大树的人就必须离开原来的同伴,重新组合成一棵大树并圈住松鼠,这时候临时人员又要迅速作为大树抢占搭档,落单的人要受到惩罚。当培训师喊"地震"时,扮演大树和松鼠的人都要全部打散并重新组合,扮演大树的人也可以扮演松鼠,扮演松鼠的人也可以扮演大树,临时人员也要插入队伍当中,落单的人要受到惩罚。该游戏是一个比较好的团体游戏,同学们通过扮演不同的角色,赋予不同角色所对应的行为反应,通过外在环境的不断变化,致使"大树"和"松鼠"都面临着脱离群体的危机,所以他们一定要想尽办法,归属群体。这个游戏让同学们意识到群体的重要性,同时促进彼此的互动熟悉。

热身游戏八:握手123

该游戏中,培训师要把同学们分成偶数排,比如分为4排,第一排和第二排面对面站立,中间间隔一米,第三排和第四排面对面站立,中间间隔一米,培训师会说一段话,这段话中包含数字,当听到数字1时,第一排的同学要迅速反应,去牵对面同学的手,第二排的同学听到数字1时要迅速躲闪,避免被第一排的人拉到。第三排和第四排,以及后面各排也是这样,听到数字1时,奇数排的人要迅速去牵对面人的手,偶数排的人迅速躲闪。当听到数字2时,偶数排的人要迅速去牵对面人的手,奇数排的人迅速躲闪。当听到数字3时,所有同学要伸出手和对面的人牵手。该游戏锻炼同学们的迅速反应能力,进行该游戏时请注意,游戏过程中脚不能动,只能动手去牵或者躲闪。

热身游戏九:开火车

在游戏开始之前,每个人用一个地名代替自己,地名不能重复。游戏开始后,培训师会指定一个地点,代表该地点的同学开始说"开呀开呀开火车",其他同学异口同声问"往哪开",该同学也会说出一个地点,比如"上海",那么代表上海的同学就要迅速接上继续开火车。请注意火车不能往返走,去过的地方就不能再去了。如果对方稍有迟疑或者没有反应过来就输了,将要受到惩罚。这个游戏主要用趣味性的方法调动同学们的参与热情,集中大家的注意力,同时也促进成员之间的沟通交流。

热身游戏十:暴风骤雨

该游戏中,培训师要求大家一起模仿自然界暴风骤雨将要降临的情景,所能使用的工具就是我们的肢体,通过肢体的拍击发出声响。当培训师说"开始下小雨了"的时候,大家就漫无节奏地拍手;当培训师说"开始下中雨了"的时候,大家就用力地用手拍腿;当培训师说"开始下大雨了"的时候,大家就用力跺脚;当培训师说"暴风骤雨"的时候,大家就发出运用肢体能发出的最大声音。这个游戏主要是为了调动同学们的热情。

第二节 破冰项目汇编

项目一:心有千千结

方法一:培训师指导每队同学站成一个圆圈,尽量拥挤一点缩小圆圈,然后让同学用左手去拉对面同学的手,用右手去拉另外一个人的手,之后就会发现同学们的胳膊横七竖八,这时候培训师要求所有同学在手拉紧不放开的情况下,解开这一团乱的手臂,恢复成刚才的圆圈。解不开或解得慢的队伍要受到惩罚。

方法二:培训师指导每队同学站成一个圆圈,然后让所有成员用右手去拉左边人的左手,用左手去拉右边人的右手,这个时候就形成胳膊与胳膊交叉的圆圈,培训师让同学们在拉紧手的情况下把这个圆圈恢复成正常的圆圈。解不开或解得慢的队伍要受到惩罚。

这是一个心理学团体游戏,指导大家意识到当事情变成一团乱麻,不知从何着手时,要耐下心来,动动脑筋,想一想从哪里开始做,先怎么做,后怎么做。就像手臂连成的千千结一样,乍一看好像很乱,但是只要我们愿意去思考、去尝试,就能把这一团乱麻整理得井然有序。生活中也是如此,不要害怕困难和复杂的局面,只要我们能够开动脑筋,勇于尝试,很多事情就能迎刃而解。

项目二:组合怪兽

该项目是一个团队竞技项目,培训师给同学们一定的时间,让各支队伍用所有的队员组合成一个具有培训师所要求的特征的怪兽,并以怪兽的形象向前行进10~20米。比如培训师会说:"现在各队要进行一次比拼,每支队伍运用自己所有的队员在五分钟之内组合成一个拥有2个头、13只脚、15只手、3条尾巴的怪兽,这个怪兽必须是连在一起的整体,5分钟之后各队要用你们组合好的怪兽,从起点行进到20米外的终点,如果中途怪兽断裂则为失败,要集体受到惩罚,速度最慢的队伍也要受到惩罚。"这个项目要求培训师掌握每组人数,不能给出不可能完成的要求,比如一个队如果有20个队员,要求他们做的怪兽只有4只脚,这样基本不可能完成,会影响项目进度,也会打击同学们的信心。过程中,裁判员要仔细查看各组是否按要求组合了怪兽，如有犯规要受到惩罚。

项目三：青蛙跳

这个项目中，培训师要组织每支队伍站成一个圆圈，并让队员一起念"1234，青蛙跳，青蛙叫，一只青蛙落下水"，并且每念一个字要跟随节奏点一下头，念完之后，从某一个同学开始顺时针一人一个字念"一、只、青、蛙、跳、下、水"，念完这几个字之后，下面一个同学要学青蛙叫"呱"，伴随叫声要做下蹲动作，之后青蛙数不断递增，要做下蹲动作的人也不断增多，中途如果出错，要重新开始，几个队伍进行比拼，看看哪支队伍能够率先正确进行到 10 只青蛙，最慢的队伍要受到惩罚。这个项目考察同学们的记忆力和注意力集中性，所有队员都要全神贯注地注意自己什么时候该念什么，要不要下蹲，否则就会出错，影响整队成绩。这个项目主要培养同学们的团队意识、集体荣誉感以及自己在团体中的责任感。

项目四：萝卜蹲

所有成员站成一个圆圈，每个队伍分到一个颜色，分到什么颜色队员在该项目中就扮演该颜色的萝卜。培训师指定一组开始，比如指定红萝卜组，那么红萝卜组的所有成员需把手臂搭在两边同伴的肩膀上一起念"红萝卜蹲，红萝卜蹲，红萝卜蹲完（　　）萝卜蹲"，并且在念的过程中要一起做下蹲动作，蹲完指定另一个队伍蹲。注意每组成员在指定其他组时，所有成员必须整齐一致，如果队伍内部不一致要受到惩罚。比如红萝卜蹲完，红萝卜队有的队员喊绿萝卜蹲，有的队员喊蓝萝卜蹲，那么红萝卜队就要集体受到惩罚。该项目考察团队配合能力，同时进一步强化队员的团队意识。

项目五：千足虫

培训师要求每个队伍排成一条直线，面朝一个方向坐下，要求所有队员将双脚搭在前方队员的双肩上，在脚不离开前面队员肩膀的前提下，通过一段 10～20 米的区域，在此过程中不允许说话，不允许指挥。此项目是为了使团队成员拧成一股，迅速磨合，同时也为了考察团队领导者的应变指挥能力。这个项目也是一个体能消耗较多、运动程度较大的项目，有助于同学们拉伸筋骨，进入运动状态。在进行该项目的过程中，培训师要注意保证安全，遇到危险时及时喊停。

项目六：交通堵塞

培训师给每支队伍发比队员人数多一个的橡胶地垫，将各组的塑胶地垫成一字形在地上铺开，让各组同学全部站在地垫上，留中间一个地垫不站人，每组队员分成两边相对而站，通过中间的空格进行移动，移动的方式是只能前进一格或跳一格，不能后退，完成两边的成员互换。该项目是一个团队竞赛项目,考察大家的问题解决能力及发散思维能力。率先完成互换的队伍获胜,用时最多的和不能完成互换的队伍将受到惩罚。

项目七:踩气球

该项目为两个队伍之间的竞赛项目,要求两个队伍成员人数均等。培训师要求两支队伍面对面站成两排,每个同学在自己的两只脚上各绑一个气球,培训师示意项目开始后,可以去攻击对方成员的气球,同时也要保护自己的气球,率先把对方所有成员的气球均弄破的队伍将获得胜利,失败的队伍要受到惩罚。该项目是一个团队竞技项目,考察团队成员对队友的保护意识及资源整合利用能力。

项目八:老虎、猎人、枪

该项目为两个队伍之间的竞赛项目,培训师要求两个队伍背对背站成两排,间隔1.5米左右,然后给出三个令词"老虎、猎人、枪",并给出三个令词相对应的动作。三个词之间的关系为猎人拿枪、枪打老虎、老虎吃猎人。两支队伍各自商定自己的队伍要出什么,并在培训师示意开始后,集体喊出自己要出的令词,并迅速做好该令词对应的动作,看看哪个队伍能获胜,输的队伍要受到惩罚。请注意该项目中要求每个队伍的队员集体喊出己方要出的令词,并整齐划一地做出令词对应的动作,如果队伍内部不统一,比如有人出老虎、有人出枪,那么该队也要集体受到惩罚。

项目九:自我介绍

两人一组,指导者先让团体成员在房间里自由漫步,见到其他成员,微笑着握握手。留出一定的时间让成员自然相遇,鼓励成员尽可能地与其他人握手。当指导者说"停",每个成员面对或正在握手的人就成了朋友,两人一组,席地而坐,或拿折叠椅面对面坐下。指导者发给每人一张纸,写下自己的姓名、院系、班级等信息以及三项自己喜欢的和不喜欢的东西或事。每人3分钟自我介绍,然后漫谈几分钟。当对方自我介绍时,倾听者要全身心地投入,通过语言与非语言的观察,尽可能多地了解对方。

刚才自我介绍的两个组合并,形成4人一组,每位成员将自己刚才认识的朋友介绍给另外两位新朋友,每人2~3分钟。

两个4人小组合并,形成8人一组,8人围圈而坐。从其中一个人开始,每人用一句话介绍自己。一句话中必须包含三个内容:姓名、所属院系、自己与众不同的特征。规则是:当第1个人说完后,第2个人(左边)必须从第1个人开始讲起,第3个人一直到第8个人都必须从第1个人开始讲起,即

A:我是来自○○学院,性格○○的○○。

B:我是来自○○学院,性格○○的○○左边的来自○○学院,喜欢○○的○○。

C:我是来自○○学院,性格○○的○○左边的来自○○学院,喜欢○○的○○左边

的来自□□学院,性格□□的□□。

项目十:桃花朵朵开

全体参与者围成圈,注意听主持人的口令,主持人说"桃花朵朵开"时,大家齐问"请问开几朵",根据主持人回答的数量快速寻找同伴,假设主持人说"五朵",大家就迅速组成五人一组,同时还要手牵手围成一圈蹲下来,就算成功完成任务。游戏过程中,如果有人动作慢或者不敢主动去找人,就需要留下来表演节目。

这个游戏需要跑动,所以特别要注意安全,可以请身体不适者到外围做观摩者或监督员。提醒大家在跑动过程中注意不要互相碰撞。如果别人已经找齐人员并且手牵手围成圈时,请不要硬挤进去。为了增加游戏的趣味性,游戏开始之前可以带领大家一起唱歌曲《桃花朵朵开》中的一句:"我在这儿等着你回来,等着你回来看那桃花开。"并结合这句歌词教大家几个简单的舞蹈动作,提醒大家在游戏中如果找不到同伴组成"花朵"的人要留在场地中间,在大家的伴唱中跳这个舞。主持人要鼓励、带动表演者大方地展示自己,以保证游戏的顺畅进行并保持欢快气氛。在玩过几轮游戏后,可以提高要求:"桃花"里必须有"雄花"和"雌花"才算合格,以促进男生和女生的合作与交流。

第三节　素质拓展项目汇编

项目一:雷区取水

项目类型:团队合作项目。

项目引入:战争期间,一队人员到了敌军后方的一座山上侦察敌情,非常缺水,前方发现一个水井,经过探查,周围布满地雷。有队员受伤,急需补充水分。请队员在不触雷的情况下,在最短的时间内取出尽量多的水。

项目描述:将短绳在地上围成一个圈,模拟一个雷区,将矿泉水瓶放在雷区正中间充当水源,长绳当作队员取水的工具,要求每个队员在规定的时间里按照团队商讨的方案到雷区去取一次水,取水队员和旁边队员在取水过程中不能触到雷区地面,否则将视作阵亡,每次只能取一瓶,要使用五种不同的方式。

活动目的:

1. 提高学生的互助和协作能力,感受在特殊情况下完成任务的分工与合作方式;锻炼分析、策划、操作能力,合理安排人力资源;

2. 鼓励全体学生各尽其能、群策群力寻找解决问题的科学方法;

3. 培养学生默默为团队奉献的精神及共同努力完成任务的能力。

项目道具:长绳一根、短绳一根、矿泉水。

适合人数:15～20人。

项目规则:在团队成员的配合下利用长绳取水,每次只能取一瓶水,每次取水的方式不能相同,取水的过程中不能触碰"雷区"。

注意事项:注意活动过程中的安全保护。

讨论与分享:

1. 为了取到水,都需要做哪些准备?

2. 在失败的时候,如何做到不放弃?

项目二:突破雷阵

项目类型:团队合作项目。

项目引入:一队人员要输送急救物品给前线,在必经之路上有一片雷区,必须穿过。请队员竭尽所能通过这片雷区到达前线。

项目描述:要求所有成员在最短的时间内,在不断自我牺牲的情况下,按照顺序排完所有的雷,为后续队员打开一条通过雷区的道路。

活动目的:

1. 培养学生有组织、有纪律地进行活动;

2. 培养学生的创新意识,突破平时的思维定式,并鼓励学生勇于尝试,不断探索,对无法预测的事件进行有效处理。

项目道具:画一个6米乘以6米有雷阵的场地。

适合人数:15人左右。

项目规则:雷区每次只能进入一人,触雷一次,单脚跳跃,触雷两次则需同伴背到对岸,所有人员必须全部通过。

注意事项:场地平整,不能有障碍物;提醒同学在单脚跳跃和背人时注意安全;禁止危险动作。

项目三:有轨电车

项目类型:团队合作项目。

项目引入:现在我们面前是一片充满瘴气的沼泽地,沼泽地里有许多剧毒的虫子,我们身体的任何一个部位都不能触碰这片沼泽地,否则就会受伤,并且如果在沼泽地滞留久了,也会被瘴气所伤。现在每个队伍有两块木板和若干绳子,我们要用这些木板和绳子快速又安全地使我们的全部队员通过这片有毒沼泽地。

项目描述:学生站在有拉绳的两块木板上,从起点走到终点,在行进的过程中强调站在木板上的学生必须步调一致。

活动目的:培养学生相互合作的能力;培养学生指挥协调的能力。

项目道具:木板、绳子。

适合人数:14人以上。

项目规则:该项目可以分环节进行,比如第一环节身体的任何一个部位不得触碰沼泽地,第二环节在第一环节的基础上不准说话,还可以有更多环节,逐渐增加任务难度。

注意事项:当发生紧急状况,比如有人跌倒时,要及时停住,保证安全;参加人员要穿舒适利落的服装。

讨论与分享:
1. 在这个项目中,什么时候是最难的?
2. 在不能说话的时候,大家如何做到协调一致?如何运用非言语信息?
3. 当总是有队员步调不一致时应该怎么做?
4. 在这个项目完成的过程中,谁发挥的作用最大?有没有哪些人发挥的作用很小?

项目四:穿越电网

项目类型:团队合作项目。

项目引入:战争期间,在某国西南部的一个集中营中,十几位战士决定趁着夜色突围逃生,他们万分小心地连续穿越了两道封锁线,当他们到达最后一道封锁线时,后方突然响起了激烈的枪声,追兵到了。此时横在他们面前的是一张漫天大网,上面的高压电网上闪烁着万伏电压的火花,他们已经没有了退路,唯一逃生的方法就是从电网中穿过。关键时刻,他们依靠军人的团队合作精神高度配合成功地穿越了电网,当追兵赶到时,他们已成功逃生。现在,全体队员面对的正是这样一个电网,在这样的生死关头,大家怎样做才能顺利穿越电网?

项目描述:在全体队员面前悬挂一张"电网",网上的洞口大小不一,要求队员在规定时间内,从网的一边依次通过到达另一边。

活动目的:
1. 培养同学们组织协调、合理利用资源的能力;
2. 让同学们体会面对困难时应有的态度和做事方式;
3. 了解个人在团队中的作用。

项目道具:电网、枪战音乐、标志夹。

适合人数:10～20人。

项目规则:每个网洞只能使用一次;在穿越"电网"的过程中,任何人(包括保护同学的人)身体的任何部位及其附属物(衣服、鞋子、头发等)都不能触网。否则,正在穿越"电网"的人必须退回原处,同时,这个网洞也将被封死并不再使用;任何人不得绕过电网到另一侧帮忙;不允许做空翻、鱼跃等危险动作。

注意事项:当培训师发现同学的动作有危险,或者自己难以把握的问题时,应果断叫停;在被抬同学已经安全通过"电网"后,提醒同学,先放脚,再放头,在该名同学还没有安全站立在地上之前,任何人不得松手。

讨论与分享:
1. 活动开始前看到这张"电网",你觉得能全员通过吗?
2. 这大小不一的网孔,你们是怎么分配的呢?
3. 在通过网孔的过程中都有谁帮助了你?

4. 这个项目除了需要体力,还需要哪些能力?
5. 在生死面前,你们有没有珍惜时间、最大限度地减少伤亡?
6. 有没有给最后一个队员留"生路"?
7. 在日常生活中,做事情时你有没有只追求速度不追求质量,或者只追求质量而忽略了速度呢?

项目五:信任背摔

项目类型:团队合作项目。

项目引入:一艘轮船行驶在大海上,遇到了风浪,船体遭到重创,前往救助的救生艇的绳子在运送几个人员后,出现了断裂,轮船和救生艇的落差在2米左右,直接跳下来,很可能使救生艇侧翻。如何在最短的时间内使大家都能安全到达救生艇?

图 11-1 拓展项目——信任背摔

项目描述:学生依次站到1.5米的小平台上,背向后倒在下面学生用胳膊交叉的"网"上。

活动目的:挑战自我、培养责任意识;真正信任你身边的人,培养团队间的相互信任;学会换位思考;学会包容,在相互信任的同时提升内涵,加强学生的社会责任心。

项目道具:背摔台、绑带、眼罩。

适合人数:20人及以上。

项目规则:背摔者和接人者都必须严格按照培训师要求的姿势。

注意事项:要求地面平整,周围没有障碍物,以保证同学的安全;地面放置垫子一套,做好充分保护;队员进行练习,熟练之后才能尝试;第一次尝试时尽量挑选比较勇敢、身材匀称、体重偏小的同学;尽量避免在暑天烈日或其他恶劣天气下完成任务。

讨论与分享:鼓励每一位同学谈一下摔下时的感受,引导大家思考如何才能有效减少冲击力,使伤害降到最小;引导同学考虑责任和信任之间的关系。

项目六:高台演讲

项目类型:个人成长与团队合作项目。

活动引入:在西方国家,有一个著名的故事:斗兽场上,一个角斗士与一头狮子在决斗。当角斗士精疲力尽地败倒在地上,凶猛的狮子即将把他撕吞时,他对着狮子耳语了几句,张牙舞爪的狮子顿时夺门而逃。人们问他对狮子讲了什么,才保住自己的性命,他说:"我只说这里有一条规定,若吃了我,它必须上台对大家讲几句感言。"可见高台演讲有多么可怕,这种恐惧心理都能吓跑凶猛的狮子,更何况人呢? 在美国的调查统计中,人们把公众演讲列为仅次于死亡的第二恐怖事件。很少有人在公众面前演讲而不感到恐慌,但在现实的人生中,我们难免会遇到需要在台前表现自己的情境,所以需要大家克服这种恐惧。

项目描述:演讲设在高台上,面对台下的众人,按照既定的题目,利用规定的时间、方式进行演讲,以此来锻炼自己在特殊情境下的逻辑思维和语言表达能力。

活动目的:
1. 提高学生的听说能力;
2. 培养学生在公众面前及时作出反应的心理调控能力;
3. 提高应对高压环境下的语言表达能力、对时间的掌控能力、对主题任务的全面掌握和分配能力、学习和倾听的能力;
4. 增强应对挫折和高压的容忍力和耐受力。

项目道具:高台。

适合人数:30 人以上。

项目规则:所有队员必须依次到高台上演讲;每个队员演讲时间为 6 分钟,到达 6 分钟时必须停止,但不得少于 3 分钟;培训师规定演讲主题;上面的同学演讲时,其他同学要全神贯注地注视演讲者,并且每分钟鼓掌一次;不限制演讲的体裁和动作。

注意事项:要保证演讲者上下高台和演讲过程的安全;要注意观众对演讲者的关注。

讨论与分享:
1. 还没上台前,你是什么心情? 准备说的话打好草稿了吗?
2. 上台之后,你目视台下的观众是一种什么样的心情? 有没有畏惧心理? 有没有影响你的发挥?
3. 上台之后,你是否有意回避观众的目光? 你是如何调整自己的视线的?
4. 你的表达流利吗? 有没有重复的话语出现?
5. 前面同学的表现对你造成影响了吗? 你如何保持自己的演讲特色?
6. 观众的掌声让你更加紧张还是有所放松?
7. 准备的内容说完了,但时间没到怎么办?

项目七：飞跃"硫酸池"

项目类型：团队合作项目。

项目引入：有一队科考探险队员受伤被困山洞中，洞口被碎石堵住，现需我们队员携带能炸开山洞的"炸药"去营救，但是营救的过程中我们发现山洞外面有一个"硫酸池"，我们只有通过"硫酸池"才能营救被困队员，"硫酸池"上方有垂下来的树藤，我们要携带"炸药"，利用树藤荡过"硫酸池"。每个队伍有五桶液体"炸药"，由于"炸药"是易燃易爆品，所以在通过"硫酸池"的时候，"炸药"一定不能洒落，否则会引起爆炸。如果有队员中途撒落了"炸药"，则全员牺牲，营救失败，要重新挑战。如果没有携带"炸药"的队员落入"硫酸池"，则落入池中的队员牺牲。用时最短、牺牲最少、携带"炸药"最多的队伍将赢得这次挑战。

项目描述：要求所有队员在规定时间内从"硫酸池"的一岸通过绳子荡到另一岸，如果中途落入池中则失败。绳子在"硫酸池"的中间，首先队员们要发挥自己的聪明才智取到绳子，依次荡过"硫酸池"，在项目进行时可根据实际情况设置难度，比如让队员在规定时间内用水桶带水到对岸，中途如果水洒了就算失败，并且只能有五次带水机会，最后用时最短、牺牲最少、带的水最多的队伍获胜。

活动目的：

培养学生冷静处理问题的能力；培养学生勇往直前、战胜恐惧、超越自我的精神；增强以小组为单位解决问题的能力，培养团队的合作精神；培养学生合理分配时间，合理使用人力、物力等资源的能力。

项目道具："硫酸池"、水、水桶、绳子。

适合人数：15人以上。

项目规则：在不掉进"硫酸池"的情况下取到在池中间的绳子，并携带一定的"炸药"依次通过"硫酸池"。

注意事项：

1. 要求所有队员身上不能携带手机、钥匙等容易掉落和容易伤到自己和他人的物品；
2. 参加活动的人员要穿舒适、利落的服装；
3. 不得在不做保护的情况下做危险的动作。

讨论与分享：

1. 如何取到绳子的？还能不能想到其他取绳子的方法？
2. 如何排列队员通过的先后顺序？
3. 怎样选择带"炸药"的队员？为什么？
4. 怎样把握时间？
5. 活动的过程中有哪些地方没有安排好？再给一次机会的话，会做得更好吗？

项目八：十人九足

项目类型：团队合作项目。

项目引入：战争期间，一队伤员遭到了敌人的围捕，他们腿部都有伤，只能相互搀扶前进，且逃过敌人的追捕。

项目描述：每队十人，排成一横排，相邻的人把腿系在一起，一起跑向终点，用时最短的胜出。抽签决定比赛次序。

活动目的："十人九足"项目体现的是团队队员之间的配合和信任，主要为了锻炼大家的团队合作能力及协调能力。

项目道具：绑腿的绳子。

适合人数：10～20人。

注意事项：

1. 场地光滑平整，没有障碍物；
2. 队员可以借助绳子；
3. 注意前进时队员的安全；
4. 培训师随时给予安全提醒。

讨论与分享：

1. 这个活动中最大的感受是什么？
2. 我们成功（失败）的原因是什么？
3. 你们以后在工作学习中会怎么做？

项目九：人体拼图

项目类型：团队合作项目。

活动导入：拼图游戏是广受欢迎的一种智力游戏，它变化多端，难度不一，让人百玩不厌。个性化的拼图，拼凑的不仅仅是一张照片，而是一个故事、一段回忆、一缕温情。每一个单片都有它自己的位置，就像每段回忆都有它的故事，你要将它放在专属的地方，放对了就慢慢丰富起来，放错了就无法完整。如果让你和队友把一小块一小块的图，拼成一幅大型的美丽画卷，你能做到吗？又如果，让你作为拼图中的一部分呢？看看大家齐心协作的结果吧。

项目描述：在规定的时间内，所有队员用身体拼出指定的图案，比如自己队伍的LOGO、学校的校徽等。

活动目的：

1. 培养团队成员主动沟通的意识，体验有效的沟通渠道和沟通方法；
2. 体会团队成员之间加强合作的重要性，合理处理同学关系，实现良性循环；
3. 培养创新意识；
4. 树立团队成员的全局意识和全局观念；

5. 使团队从"纸上谈兵"到实操。

项目道具：开阔平坦的活动场地。

适合人数：12～20人。

项目规则：所有队员必须都参与到拼图中，并能形象地拼出自己所代表的部分；拼出的图片形象具体；拼图越形象，用时越短，成绩越好。

注意事项：防止发生踩踏事故。

讨论与分享：

1. 你在拼图中起到什么作用？
2. 时间上的限制对你的能力有何影响？

项目十：你是我的眼

项目类型：团队合作项目。

项目引入：我们即将开始一段征途，很不幸由于敌人使用了毒气弹，我们这支部队的全体官兵眼睛暂时都失明了。我们已经申请友军援助，他们会帮助我们走过这段征途。

项目描述：所有人关上手机，全体分成人数相等的两队，面对面站立，最好将男女各分成一队，指定一组戴上眼罩，扮演盲人角色，另一组扮演哑人角色，活动结束前"盲人"不得摘下眼罩，"哑人"不得发出任何声音，以免让"盲人"同伴辨认出自己的身份。扮演哑人的队员需要引导蒙眼者通过一段设有障碍的路，要求引路的同伴只用身体接触作为引导，采用走、绕、爬、钻等方式通过设定的障碍物。

活动目的：

1. 通过此活动，使学生体验到信任是人际交往中最重要的因素之一，感受到责任的重要性；
2. 使学生认识到人际交往需要掌握一定的方法和技巧，在集体中学会彼此信任、互帮互助。

项目道具：眼罩、障碍物。

适合人数：10～30人。

项目规则：搭档要随机分配，不能让"盲人"选择搭档，在眼罩拿下来前不能让他看到他的搭档是谁；"盲人"要按规定正确佩戴眼罩，保证自己确实看不到，"哑人"要保证自己不出声，不能让"盲人"分辨出来自己是谁。

注意事项：障碍物设置明显，不要设置尖锐的障碍物；"哑人"要起到保护作用，在遇到崎岖、障碍路段时要注意保护"盲人"；项目结束时提醒同学们摘下眼罩时先闭一会儿再慢慢睁开眼睛。

讨论与分享：

1. 首先请出一位"盲人"队员，问他：你想知道牵你手的人是谁吗？去那边把他找出来好吗？可以试着握一下每个人的手，那个人的手有什么特征？
2. 请牵这位队员手的"哑人"站出来一下，"哑人"谈一下自己的感受。
3. 下面请所有的"盲人"朋友去找到牵过自己手的那位"哑人"朋友，然后坐在一起交流一下。

项目十一:齐头并进

项目类型:两两协作项目。

项目引入:一队登山爱好者在通往山顶的过程中,遇到山体断裂,路被阻断,在他们面前有一个万丈高崖。他们要想登顶就必须越过这个悬崖,庆幸的是他们有两根足够结实、足够长的安全绳。绳的一端有钩子,可以结实地勾住悬崖对面的石壁,他们就用了这两根绳子搭了一个简易的绳桥。一旦落崖,必定粉身碎骨。怎样才能让所有的队员安全通过这万丈高崖上的绳桥呢?

图 11-2 拓展项目——齐头并进

项目描述:队员两两一组,相向而立站在钢索上,手掌紧紧相对,逐步向终点前进。

活动目的:此项目要求队员具有与他人配合的能力,在不断磨合的过程中,逐渐学会在力量和速度上相互配合,培养学生适应压力并在压力下调整自己的能力。

适合人数:20人以上。

项目规则:两两相对,手掌紧贴,手掌不可离开对方的手掌。

注意事项:要求队员穿宽松的服装、舒适的鞋子;注意防止摔倒、摔伤。

讨论与分享:

1. 一个人能在一根钢索上安全地走到终点吗?
2. 怎么才能和自己的搭档配合好?
3. 当两人中间的空隙越来越宽的时候,心里感觉如何?
4. 生活中有没有遇到需要别人十分配合才能完成的工作?

项目十二:搭桥过河

项目类型:团队合作项目。

项目描述:"河"宽20米,每组队员都要一次性利用分到的3块"石垫"通过"河流",这就要求队员全部集中到2块"石垫"上,把空出来的最后一块"石垫"传给最前面的人,不断循环最终到达对岸。

活动目的:本活动旨在培养团队协作能力和战略战术,训练团队内部的协调能力。

项目道具:空旷的场地、起止点标记、地垫。

适合人数:18~20人。

项目规则:所有队员的脚必须均在"石垫"上,触地则为犯规,犯规最少、用时最短的队伍获胜。

注意事项:每块地垫的大小要保证能拥挤地容纳下5~6名队员。

讨论与分享:

1. 这次活动给了你什么启示?
2. 要想成功过"河",需要怎么做?

项目十三:盲人方阵

项目类型:团队合作项目。

项目引入:有一个建筑企业要建筑一栋大楼,准备进行招标,有两家"盲人"建筑公司都来竞标,这个建筑企业为了选出更优的合作伙伴,就给两家竞标的"盲人"建筑公司设置了一个竞争考察的机会。他们给两家竞标公司各发了一根20米长的绳子,让两家公司各出15名"盲人"员工来建造规则且大的正方形或等边三角形,哪家公司建的形状规则且大哪家公司就能中标。

项目描述:要求所有队员在戴上眼罩的情况下找到绳子,并利用绳子在最短的时间内按照培训师的要求制作相应的形状,把所有的队员尽量平均分配到形状的各边。

活动目的:

1. 培养同学们在信息不充分情况下的沟通技巧以及宽容、服从、冷静的心理素质;
2. 培养团队成员的沟通意识,提高沟通技巧和决策能力;
3. 感受特殊情境下完成任务的合作方式;
4. 了解团队领导者的领导风格对完成任务的影响和重要作用;
5. 使同学们理解角色定位及尽职尽责地完成本职工作的重要性;

项目道具:绳子、眼罩、开阔平坦的场地。

适合人数:12~20人。

项目规则:必须充分利用绳子的长度,形状要符合标准,所有队员相对均匀地分布在这个形状的各边。

注意事项:在队员们看不见的情况下,培训师要避免队员相互间的碰撞,避免队员被绳子绊倒。

讨论与分享:

1. 在刚才的项目中你发挥了怎样的作用?你自己的定位和角色是什么?(团队中的角色分析)
2. 分析散点沟通与集中沟通的效率,可以通过图形的方式来演示项目过程中的散点沟通和集中沟通过程。

项目十四：翻越"王屋山"

项目类型：团队合作项目。

项目引入：团队接收到一项特殊的任务，队员需向前线运送药品，但是途中遇到了一座山脉——王屋山，山体陡峭，比较危险，队员必须合作翻越山脉，才能在最短的时间内将药品运送至前线。

图 11-3　拓展项目——翻越"王屋山"

项目描述：参与者手脚并用，沿绳网向上攀爬，到达顶端后转身到另一端，面向（背向）绳网下至地面。

活动目的：

1. 锻炼同学们的臂力、攀爬能力；
2. 培养同学们克服困难的毅力；
3. 激发同学们勇往直前的勇气，增强同学们克服困难的信心。

项目道具：模拟"王屋山"的绳网设施、保护垫。

适合人数：10～20 人。

项目规则：翻越过程中保持安静，在最短的时间内全部成功翻越的一组为胜利。

注意事项：攀爬过程中注意安全，翻越时注意拉开间距，绳网承受的人数有限，提醒同学们注意某些区域不适合翻越。

讨论与分享：

1. 在最高点的时候你是否害怕？
2. 是什么让你克服了恐惧，成功翻越？

项目十五：无敌风火轮

项目类型：团队合作项目。

项目引入：前面有一片沼泽地，直接步入沼泽地的话会陷下去发生危险，但是坦克可以顺利通过一般的沼泽地,因为坦克有和地面接触面积很大的履带,我们的队员现在每人可以拿到一张报纸,运用所有队员的报纸制作一个类似坦克履带的能容纳所有队员的"风火轮",要求所有队员运用这个"风火轮"一次性安全通过这段沼泽区域。

项目描述:队员集体用胶带把几张报纸粘成圆纸筒状的"风火轮",全体队员依次进入"风火轮"内行进到目的地。

活动目的:

1. 锻炼队员的沟通与合作能力,学会良性竞争,获得双赢;
2. 提高学生的互助和协作能力,感受在特殊情况下完成任务的分工与合作方式;
3. 锻炼分析、策划、操作能力,合理安排人力资源;
4. 鼓励全体学生各尽其能、群策群力寻找解决问题的科学方法;
5. 培养他们默默为团队奉献的精神及共同努力完成任务的能力。

项目道具:胶带、报纸、空旷平坦的场地。

适合人数:10~15人。

项目规则:活动过程中,所有队员的脚必须踏在"风火轮"上,脚触地则视为犯规,若报纸破裂则需重新开始。比赛以用时短、犯规次数少者为胜。

讨论与分享:

1. 这个活动中你最大的感受是什么?
2. 如何在保持速度的情况下,保证报纸的完整性?
3. 赢得比赛的因素有很多,最重要的是什么?

项目十六:盲目障碍

项目类型:团队合作项目。

项目引入:抗战期间,我军一部分人被困在崇山峻岭中,大部队得到消息后立马来救援,可发现我军的眼睛被敌人的火炮熏得暂时睁不开,需要大部队人帮忙搀扶越过崇山峻岭。

项目描述:将队伍分为A、B两个组,项目开始A组将被视为盲人,戴上眼罩,A组在B组一对一的指挥下,穿越宽1米、长15米的障碍区。

活动目的:

1. 增强团队合作精神,培养人际信任感;
2. 培养同学们的自我挑战的精神和能力,增强胆量和勇气;
3. 锻炼同学们的身体协调、平衡及快速反应能力;
4. 使受训同学认识到面临绝境时,沉着、冷静是化险为夷的制胜武器。

项目道具:眼罩、15米障碍区。

适合人数:20~30人。

项目规则:在穿越的过程中,指挥者与被指挥者不得有任何身体接触,通过一对一的绝对指挥系统,让整个团队顺利通过障碍。

注意事项:队员须摘掉眼镜、手表、挂件等硬物,穿着松紧适度的运动服装;本活动的危险性不高,实施时不需要使用专业的保护装置,但培训师要及时制止一些危险动作,同时密切关注团队成员,防止其不小心跌落受伤。

讨论与分享:
1. 当你作为盲人时你是什么想法?
2. 完成此项目你觉得最重要的是什么?
3. 当你作为另一组时有什么想法?
4. 你有什么启发?

项目十七:球行千里

项目类型:团队合作项目。

项目描述:每名队员手中拿一截1米长的水管,所有队员双手拿住水管两端三分之一处,将手中的水管连成直线,不允许重叠,手指不允许阻挡球前进或者后退,每名队员在球经过自己的水管后迅速跑到队尾继续接球,直至球到达终点的桶里。

活动目的:培养同学们相互配合的能力,以及在紧张氛围中解决问题、完成任务的能力;培养同学们应对挫折的能力;培养同学们对团队成员的包容理解、换位思考能力。

项目道具:水管、小桶、乒乓球。

适合人数:10人以上。

项目规则:队员手持1米长的水管,将乒乓球连续传到(滚动到)下一个队员的水管中,最终到达终点,放入准备好的小桶中。球在运动的过程中,只能前进,不能停止或倒退。球只能在管道内运行,不能脱离至地面或接触身体部位。球通过该队员设置的管道时,该队员不能离开自己的位置,球体通过后,才可以离开。队员所持管道在接到球后,只能上下移动,不可左右横向移动。

注意事项:在跑动过程中不要跑得太快,不要撞到其他队员;所有队员把身上的坚硬物品摘下来。

讨论与分享:
1. 如果再来一次,你们组会有怎样的创意?
2. 在小组合作过程中大家的协调程度如何?

项目十八:情绪太极拳

项目类型:团队合作项目。

项目引入:在古老的西藏,有一个叫爱地巴的人,每次和人起争执感到生气的时候,他就以很快的速度跑回家去,绕着自己的房子和土地跑3圈,然后坐在田地边喘气。爱地巴工作非常努力,他的房子越来越大,土地也越来越多,但不管房地有多大,只要与人争论感到生气时,他就会绕着房子和土地跑3圈。爱地巴为何每次生气都绕着房子和土地跑3圈?所有认识他的人,都感到疑惑,但是不管怎么问他,爱地巴都不愿意说明。直到有一天,在孙子的恳求下他才说出隐藏在心中多年的秘密,他说:"年轻时,我若和人吵架、争论,就绕着房地跑3圈,边跑边想,我的房子这么小,土地这么小,我哪有时间和资格生气,一想到这里,气就消了,于是就把所有时间用来努力工作。"孙子问:"爷爷,您后来房子变大了,土地也多了,为什么还要绕着房地跑?"爱地巴笑着说:"我现在还是会生气,生气时绕着房地走3圈,边走边想,我的房子这么大,土地这么多,我又何必跟人计较?一想到这,气就消了。"那么,在现实生活中当你遭遇误解或不公时,你能控制好自己的情绪吗?

项目描述:将成员随机分成若干组,每组5~6人。针对大学校园学习、生活中出现的种种问题设立情景,如考试不及格、失恋、被同学误解等。然后,对每种情境均假设有以下三种反应:过激的反应、积极的反应、消极的反应,并将这三种反应的具体表现写下来。选三组成员分别表演这三种反应,其他小组观看。

活动目的:这是让团队成员理解情绪的一个项目。通过这个项目同学们能够认识到对于同一件事情,可能有不同的情绪反应;认识到遇到困难、挫折时何种情绪反应是合适的、积极的,从而帮助同学们学会调控自己的情绪。

项目道具:纸、笔等。

适合人数:10人以上。

项目规则:每组成员必须根据假定的情境表演出自己的情绪反应,每组成员表达的情绪体验尽可能地多样化,还原现实生活中遇到此情境时不同人群的情绪反应,进而体会何种情绪反应才是积极的,既能给别人开启一扇窗,也能让自己看到更完整的天空。

注意事项:各组成员之间要相互关注其所表达的情绪反应,组别之间的情绪反应要有差异,要保证组别之间对情绪反应的多样化。

讨论和分享:

1. 你有情绪失控的时候吗? 这个时候你是怎么处理的?
2. 生活中,面对不同的环境,你是如何保持好自己情绪的?

项目十九:毕业墙

图11-4 拓展项目——毕业墙

项目类型:团队合作项目。

项目引入:在某军校有这样一个故事:在某期学员毕业的前一天晚上,学员执行离校前的最后一次水上巡逻任务。因为是最后一次巡逻,学员们没有认真驾驶,导致巡逻艇撞上了在海面上的邮轮。由于是深夜,没人注意到这起事故。当时所有学员都很着急,此时要想活命就只能爬上邮轮高达4.2米的甲板。在艇上没有任何攀爬工具,学员们靠着搭人梯的方法爬上了甲板。经过这次顺利逃生之后,整个团队的凝聚力、合作精神以及学员间的感情空前高涨,团队协作能力大大增强。用学员自己的话说就是他们之间成了"生死之交"。后来学员们把事件经过报告军校,军校受到启发,在学校的训练场上搭起了高达4.2米的墙,每一期学员以60人为单位必须在15分钟内全部爬上高墙才能获得毕业证书,后来这面墙有了"毕业墙"的称号。

项目描述:全队所有成员在规定的时间内翻越一面高4.2米的光滑墙面,在此过程中,大家不能借助任何外界的工具,包括衣服、皮带、绳子等。所能用的资源只有每个人的身体。

活动目的:
1. 锻炼同学们克服困难、突破极限的能力;
2. 坚定同学们勇往直前的勇气与信心;
3. 培养同学们互相帮助、相互配合的能力与精神;
4. 让同学们体会前进过程中会遇到的挫折,以及取得进步时的喜悦。

项目道具:毕业墙、安全保护垫。

适合人数:60～80人。

项目规则:墙体高4.2米,要求在不借助任何道具的情况下,团队每一个成员都要攀越过墙体。已攀越过去的团队成员只留少数在墙体上方协助,其他的在下方保护。不允许已攀越成员在下边协助攀越。如果采用搭人梯的方法,必须使用马步站桩式,不要将身体靠在墙上,注意腰部用力挺直,将手臂弯曲推墙固定以保持人梯牢固。要有人专门扶持人梯同学的腰,可以屈膝用腿支撑人梯同学的臀部,同学攀越时不可踩人梯同学的头、颈椎、脊椎,只可以踩肩和大腿。让同学将衣服扎进腰带,拉时不可以拉衣服,拉手时要手腕相扣成老虎扣,不可直接拉手或手指,不可将被拉同学的胳膊搭在墙沿上,只能垂直上提,当肩部以上超过墙沿时可以靠在墙沿上,从侧面将腿上提以帮助上去。不得助跑起跳,上墙时不可采用蹬走上墙的动作。上去后翻越墙头要稳妥。攀爬中,承受不住的同学要大声叫喊并坚持一会,保护人员迅速解救。所有同学必须参与保护,弓步站立,双手举过头,肘略屈,掌心对着攀爬者,抬头密切关注攀爬者,随时准备接应和保护。当攀爬者或者人梯跌落,保护人员保护自己的同时掌心对着攀爬者或者人梯将其按在墙上,切忌按头。

注意事项:
1. 所有人都要摘去身上的一切硬物,如手表、门卡、眼镜、钥匙、戒指、发卡等,穿硬底鞋、胶钉底鞋的必须脱掉鞋子。
2. 不断强调对攀爬者、搭人梯者、墙上提拉者、外围保护者的安全要求。
3. 注意墙上同学的安全,不准骑跨或者站立在墙头,注意墙后平台的范围,平台上不得超过30人。教练监督的站位应该能控制住后面及右侧,左侧有安全人员保护。统计表明,向右侧倾斜的概率较大。
4. 地面同学少于3人时教练应该站在人梯后较近的位置适当辅以力量。重点关注前3名和最后3名同学的攀爬过程,其余同学的攀爬过程可以提拉与托举并用,人梯不用过高。
5. 在搭救最后一名同学时对下挂同学的安全要不断强调、监控,并要求同学讲出他们的安全措施,教练对此进行判断,可以否决或补充要求。
6. 最后一名同学离地,脚上举或者做其他动作,教练应站在同学侧后方,一方面避免头朝下坠落,另一方面避免脸或者头磕到墙上,如坠落顺势帮助其调整姿势,将其接住或者揽到垫子中间,然后必须休息一会再进行尝试。

7. 有安全隐患时应果断鸣哨或者叫停。女同学未经特殊训练一般不做中间连接。提醒同学在被队友往上提拉时不要用脚蹬墙,以免磕伤腿及面部。

8. 教练不可参与项目中,如充当倒挂者或者最后一人。因身体状况不适合参加的,可以不参加或者沿梯子上去。

9. 当同学要搭两组人梯的时候应制止,当被拉同学出现困难而滞留空中或者下滑时,应果断提示同学再搭上一层人梯,或者提示中间同学向一侧抬腿,上面同学抱腿。剩最后一人的时候无论采用什么方法都要听中间同学的感受,中间同学认为不行应立即停止,不可长时间尝试。

10. 采用倒挂时要问清同学方法和安全措施,面向墙壁倒挂时提醒同学,腰部以下不得伸出墙外,有专人拉他的双腿,注意监控。面向外倒挂时提示同学注意动作,如将小腿压在墙头,膝关节内侧卡在外沿,大腿压在墙面上,腿下不得放右手臂,后倒动作要慢,压腿的同学不得去拉最后一名被救者。

11. 活动中不得逗乐玩笑,不得在墙面后的平台蹦跳打闹,完成后注意照顾其他同学的安全。

讨论与分享:
1. 在这个项目中你们是如何进行资源分配的?
2. 第一位上去的人有何感觉?谈谈先锋的作用与榜样的力量对他人的激励。
3. 决策与及时执行对应对危机有何价值?我们在这类活动中是否需要赶早不赶晚?
4. 谁最具有奉献精神,危急时刻你们的心真正团结在一起了吗?
5. 留到最后的人,你是否害怕了,危急时刻,你真的也有这样的牺牲精神吗?
6. 最后一个人尝试各种方法时都遇到了困难,此时你们是否想过放弃?
7. 项目完成之后,你们最大的感受是什么?

参考文献

[1] 弗洛伊德.弗洛伊德谈自我意识[M].石磊,编译.天津:天津社会科学院出版社,2014.
[2] 科里.心理咨询与治疗的理论及实践[M].8版.谭晨,译.北京:中国轻工业出版社,2010.
[3] 彭聃龄.普通心理学[M].5版.北京:北京师范大学出版社,2019.
[4] 黄希庭.人格心理学[M].杭州:浙江教育出版社,2002.
[5] 钱铭怡.心理咨询与心理治疗[M].北京:北京大学出版社,1994.
[6] 钱铭怡.变态心理学[M].北京:北京大学出版社,2006.
[7] 荣格,等.潜意识与心灵成长[M].张月,译.南京:译林出版社,2014.
[8] 王登峰,崔红.心理卫生学[M].北京:高等教育出版社,2003.
[9] 张松.大学生心理健康教育[M].武汉:武汉大学出版社,2012.
[10] 郑雪.人格心理学[M].广州:暨南大学出版社,2007.
[11] 范安平,孙灯勇.新编心理学[M].3版.上海:华东师范大学出版社,2016.
[12] 林崇德.发展心理学[M].2版.北京:人民教育出版社,2009.
[13] 弗洛姆.爱的艺术[M].刘福堂,译.上海:上海译文出版社,2018.
[14] 周方遒.新时代大学生积极社会心理机制研究[J].辽宁工业大学学报(社会科学版),2022,24(4).
[15] 祁进,周方遒.新时代大学生积极心理品质培育的路径研究[J].锦州医科大学学报(社会科学版),2022,20(2).
[16] 张彬.积极心理学视阈下大学生积极心理品质培育路径[J].创新创业理论研究与实践,2021,4(23).
[17] 刘哲,张雪娟,王兴伟,等.大学生心理危机预警与干预机制研究[J].当代教研论丛,2023,9(12).
[18] 赖露珠,吕慧敏,窦颖,等.2010—2020年国内大学生心理健康研究进展[J].校园心理,2022,20(2).
[19] 马洁.大学生心理健康研究进展[J].中国慢性病预防与控制,2011,19(6).
[20] 郭素红.以科学发展观引领构建和谐师生关系[J].中国科教创新导刊,2008(5).
[21] 潘明芸,吴新平.大学生生命观调查及对高校大学生生命教育的思考[J].思想政治教育研究,2010,26(2).
[22] 陈斯拉.当代大学生生命教育探析[J].高教探索,2007(6).
[23] 褚惠萍.当代大学生生命教育研究[D].南京:南京师范大学,2014.

［24］丁凌,陈金波,杜德健.大学生心理危机类型及干预策略探究[J].广西教育,2024(12).
［25］姜土生,邓卓明.大学生心理危机类型分析[J].当代青年研究,2013(2).
［26］刘文敏,高燕,赵丹.大学生心理健康教育[M].南京:东南大学出版社,2015.
［27］李雄鹰,赵灵芝.大学生心理健康教育教程[M].徐州:中国矿业大学出版社,2022.
［28］吴少怡.新编大学生心理健康教程[M].西安:西安交通大学出版社,2016.
［29］夏小林,李晓军,李光.大学生心理健康[M].杭州:浙江大学出版社,2011.
［30］包海江,陈朝.户外拓展精英训练营:大学生素质拓展训练指导教程[M].厦门:厦门大学出版社,2014.
［31］段国萍.素质拓展[M].重庆:重庆大学出版社,2014.
［32］刘庆明.高职高专学生心理素质拓展[M].北京:高等教育出版社,2015.
［33］孙智凭,陈斯祁,白托娅.大学生心理健康教育与拓展[M].北京:中国传媒大学出版社,2013.
［34］吴兆方,陈光曙.大学生素质拓展训练[M].上海:同济大学出版社,2010.
［35］余国师,何辉,栾晨.新编大学生心理健康教育教程[M].北京:中国传媒大学出版社,2021.
［36］徐畅,庞杰.大学生基本素质训练教程:礼仪团队心理拓展训练[M].2版.北京:清华大学出版社,2012.
［37］薛仰全,冯黎成.大学生素质拓展[M].天津:天津大学出版社,2011.
［38］朱爱胜,陈昌凯.心理健康教育[M].南京:南京大学出版社,2020.
［39］于志英,朱绍勇.大学生心理健康教程[M].4版.南京:南京大学出版社,2024.
［40］傅小兰,张侃.中国国民心理健康发展报告:2021—2022[M].北京:社会科学文献出版社,2023.